民國歷史與文化研究

十四編

第 1 冊

變局與自覺：國學意識的近代勃興研究

黃 敦 兵 著

花木蘭文化事業有限公司

國家圖書館出版品預行編目資料

變局與自覺：國學意識的近代勃興研究／黃敦兵 著 -- 初版
-- 新北市：花木蘭文化事業有限公司，2022〔民 111〕
目 2+232 面；19×26 公分
（民國歷史與文化研究 十四編；第 1 冊）
ISBN 978-986-518-759-0（精裝）
1.CST：漢學研究
628.08   110022094

ISBN-978-986-518-759-0

9 789865 187590

民國歷史與文化研究
十四編 第一冊   ISBN：978-986-518-759-0

變局與自覺：國學意識的近代勃興研究

作　　者　黃敦兵
總 編 輯　杜潔祥
副總編輯　楊嘉樂
編輯主任　許郁翎
編　　輯　張雅淋、潘玟靜、劉子瑄　美術編輯　陳逸婷
出　　版　花木蘭文化事業有限公司
發 行 人　高小娟
聯絡地址　235　新北市中和區中安街七二號十三樓
　　　　　電話：02-2923-1455 ／傳真：02-2923-1452
網　　址　http://www.huamulan.tw 信箱 service@huamulans.com
印　　刷　普羅文化出版廣告事業
初　　版　2022 年 3 月
定　　價　十四編 9 冊（精裝）台幣 30,000 元

變局與自覺：國學意識的近代勃興研究

黃敦兵　著

作者簡介

黃敦兵（1975～），男，河南桐柏人，湖北經濟學院學術骨幹，中國哲學博士，中國古典文獻學博士後，曾出版《經典化的追尋：中國古典學研究的語言哲學視域》《黃宗羲倫理思想的主題及其展開》《賈儒之間：明清之際小說中士商互動主題研究》《士商互動與明清社會轉型研究：以文學生態的主題敘事為視角》、注譯《孔子家語》《列子》《潛書》等 9 部專著，完成教育部人文社科項目等多項省部級課題，現主持國家社會科學基金一般項目「語言哲學視域中宋明儒學文本經典化架構研究」（19BZX049）、湖北省高等學校哲學社會科學研究重大項目、湖北省教研項目（2020568）等。

提　　要

　　中國近代以來，西方文明全方位、碾壓式「東漸」進程的加速推進，給近代中國文化發展帶來前所未有的挑戰，也造成空前的文化困境、思想焦慮。面對千年未有之「變局」，被中外文化所「化」的知識人，將「焦慮」與「困境」轉化為新生的動力與契機，力創新局。從文化生成、演變的角度看，中國傳統文化研究格局也在不斷調適，傳統經學的舊有研究格局發生了巨大變化。在古今、中西、新舊、有用無用等的學術論爭中，一股強勁的國學意識覺醒了，近代國學開始「出場」了，而且朝著「文學革命」的引發、「國學普及」的展開、「國故整理」的推進、「國魂重塑」的探索，等等，幾個重要面向鋪展開，促成了中國文化的近代轉型。

湖北省高等學校哲學社會科學研究重大項目、湖北省社科基金前期資助專項、湖北省高等學校馬克思主義中青年理論家培育計劃「近代國學意識的興起與紅色基因的生成」（項目編號：19ZD121）的最終成果

目

次

導　論

　　近代中國因遭到了西方工業文明的強勁衝擊，所以也面臨著前所未有的挑戰，出現了千年未有的大「變局」。面對古今、中西問題，中國知識人開始全面爭論文化之新舊、學問之有用無用，等等問題。在論戰與爭鳴中，一股強勁的國學意識也悄然覺醒了。

一、選題緣起

　　1840 年代以來，面對西方文明，中國知識人經歷了精神的歷練與新生。在情感上，他們經歷了從以「天朝上國」自居，對「蠻夷蕞爾小邦」的英（如馬戛爾尼）、日等的輕鄙，到以「師夷長技以制夷」、「以俄為師」等為代表的尊師、賓服乃至超勝，到「百事不如人」、「全盤西化」，到歡迎「德先生」、「賽先生」，等等複雜的心路歷程。

　　20 世紀 80 年代以後，由於改革開放進程的加快推進，從政界、文化界到普通民眾，都十分重視中華民族文化傳統的重建，認為首先就應該對傳統「恢復記憶」〔註1〕。總結以往的歷史經驗，必須認識到「歷史不能割斷」、「世界不能脫離」這兩條，所以，「對歷史的反思，對傳統的承繼，則是要整合自己的資源，為現代化建設所用」。〔註2〕

　　如果說文化發展有其主脈的話，那麼文化發展的這一主脈一定是在有根

〔註1〕劉夢溪著：《大師與傳統：中國文化與傳統 40 小講》，北京：中國青年出版社 2007 年版，第 8 頁。

〔註2〕劉夢溪著：《大師與傳統：中國文化與傳統 40 小講》，北京：中國青年出版社 2007 年版，第 9 頁。

源、有土壤的基礎上，不斷吸收新的營養，接受新的刺激，從而發展壯大的。一個民族的文化傳統是有生命力的。黑格爾說：「這種傳統並不是一尊不動的石像，而是生命洋溢的，有如一道洪流，離開它的源頭愈遠，它就膨脹得愈大。」〔註3〕黑格爾的這段頗具盛名的話，正好也可以揭示文化傳統在傳承中不斷創進的特點。

當代著名的中國哲學史家蕭萐父先生（1924～2008）在頌讚湯用彤百年誕辰的詩吟中，有名句云：「漫汗通觀儒、釋、道，從容涵化印、中、西。神州慧命應無盡，世紀橋頭有所思。」〔註4〕這些詩句，詩情與理境相融，表達了詩人哲學家「通觀」的方法論追求、「從容」的學術心態與勇於擔當的知識人情懷。詩句還告訴我們：知識人的使命是要在歷史的重要關頭「有所思」，為「神州慧命」創進不已而貢獻自己的力量。如果可以化用毛澤東的詩句「神女應無恙，當驚世界殊」，改「女」為「州」，那麼，所改詩句「神州應無恙」，正可譬況今日，而其原因正在於「神州慧命」不已。進而言之，那就不是「神女」驚懼於世界之變化，而是世界震驚、敬畏於神州的慧命不已了。

為了神州慧命，中國近代以來的一代又一代知識人自覺擔當起了民族救亡與民眾啟蒙的任務。從思想變遷與社會影響來看，20 世紀初爆發的五四運動具有雙重性質，它既是一場新文化運動，又是一次學生愛國反帝運動。誠如李澤厚所言，五四之後，中國社會上演著救亡與啟蒙的雙重變奏曲，除了接受馬克思主義參加救亡—革命的道路外，還有一條道路，就是繼續從事教育、科學、文化等的啟蒙。〔註5〕總體來看，是政治救亡壓倒了思想啟蒙，國家獨立富強、人民吃飽穿暖、不再受外國的侵略和壓迫便成為「頭號主旋律」。從康有為、嚴復、孫中山等人的言論中可推知，「救亡的局勢、國家的利益、人民的飢餓痛苦，壓倒了一切，壓倒了知識者或知識群對自由、平等、民主、民權和各種美妙理想的追求和需要，壓倒了對個體尊嚴、個人權利的注視和尊重」。〔註6〕如果回溯中國現代革命思想史的重要

〔註3〕〔德〕黑格爾著，賀麟、王太慶譯：《哲學史講演錄》第一卷，商務印書館 1959 年版，第 8 頁。

〔註4〕蕭萐父著：《滴水吟稿》，載氏著《吹沙二集》，巴蜀書社 1999 年版（2007 年重印），第 758 頁。

〔註5〕李澤厚：《啟蒙與救亡的雙重變奏》，載氏著《中國現代思想史論》，天津：天津社會科學院出版社 2003 年版，第 34 頁。

〔註6〕李澤厚：《啟蒙與救亡的雙重變奏》，載氏著《中國現代思想史論》，天津：天津社會科學院出版社 2003 年版，第 27 頁。

契機，那麼，我們可將五四運動後期陳獨秀、蔡和森提出的建立共產黨、高揚救亡行動於思想啟蒙之上看作第一個重要契機，而將 20 世紀 30 年代明確社會性質、革命任務的思想論戰看作「納啟蒙於救亡軌道」的現代思想史上的第二個里程。〔註7〕

　　中華文化乃是中華民族自立於世界民族之林的自信之本。中華文化典籍蘊涵著歷史的記憶，是民族情感的深沉依戀與寄託。中華文化新生命的促成，離不開近代以來蘊藉深沉的國學資源的再發現與新催動。近代以來中華文化正處在承上啟下的轉型階段，國學意識勃興於此際，可謂適逢其會。

二、研究現狀

　　雖然「國學」一詞出現甚早，但是很多根本必問題尚未得到徹底性檢討。比如，何為國學？國學到底研究什麼？如何研究？國學有什麼用？歷史上的國學研究議題的確立主要反映了哪些現實激引因素？這些最基本的問題，即使在國學研究機構遍地開花的今天，也仍然有進一步省思的必要，以下著重討論幾個重要方面。

　　首先，從語詞的語義生成角度進行追溯，近代「國學」一詞的開始出現，語意內涵的日益發展，是同「國學意識」的生成與勃興密切關聯的。如果僅從文字使用上看，1902 年，章炳麟（太炎）在日本組織了「國學講習會」，而劉師培（申叔）也發起過「國學保存會」，都可能是最早的代表者。錢穆出版《國學概論》的 1931 年，已是近代「國學」語詞運用的最後階段。然而，錢穆仍然以為「學術本無國界」，國學不過是「一時代的名詞」，「前既無承，將來亦恐不立」，根本不存在國學學科或學術體系。〔註8〕1947 年，當代語言學家曹伯韓（湖南長沙人，1897～1959）出版了《國學常識》，卻說：「國學這個名詞發生於清末，但不知究竟是誰所創造。」〔註9〕書名中的「常識」一詞，似乎還在暗示著人們：對「國學」的認識仍待深入。

　　其次，關於國學研究對象問題。曹伯韓以為，正因為「國學」這個名詞

〔註7〕李澤厚：《記中國現代三次學術論戰》，載氏著《中國現代思想史論》，天津：天津社會科學院出版社 2003 年版，第 67 頁。
〔註8〕錢穆：《國學概論‧弁言》，載錢賓四先生全集編委會整理：《錢賓四先生全集》，臺北：聯經出版事業公司 1998 年版，前附第 3 頁。
〔註9〕曹伯韓：《國學常識》，北京：生活‧讀書‧新知三聯書店 2002 年 12 月版，第 1 頁。

是在歐風美雨下應激再顯的，它的範圍便可把「西學輸入以前中國原有的全部學術」包括進去〔註10〕。樓宇烈以為，國學的研究對象是中國傳統文化，國學是個綜合學科。〔註11〕臺灣中興大學教授朱維煥（1926～2002）《國學入門》（原名《國學導讀》），從考據、詞章、義理、歷史四方面考察國學。他以為，「國學」即「中國學術」的省稱，即「中國特有之學術系統」的簡稱。劉毓慶以為，「國學」即中國傳統學術。他說：「中國傳統學術是與西方學術完全不同的知識體系。現代的西方學術框架，無法容納中國學術體系，西學也不能替代這個體系。用西方概念來規範中國學術，所得到的只能是肢解後的知識殘骸，而失去的則是文化的精魂。在國學的知識體系中，運載著中華民族積累了數千年的生存智慧，以及為人類的和平、穩定而生成的價值體系。這種智慧與價值觀念，對於人類未來的生存，有著極其重大的意義。」〔註12〕人類當前面臨著的種種生存危機，其根源在於人類無法滿足的物質欲望，在於不斷膨脹的利益最大化的價值追求，這一難題，以科學為中心的西方知識體系不能解決，而在以道義為核心的中國傳統文化與學術，則較有可能獲得解決。

第三，關於近代國學興起的考量。20世紀前半葉發生的三次論戰，恰好包括了哲學（科玄）、歷史（中國現代和古代社會性質）及文藝（民族形式）等人文學三大基本領域。李澤厚說：「與這三次學術論戰大體平等或略先，中國的革命知識分子由二十年代尋找和建立唯物史觀的『科學的人生觀』，到三十年代明確以反帝反封建為任務，到四十年代與工農兵結合，人生觀和人生道路是一步步地具體化和深化了。這三次論戰倒恰好象徵性地在學術上反映了這條人生的道路和心靈的歷程。」〔註13〕鄭師渠評價晚清國粹運動時指出，國粹派文化思想的基本取向和主流是「試圖經由自己選定的『保存國粹』、『復興古學』的路徑，推動中國固有的文化向近代轉型」，這也是國粹派文化規範自身在近代意義的理論框架中運作的前提。〔註14〕

〔註10〕曹伯韓：《國學常識》，北京：生活‧讀書‧新知三聯書店2002年12月版，第1頁。

〔註11〕樓宇烈：《國學百年爭論的實質》，《光明日報》2007年1月11日。

〔註12〕劉毓慶：《國學概論》（第2版），北京師範大學出版社2015年版，第230頁。

〔註13〕李澤厚：《記中國現代三次學術論戰》，載氏著《中國現代思想史論》，天津：天津社會科學院出版社2003年版，第81頁。

〔註14〕鄭師渠：《晚清國粹派——文化思想研究》，北京師範大學出版社1993年版，第324頁。

　　20 世紀 80 年代末 90 年代初，劉夢溪曾主持編纂《中國現代學術經典叢書》，較早闡發了「中國現代學術」的明確界限。他認為，「現代學術」與「傳統學術」相對，其特點是「多元並立」、「互相融合」，現代學術的發端開始於 1898 年至 1905 年間，並於 20 世紀 30 到 40 年代達到繁榮期。〔註15〕他在《中國現代學術要略》中指出現代學術既有「承前啟後」之功，又有「空前絕後」之用。劉先生比較重視中國現代學術在後「五四」時期所創造的實績，並將其看作是清中葉乾嘉之後中國學術發展的又一個繁盛期和高峰期，那時的一批大師鉅子的「其人其學其績其跡，足可以傳之後世而不被忘記」，「他們撰寫的學術著作，在知識建構上固然博大精深，同時閃現著時代的理性之光，其開闢意義、其精神價值，都可以作為現代學術的經典之作而當之無愧。甚至可以說，他們之中的第一流人物，既起到了承前啟後的作用，就個人學養而言，又是空前絕後的。因為他們得之於時代的賜予，在學術觀念上有機會吸收西方的新方法，這是乾嘉諸老所不具備的，所以可說是空前。而在傳統學問的累積方面，也就是家學淵源和國學根底，後來者怕是無法與他們相比肩了。」〔註16〕

　　第四，關於國學的民族性問題。章太炎說：「夫國學者，國家所以成立之源泉也」。陶斯詠認為，中國人一般把國學當作經世致用之學，從來都不當成一種單純的學科知識；「國學」的價值，在於續接中國文化傳統，回應中國現實問題，促進中華民族的偉大復興並為人類文明作出更大的貢獻，「興我『國學』，即塑我『國魂』」。他還指出了海外漢學家研究中的某些缺陷：因為他們往往秉持所謂客觀理性的態度，把中國文化當做實驗室中的試驗品進行觀察和研究，所以便永遠無法進入中國文化的內核與實質，永遠體會不到中國人圍繞「國學」所產生的焦慮與痛苦、徘徊與迷茫、分歧與爭論，這樣看來，海外漢學家們便「不可能或很少有對中國文化的現實關懷和價值擔當」。雖然我們不能要求海外漢學家承擔起對中國文化的現實關懷和價值擔當，但是「我們卻有必要警惕『國學』的『漢學化』或『漢學主義』，即放棄我們對中國文化的現實關懷和價值擔當」。〔註17〕

〔註15〕劉夢溪著：《大師與傳統：中國文化與傳統 40 小講》，北京：中國青年出版社 2007 年版，第 65～66 頁。

〔註16〕轉引自劉夢溪著：《大師與傳統：中國文化與傳統 40 小講》，北京：中國青年出版社 2007 年版，第 66～67 頁。

〔註17〕陶斯詠：《多元文化時代的「國學」與「漢學」》，《中國文化報》2007 年 4 月 26 日。

從中國文化心理結構上看，中國文化轉型有儒學的基礎。誠如李澤厚所言，他說：「中國儒家的實用理性能不懷情感偏執，樂於也易於接受外來的甚至異己的事物。也正因為如此，五四時代才有上述那種在其他民族文化裏所沒有出現過的全盤性的反傳統的思想、情感、態度和精神。也正因為如此，中國現代知識分子可以毫無困難地把馬克思擺在孔夫子之上。所以包括五四時期那種全盤性反傳統的心態倒又恰恰是中國實用理性傳統的展現。從積極方面說，這是為了救國，為了啟蒙，為了喚醒大眾。當時先進的中國知識分子認為必須激烈地徹底地抨擊孔孟捨棄傳統，才有出路。這不是為個體超越或來生幸福的迷狂信仰，它是經過理智思考過的有意識的選擇，所以這仍然是積極入世以求社會、國家的生存發展的實用理性、儒學精神的表現。從消極方面說，它沒有那種非理性的宗教情感的阻擋、干擾和抵制，也是因為實用理性並非宗教信仰的緣故。」〔註18〕

第五，國學研究的中國視角也開始得到學界關注。瑞典漢學家羅多弼在2007年中國人民大學舉辦的「國際漢學大會」上提出「漢學和國學應該互相補充」的觀點引發了許多學者的共鳴，人們開始關注「漢學」與「國學」的關係。陶斯詠認為：「『國學』與『漢學』的相同之處在於二者的研究內容皆是中國文化。不同之處是『國學』乃『自我觀之』，即中國學者以中國人的視角研究中國文化；而『漢學』乃『自他觀之』，即海外學者以外國人的視角研究中國文化。因此，『自我』與『他者』構成了『國學』與『漢學』的本質區別。」〔註19〕

第六，國學院、國學所等國學研究機構普遍設立。比如，在國學熱興起的20世紀90年代，山西大學開始籌劃成立國學研究院。在他們看來，「國學是以小學為基礎，文史哲不分，它是一個知識系統，也是一個價值系統，又是一種研究方法與治學路徑」〔註20〕。2008年該校設立公益性的周末國學大講堂，理念是：「建設中華民族精神家園，確立東方價值觀。」

2009年，中央電視臺《開心辭典》欄目組與國學網聯合推出《開心學國學：不可不知的1000個國學知識點》，是配合中央電視臺「開心學國學」欄目開展全國性的大型國學知識競賽活動而編纂的知識專題類書籍。季羨

〔註18〕李澤厚：《漫說「西體中用」》，載氏著《中國現代思想史論》，天津：天津社會科學院出版社2003年版，第319頁。

〔註19〕陶斯詠：《多元文化時代的「國學」與「漢學」》，《中國文化報》2007年4月26日。

〔註20〕劉毓慶：《國學概論》（第2版），北京師範大學出版社2015年，第255頁。

林題詞說：「為世界和平，為人類幸福，要學習宣傳國學。」楊義在《序言》中說：「近百年來，中國人熱心學習西方，在受到思想啟蒙的震撼而開始了百折不撓的現代化行程，既創造了可歌可泣的輝煌，又經經歷了飲泣吞聲的母語文化情感的壓抑。直到改革開放創造了經濟三十年持續高速發展的奇蹟，才深切地覺察到中國人的聰明才智是可以信任的，大可以在世界民族之林的競爭和對話中，托起國格的尊嚴。這就使中國人舒解了那種長期鬱積的『可愛者不可信，可信者不可愛』的文化精神焦慮，啟動了一種新的文化心理機制，開始重建文化自信，重振文化尊嚴，重新評估國學在應對全球化浪潮和強勢文化的及挑戰中的根本價值，進而探討國學與民族全面振興相適應的當代創新形態。」〔註21〕他還說：「既然要重估國學的價值，再造國學的輝煌，那麼，何為國學？國學既然姓『國』，它就不是一家或幾家的私學，而是一種綜合的公共的知識共同體，融匯著這個國家數千年的思想學術、典籍制度、百行百藝、族群民俗，蘊涵著國魂、國脈、國寶、國本，是中國人的尊嚴所在、根本所在，以原創性的智慧與世界進行平等對話的源泉所在。……國學的當代形態實際上已經涵蓋了兩個傳統，一個是五千年的老傳統，另一個是百年的新傳統，二者之間難免有所扞格，但更值得重視的是二者已有所融合。超越扞格，古今貫通，拋棄畫地為牢的小家子氣，實行有根柢的嘗試創新，乃是一個現代國的文化魄力之所在。」〔註22〕國學昌明，是脫離保守主義陳套，進行思想創新的結晶。首先，「它打破了傳統與現代截然對立的思想模式，重建中國文化現代性創造的主體性」，「究竟是把現代性創造扎根於自己的主體性土壤中，還是把現代性創造嫁接在他人的主體性枝杈上，這是現代文化的百年難題。割裂現代性和主體性的聯繫，陷入文化自虐的迷局，這種『失根創造』似乎追求『低成本』，實際上是游離在世界上屬於一流的中國文化經驗和智慧的優勢的。」其次，國學昌明代表一種人文精神的堅守。「國學的升溫超越了洶湧而至的物質主義和消費主義的世俗價值理念，在遭遇商品大潮中，堅守著人文精神價值的尊嚴。」「國學的當代價值，應該成為我們文化創造的主心骨，文化對話的身

〔註21〕 中央電視臺《開心辭典》欄目組、國學網編：《開心學國學：不可不知的1000個國學知識點》，國家圖書館出版社2009年版。

〔註22〕 中央電視臺《開心辭典》欄目組、國學網編：《開心學國學：不可不知的1000個國學知識點》，國家圖書館出版社2009年版。

份證，文化旅行的精神家園。」在國學大眾化過程中，要「警惕某種以冒充通俗，以偽知識混淆真知，以賣弄噱頭換取笑聲的小把戲」，因為它們不過是「媚俗三弊」，會敗壞國學的聲譽。所以，「以『國』命『學』，還是在喜聞樂見中保留幾分敬畏為好。」〔註 23〕

2012 年始，清華大學國學研究院以「文存」形式，分批成編出「清華國學書系」，由江蘇人民出版社出版。如 2012 年出版了《羅根澤文存》《姚名達文存》等，2013 年出版了《王國維文存》《劉節文存》《王庸文存》等。這套書《總序》開頭即點出：「晚近以來，懷舊的心理在悄悄積聚，而有關民國史的各種著作，也漸次成為熱門的讀物。」序言還說：「在中華文明正走向偉大復興、正祈望再造輝煌的當下，這種對過往史料的重新整理，和對過往歷程的從頭敘述，都典型地展現了堅定向前的民族意志。」〔註 24〕

三、思路與議題

近代國學意識勃興的主要表現之一，在於突出民族性特質的國學觀念的逐漸生成。這一生成過程可以說是近代中國的「國學自覺」，它是近代中國知識人努力探索、積極思考的文化場景中最為亮麗的色彩。

（一）研究思路

近代以來，部分知識人在國學研究與創新的文化追求中彰顯了獨特的精神面貌與活動狀況，體現了一種追尋、重建民族精神家園的文化自覺。這樣一種自覺的「國學意識」，在 20 世紀初開始呈現勃興狀況，將近代以來知識人對國本文化資源的自覺與自識，推向新的高峰，因此也可以統稱作「國學自覺」。

國學在這一自我覺識過程中形成了獨特的「觀念叢」，它們反映了對原有國學資源落後成份的挑剔、批判甚至唾棄，以及對外來思想文化、學術派別的不加分辨的「照單全收」、有辨別的「拿來」，等等的不同的文化取向。

從語言與實在、語言與思想的關係看近代的國學觀念，將至少可以有多重性意涵可以考量：不僅有國學「常識」的「入門」普及，更有傳播國學、弘揚民魂的「使命」擔當。現在提倡「四大自信」，而以「文化自信」為「更基

〔註 23〕中央電視臺《開心辭典》欄目組，國學網編：《開心學國學：不可不知的 1000 個國學知識點》，國家圖書館出版社 2009 年版。

〔註 24〕參清華大學國學研究院主編、馬強才選編：《羅根澤文存》（清華國學書系），江蘇人民出版社 2012 年版，《總序》第 1 頁。

礎、更廣泛、更深厚」因而也最根本的自信力。文化命脈的發揚光大，是國脈、民族命脈暢達宣茂的根本保證。因此，近代國學意識也可視為新時期文化創進工作中的內生型動力源。

今天看來，我們似乎更宜從過去、現在、將來三度空間「體貼」近代知識人的心靈世界，即探究他們（1）對歷史的溫情、（2）在現世的改良、（3）向未來的築夢。就此三者而言，溫情是前提，改良是入手，築夢是目標。由於有歷史的溫情，所以才能「守先以待後」，現世的改良、未來的築夢才能真正有所依憑，而改良也是築夢的一部分或前奏。改良，如果不是改良主義意上的改良，它應該包括革命，是廣義的革命，也可以稱為「改造」。持續不斷地改造，自然漸漸地趨向善俗良治，「改造」最終也體現著「改良」的意味。然而迅猛而徹底的改良，正是狹義而言的革命。為了推進改良，近代知識人越來越感覺到革命的力量，接受了革命的召喚，更多的知識人逐漸將他們對革命的理解與相應的行動轉向了並日益聚焦到狹義上的革命上來了。

（二）研究議題

在近代知識人的心靈世界中，他們在試圖進行三重意義上的改造運動。以下略述之。

近代知識人自覺發起的第一重改造，是政治意義上的，主要是制度改造。不論是陳獨秀等人歡迎的「德先生」，還是梁啟超等人提議的「聯省自治」，都是制度改造的設計方案。「城頭變幻大王旗」，是魯迅的詩句；詩句就是針對當時武人政治、地方軍閥割據的現實而發的一種制度批評。

近代知識人自覺發起的第二重改造，是社會改造，主要是改造國民性格，將理想信念作為不竭動力，用以激發民心，提振民氣。以陳獨秀為例，因為他已經感覺到，近代歐洲文明的大發展，皆因文藝復興以來政治、宗教、倫理道德、文學藝術等領域的革命而新興而進化，均為「革命之賜」。反觀中國，卻總不能如願。陳獨秀說：「吾苟偷庸懦之國民，畏革命如蛇蠍，故政治界雖經三次革命，而黑暗未嘗稍減。其原因之小部分，則為三次革命，皆虎頭蛇尾，未能充分以鮮血洗淨舊污；其大部分，則為盤踞吾人精神界根深蒂固之倫理、道德、文學、藝術諸端，莫不黑幕層張，垢污深積，並此虎頭蛇尾之革命而未有焉。此單獨政治革命所以於吾之社會，不生若何變化，不收若何效果也。推其總因，乃在吾人疾視革命，不知其為開發文明

之利器故。」〔註25〕陳獨秀即主張，「今欲革新政治，勢不得不革新盤踞於運用此政治者精神界之文學」〔註26〕，「欲圖根本之救亡，所需乎國民性質行為之改善，視所需乎為國獻身之烈士，其量尤廣，其勢尤迫」〔註27〕。他已有意將進行文學革命與改造國民性相結合，意圖革新那因襲於前代的「與吾阿諛誇張、虛偽迂闊之國民性，互為因果」的文學，由此提升民智，增聚民氣。所以，陳獨秀所謂的「愛國主義」，「不在為國捐軀，而在篤行自好之士，為國家惜名譽，為國家弭亂源，為國家增實力。」〔註28〕

近代知識人自覺發起的第三重改造，是文化改造，他們想走出心性儒學不切「急用」的尷尬。為救社會、民族、民眾的亂亡與啟蒙之急，他們甚至採取過激之舉，「打倒孔家店」，推倒舊偶像，為的是重塑新家園、新偶像。梁啟超的最大貢獻，就是實現了中國傳統學術、中國古典學術包括中國文化的「結構性轉換」。〔註29〕這一轉換正是文化改造的最大成績。

若以章太炎為例，他深奧的理論中似乎蘊含著三重革命論。第一重是種族革命，這是一種政治意義上可能帶有暴力性的革命，力圖保（漢）種，力主排滿復漢。第二重是社會革命，力保教（文明教化），開啟民智，培養「國民」的獨立人格，而非「臣民」的奴隸人格。第三重是深層的文化革命，意在保存國脈，弘揚國學，重新建構有根基、有核心的文化體系。即使這樣的解讀不十分契合章太炎本人，也是可以作為解讀他的一種參照。不僅如此，如果我們把三重「革命」改為三重「改造」，似也正可作為解讀近代知識人傳續神州慧命自覺意識的參照。

另外，不應忽視的是，紅色文化不斷成為顯性文化、主流文化，意識形態上也出現一種從「尊孔」向「信馬」衍變的傾向。文化的顏色「隱喻」意義開始成為一種文化符號、政治符號，現代政治人物強調的「紅色基因」也逐漸生成了。

〔註25〕陳獨秀：《文學革命論》，載《獨秀文存》卷一，上海書店 1989 年版，第 135 頁。

〔註26〕陳獨秀：《文學革命論》，載《獨秀文存》卷一，上海書店 1989 年版，第 139 頁。

〔註27〕陳獨秀：《我之愛國主義》，載《獨秀文存》卷一，上海書店 1989 年版，第 87 頁。

〔註28〕陳獨秀：《我之愛國主義》，載《獨秀文存》卷一，上海書店 1989 年版，第 87 頁。

〔註29〕王學典：《梁啟超是開天闢地的人物　大師不是造就的》，搜狐網 2017-05-24。

四、研究方法

本書為課題研究成果，作為課題主持人，我希望它是以哲學研究為底色的交叉綜合研究。因此，所用方法，至少有以下幾個：

第一，「純化」與「泛化」相結合的哲學史研究法。這是已故著名的哲學史家蕭萐父先生在 1989 年提出的哲學史研究法。他指出，「文化是哲學賴以生長的土壤，哲學是文化的活的靈魂，哲學所追求的是人的價值理想在真、善、美創造活動中的統一實現」，哲學史研究既要「純化為哲學認識史」，又可以「泛化為哲學文化史」，二者的結合即「以哲學史為核心的文化史或以文化史為鋪墊的哲學史，更能充分反映人的智慧創造和不斷自我解放的歷程」。他還說：「在哲學史的研究中，或由博返約，或由約趨博，或純化，或泛化，或微觀，或宏觀，或縱向，或橫向，都可以『自為經緯，成一家言』，而只有經過這樣的兩端互補和循環往復中的反覆加深，才能不斷地開拓新的思路、提高研究的科學水平。」〔註 30〕國學研究，尤其是國學意識的梳理，需要這種哲學認識史的「純化」研究與哲學文化史的「泛化」研究的結合。

第二，文史互證法。國學研究中有價值判別與事實梳理的糾纏，不少已有的研究成果多有其理論預設，為了更好地看清近代知識人的心路歷程，必須運用多方面的史料、甚至不惜大段引用原文，力圖客觀地「還原」原有語境。雖然本課題研究也不免有一定的理論預設，而可能犯為「理論」找「史料」之嫌疑，但是我們力圖做到以下兩點：其一，儘量少受更多理論預設的干擾；其二，儘量多讀原著。前者固可作為我們學養不足的藉口。後者卻能讓我們更好地集中論域，重新解讀近代以來最具代表性的中國知識人的原著，以他們的國學思考為焦點，順延相關方面，研讀當時中國知識人文化觀念史中的最核心議題，梳理出他們「國學自覺」的思想脈絡。

第三，理想型方法。這一方法意在「通過想像力把歷史上的事象及其相互關系聯結為一整體」，雖然「它本身不是歷史的本相，但為歷史本相提供了一種清楚的表現方式；它本身也不是一種假設，但其目的則在引導出假設的建立」；通過「理想型」的建構，「一方面是以特殊的歷史經驗為對象，另一方面又以具有普遍意義的問題為核心」。〔註 31〕通過盡可能的系統研讀近代知識

〔註 30〕蕭萐父：《哲學史研究中的純化與泛化》，載氏著《吹沙集》，巴蜀書社 2007
　　　　年重印版，第 417 頁。
〔註 31〕余英時：《關於韋伯、馬克思與中國歷史研究的幾點反省──〈中國近世宗教

人的著述，我們建構了解讀他們心靈世界的三重意義上的改造運動。我們認為，近代知識人試圖以其覺醒的國學意識重建國學，努力推進了制度改造、社會改造和文化改造。限於本人之學力與本書的議題，本書將主要從文化維度描述這三重改造的重要方面。

倫理與商人精神〉自序》，載余英時著、沈志佳編《儒家倫理與商人精神》（《余英時文集》第三卷），廣西師範大學出版社 2014 年版，第 265 頁。

第一章　國學「出場」

　　時至今日，中國知識人已經認識到：現代化絕不是全盤西化，不是單純的西方近代文明的普世化；然而，中國傳統文化也不能「一統天下」；只有不斷融合古今、貫通中西，在中外對話互動中形成的中國特色的文化的不斷生成，才是中國現實的現代化，才是「敞開」的面向未來的現代化。

　　這一共識，離不開近代「國學」觀念的發生與演變。這就不能不先簡述一下「國學」的「出場」與「現身」。

第一節　從教育機構到學術分類

　　古代「國學」，主要之義大概可分梳為兩途：一是作為教育機構，國學指的是中央級的最高學府；二是作為學術觀念，國學對應於四部學術分類的古典學術。

一、作為教育機構的國學

　　何謂「國學」呢？從語源學上來考察，則中國很早就有了「國學」一詞。《周禮・春官宗伯・樂師》載：「樂師，掌國學之政，以教國子小舞。」[註1]樂師所掌管的「國學」，如《周禮》之《正義》所言，即「在國城中王宮左之小學也」。《禮記・學記》云：「古之教者，家有塾，黨有庠，術有序，

〔註1〕參〔漢〕鄭玄注，〔唐〕賈公彥疏，彭林整理：《周禮注疏》，上海古籍出版社2010年版，第863頁。

國有學。」〔註2〕其中所言「國有」之「學」，亦指國家設立的學校。西周設於王城及諸侯設於國都的學校，都稱國學。

西周時，國學承擔貴族教育，從階段和內容上可再分為小學和大學，即書、數為「小學」，禮、樂、射、御為「大學」，合稱「六藝」。到了漢代，最高學府是「太學」。晉代則稱「國子學」，隋唐以後，多稱「國子監」。《明史·選舉志》載：「科舉必由學校，而學校起家可不由科舉。學校有二：曰國學，曰府、州、縣學。府、州、縣學諸生入國學者，乃可得官，不入者不能得也。入國學者，通謂之監生。舉人曰舉監，生員曰貢監，品官子弟曰蔭監，捐貲曰例監。同一貢監也，有歲貢，有選貢，有恩貢，有納貢。同一蔭監也，有官生，有恩生。國子學之設自明初乙巳始。」〔註3〕在所有學校中，國學的地位最高，相當於現代的「國立」中央最高學府，某種程度上與現在的中國社會科學院相似。

作為中央教育機構，國學在造士選材方面的功能得到重視並不斷加強。漢成帝時，袁瓌針對「喪亂之後，禮教陵遲」，乃上疏稱：「疇昔皇運陵替，喪亂屢臻，儒林之教漸頹，庠序之禮有闕，國學索然，墳籍莫啟，有心之徒抱志無由。」〔註4〕他以古人稱「《詩》《書》義之府，禮樂德之則」為據，希望能「留心經籍，闡明學義，使諷誦之音盈於京室，味道之賢是則是詠」，建議「給其宅地，備其學徒，博士僚屬粗有其官」。袁瓌的疏奏被成帝採納了，「國學之興，自瓌始也」。〔註5〕東漢光武帝時，太僕朱浮，見「國學既興」，以為「宜廣博士之選，乃上書」〔註6〕，論設「太學」之意。東晉孝武帝十年二月，「立國學」。〔註7〕據《晉書》載，陽平元城人束皙「博學多聞」，曾「少游國學」，「博士」曹志誇他「好學不倦，人莫及也」〔註8〕，束皙儼然成為國立學校的好學典型。北宋大中祥符年間規定，那些因「門蔭」授京官、年二十五以上者，先令其在國學受業二年，還要經過相當的考核，才能求得差使。

國學既是國立最高學府，那麼其具體建制又如何呢？主要又舉辦哪些重

〔註2〕 參〔漢〕鄭玄注，〔唐〕孔穎達正義，呂友仁整理：《禮記正義》，上海古籍出版社 2008 年版，第 1426 頁。

〔註3〕 〔清〕張廷玉等撰：《明史》，中華書局 1974 年版，第 1675～1676 頁。

〔註4〕 〔唐〕房玄齡等撰：《晉書》，中華書局 1974 年版，第 2167 頁。

〔註5〕 〔唐〕房玄齡等撰：《晉書》，中華書局 1974 年版，第 2167 頁。

〔註6〕 〔宋〕范曄撰，〔唐〕李賢等注：《後漢書》，中華書局 1965 年版，第 1144 頁。

〔註7〕 〔唐〕房玄齡等撰：《晉書》，中華書局 1974 年版，第 234 頁。

〔註8〕 〔唐〕房玄齡等撰：《晉書》，中華書局 1974 年版，第 1427 頁。

大的活動呢？

　　首先，來看一下國學的職事人員。據《隋書》的《百官志》載，梁武帝時，「國學」設有祭酒一人，博士二人，助教十人，太學博士八人，又有「限外博士員」，後因故又「置五經博士各一人」，又「表立正言博士一人，位視國子博士」，再「置助教二人」，而「舊國子學生，限以貴賤，帝欲招來後進，五館生皆引寒門俊才，不限人數」〔註9〕明代應天府學改為「國子學」，改建後，更名為「國子監」，設祭酒、司業、監丞、博士、助教、學正、學錄、典籍、掌饌、典簿等官，分設率性、修道、誠心、正義、崇志、廣業「六堂」以館諸生，學旁設「號房」以宿諸生，「厚給廩餼」，可謂是「優恤」有加。〔註10〕

　　在培養計劃方面，一般都主張按年齡層次、學習程度，而分小學、大學。據《漢書》載，漢代士子是「八歲入小學，學六甲、五方、書計之事，始知室家長幼之節。十五入大學，學先聖禮樂，而知朝廷君臣之禮。其有秀異者，移鄉學於庠序；庠序之異者，移國學於少學。諸侯歲貢少學之異者於天子，學於大學，命曰造士」〔註11〕。其中所言教育分年齡、分級次及選士政策，而《禮記·學記》所講則更顯示了層級遞進的培養計劃。《禮記·學記》主張，「比年入學，中年考校。一年，視離經辨志。三年，視敬業樂群。五年，視博習親師。七年，視論學取友，謂之小成。九年，知類通達，強立而不反，謂之大成。夫然後足以化民易俗，近者說服而遠者懷之」〔註12〕，最後才成就了「大學之道」。

　　到了南北朝時期，南朝的梁武帝蕭衍，雖篤信佛教，但也尊崇儒術，儒道兼通，還「修飾國學，增廣生員，立五館，置五經博士」。〔註13〕南朝梁昭明太子蕭統，早歲即浸潤於儒家經典，五歲能「遍讀」「諷誦」《五經》。在他「盡通大義」後，便在壽安殿講《孝經》，講完後，還「親臨釋奠於國學」。〔註14〕在國學「釋奠」，應該是設爵向先師孔子行釋菜禮。後齊是新立學，「必釋奠禮先聖先師，每歲春秋二仲，常行其禮。每月旦，祭酒領博士已下及國子

〔註9〕〔唐〕魏徵等撰：《隋書》，中華書局1973年版，第724頁。

〔註10〕〔清〕張廷玉等撰：《明史》，中華書局1974年版，第1676頁。

〔註11〕〔漢〕班固撰，〔唐〕顏師古注：《漢書》，中華書局1962年版，第1122頁。

〔註12〕〔漢〕鄭玄注，〔唐〕孔穎達正義，呂友仁整理：《禮記正義》，上海古籍出版社2008年版，第1426頁。

〔註13〕楊忠分史主編：《梁書》，上海：漢語大詞曲出版社2004年版，第81頁。

〔註14〕楊忠分史主編：《梁書》，上海：漢語大詞曲出版社2004年版，第139頁。

諸學生已上，太學、四門博士升堂，助教已下、太學諸生階下，拜孔揖顏」〔註15〕。正如《禮記‧月令》所言的「上丁，命樂正習舞，釋菜」〔註16〕，天子和三公、九卿、諸侯、大夫都參與典禮；而《禮記‧文王世子》亦載，「凡學，春官釋奠於其先師，秋冬亦如之」〔註17〕，「凡始立學者，必釋奠於先聖先師，及行事，必以幣」〔註18〕。通過例行釋菜禮，以獲得崇儒尊教的儀式感。新、舊兩《唐書》中，亦屢見「皇太子釋菜於國學」的記載。〔註19〕

　　國學還通過刊刻儒經、教化文章、聖賢之像，以宣揚儒教。宋真宗大中祥符五年辛酉，「作《崇儒術論》，刻石國學。」這是將宣教文章刻石。另外，五代後期，出現國子監，因置有學舍，便可懸掛聖賢畫像及像贊，增加了舊制。如《宋史》有載：「至聖文宣王。唐開元末升為中祠，設從祀，禮令攝三公行事。朱梁喪亂，從祀遂廢。後唐長興二年，仍復從祀。周顯德二年，別營國子監，置學舍。宋因增修之，塑先聖、亞聖、十哲像，畫七十二賢及先儒二十一人像於東西廡之木壁，太祖親撰《先聖》《亞聖贊》，十哲以下命文臣分贊之。建隆中，凡三幸國子監，謁文宣王廟。太宗亦三謁廟。詔繪三禮器物、制度於國學講論堂木壁。又命河南府建國子監文宣王廟，置官講說及賜《九經》書。」〔註20〕《新唐書》中亦有載，「孔子廟於國學」。國子監與文廟建制相近，並日益一體化，國學多設在文廟中，儒學的政治教化功能更加強化了。

〔註15〕〔唐〕魏徵等撰：《隋書》，中華書局 1973 年版，第 181 頁。

〔註16〕〔漢〕鄭玄注，〔唐〕孔穎達正義，呂友仁整理：《禮記正義》，上海古籍出版社 2008 年版，第 634 頁。

〔註17〕〔漢〕鄭玄注，〔唐〕孔穎達正義，呂友仁整理：《禮記正義》，上海古籍出版社 2008 年版，第 836 頁。

〔註18〕〔漢〕鄭玄注，〔唐〕孔穎達正義，呂友仁整理：《禮記正義》，上海古籍出版社 2008 年版，第 837 頁。

〔註19〕劉夢溪：《論國學之內涵及其施教——馬一浮國學論的立教義旨》，《文史哲》2017 年第 2 期。劉先生文中有注，引有如下數條：《舊唐書》卷三本紀第三太宗下：「丁丑，皇太子於國學釋菜。」卷五本紀第五高宗下：「癸未，皇太子弘釋奠於國學。」卷七本紀第七中宗睿宗：「丁亥，皇太子釋奠於國學。」卷八本紀第八玄宗上：「戊寅，皇太子詣國學行齒胄禮，陪位官及學生賜物有差。」卷十一本紀第十一代宗：「二月丁亥朔，釋奠於國學，賜宰臣百官饗錢五百貫，於國學食。」卷四十五志二十五：「景龍二年七月，皇太子將親釋奠於國學，有司草儀注，令從臣皆乘馬著衣冠。」《新唐書》卷二本紀第二太宗：「二十一年正月壬辰，高士廉薨。丁酉，詔以來歲二月有事於泰山。甲寅，以鐵勒諸部為州縣，賜京師酺三日。慮囚，降死罪以下。二月丁丑，皇太子釋菜於太學。」

〔註20〕〔唐〕魏徵等撰：《隋書》，中華書局 1973 年版，第 2547 頁。

據史載，國學還常成為舉行敬老禮儀的場所。《隋書·禮儀志》記載：「仲春令辰，陳養老禮。先一日，三老五更齋於國學。皇帝進賢冠、玄紗袍，至璧雍，入總章堂。列宮懸。王公已下及國老庶老各定位。司徒以羽儀武賁安車，迎三老五更於國學。」〔註21〕在國學行養老禮，齋三老五更，還以安車迎候，皇帝都得虛心聆聽他們「論五孝六順，典訓大綱」。

古代國學多為教育機構，現代與國學接近的教育機構，主要是依託於大學的書院、國學研究院所等。韓國有國學館，也講國學，即韓國文化。韓國首都有個大學，名為成均館大學，所起之名，深得中國傳統國學的古典意味。

二、作為學術觀念的國學

從文化的地域性來看，中國的「國學」帶有獨特的中國特徵，而迥異於外國文化。在中國學術思想研究的語境中，「國學」中的「國」，是指「中國」，而不是指中國以外的某一國。論說中國語言、思想、學術時，言說「國學」與言說「國人」、「國族」、「國民」、「國運」一樣，強調的都是中國這一「國」之人群、一國固有之學說。

近代早期，中國在固有文化受到西洋文化衝擊後，用「中學」與「西學」相對，如主張「中學為主，西學為用」。在遭遇西方文化之前的中國學術，稱「國學」，即中國原有的文化。自晚清以來，中國社會全面步入近代化節奏。近代的國學，主要指中國固有的思想學術，以區別於西洋學說。一百多年來，學者們從不同角度給「國學」下過眾多定義。洋務運動時期，稱「中學」，以與「西學」相對，由此展開體用之爭。維新變法時期，漸用「舊學」稱中國傳統學術，而稱西洋學術為「新學」。

20世紀初，漸有「國故」、「國粹」之稱，如《國粹學報》的編印、章太炎《國故論衡》的出版。但是，「國故」、「國粹」之稱，均出於保持中國文化命脈的考慮，帶有一定的主觀色彩。所以，「可能由於這兩個名稱都多少帶有一些主觀色彩，且流露出保守戀舊的情緒，因而逐漸棄而不用，中性的『國學』便應運而生，並取而代之了」〔註22〕。可能正是在中性的國學觀念影響下，章太炎出版了講演集《國學概論》，胡適創辦了學術期刊《國學季刊》。

從世界文明交往史上看，15世紀，歐洲傳教士、商人等把中國的文化理

〔註21〕〔唐〕魏徵等撰：《隋書》，中華書局1973年版，第189頁。
〔註22〕胡道靜主編：《國學大師論國學·序》，東方出版中心1998年4月版。

念和典籍引介到歐洲，歐洲便出現了研究中國文化的「漢學」研究。外國人稱有關中國的學術研究為「漢學」、「中國學」或「支那學」。「漢學」，英文譯作 Sinology，意即「研究中國人和中國文化的學問」。「中國學」，英文譯作 Chinese Studies，一般特指美國的「漢學」研究。

另外，18 世紀時，日本學人本居宣長等也曾使用「國學」一詞，以宣示與中華文化不同的日本文化的本土化、民族化特質。19 世紀中期，日本先後從荷蘭、德國獲得更多的影響。明治維新之後，歐化影響下的日本所流行的「國學」觀念，便主要是指針對歐洲而言的日本學術。

既然國學是中國的固有學術，那麼要展開國學研究，真正開始國學自覺，便離不開對中國傳統文化的研讀。然而，國學與中國傳統文化屬於兩個不同領域的概念。大致而言，現代國學屬於對於傳統文化進行學術分類研究的問題，國學研究也正在不斷成為新的文化傳統的一部分。〔註23〕講「國學」容易太過泛化，成了什麼都是國學，從而使國學失去自身的特色。〔註24〕

研究國學典籍，便須對中國古代學術進行分類。中國學術分類法中較著者，便是四部分類法。其起源於晉武帝秘書監荀勗的《中經新簿》，唐玄宗集賢院分甲、乙、丙、丁四部，分別對應於經、史、子、集。清代乾隆三十七年（1772），詔開四庫全書館，按經、史、子、集四部分類群書。到了晚清，曾國藩在姚鼐義理、詞章、考據之外，再加了「經世」一門。這都奠定了國學在近代勃興的基礎。

第二節　國學意識覺醒

近代以來，國學意識開始越來越自覺。國學意識中至少蘊含了以下兩大傾向：第一，在救亡觀念下形成的國學意識，這是其政治傾向；第二，在啟

〔註23〕劉夢溪說：「國學所包含的內涵只是中國傳統文化的一部分，也就是它的學術部分。當然就國人的教育而言，我認為國學應成為中小學課程設置的內容之一，這個問題比較大，需要細緻探討。但即使是在教育領域，也不應用『國學』來代替『傳統文化』。」本文贊同劉夢溪先生這樣的看法。參劉夢溪著：《大師與傳統：中國文化與傳統40小講》，北京：中國青年出版社2007年版，第6頁。
〔註24〕所以，劉夢溪更傾向於「多使用傳統文化的概念」，以為傳統文化的概念比國學的概念「更親切普及，更容易被民眾以及外國人所接受」。參劉夢溪著：《大師與傳統：中國文化與傳統40小講》，北京：中國青年出版社2007年版，第6頁。

蒙思潮下形成的國學觀念，這是其文化傾向、學術傾向。然而，政治和學術問題歷來總是糾纏在一起。近代中國在呼喚政治的「德先生」的同時，也向學術的「賽先生」伸出了橄欖枝。國學覺醒，是對兩種傾向的雙重檢討、同步推進。

一、「學亡則亡國」

　　1870 年代到 1890 年代，資本主義強國在世界範圍內發動的成功的殖民行動。列強入侵，造成被侵略國的民族危機，帶來民族自決日益喪失的國家危機。為了救亡圖存，知識人用不同形式的「國學」振興、國事關切表達了對民族興亡的關懷。

　　俞樾弟子吳大澂（字清卿，號恒軒，又號窓齋），江蘇吳縣人，同治進士。甲午戰爭爆發後，他以花甲之年，自請率湘軍三萬赴遼抗日，戰敗後被處以革職永不敘用。俞樾為他「失足」於戰事辯護，並稱讚他的愛國之心道：「憤外侮之侵凌，感中國之積弱，撫膺太息，毅然請纓，誠古人臣急病讓夷之義也。」〔註 25〕

　　章太炎（字枚叔，1868～1936）原名炳麟，因仰慕顧炎武（初名絳，入清後改炎武）的學問和人品，亦更名絳，自號太炎，學界稱太炎先生。章太炎還從顧炎武治經中發掘了排滿根據，並將顧炎武看作當時經學的「淵源」，以為「顧公為此，正欲使人推尋國性，識漢虜之別耳」。〔註 26〕章太炎正在詁經精舍研治經史，聽說《馬關條約》簽訂，而康有為等人正在設立強學會，便立即匯寄 16 元會費。他還給主辦《時務報》的汪康年寫信，希望《時務報》宣傳變法。於是，梁啟超、汪康年便請他到上海共同經辦《時務報》。1896 年底，章太炎走出書齋，赴任時務報館。章太炎參與編輯的報紙還有《經世報》《實學報》《譯書公會報》等，傾向於以紙媒啟發民智，為變法維新提供助力。他的反清民族主義思想，亦反映於《訄書》中。這部書由系列論文組成，借評述歷史而深闡現實問題。

　　梁啟超在《清代學術概論》中說：「凡一學術之發達，必須為公開的且趣

〔註 25〕俞樾：《前湖南巡撫吳君墓誌銘》，載《春在堂全書》之《春在堂雜文》六編卷五，參〔清〕俞樾著，應守岩點校：《俞樾全集》第十二冊《春在堂雜文（三）》，杭州：浙江古籍出版社 2018 年版，第 969 頁。

〔註 26〕章炳麟：《自定年譜》，參上海人民出版社編，馬勇整理：《章太炎全集》第 18～19 冊《太炎文錄補編》，上海：上海人民出版社 2017 年版，第 757 頁。

味的研究。」他還結合自己的經歷說，他自己「最受用」的是「責任心」和「趣味」，「敬業」就是責任心問題，而「樂業」就是趣味問題，他自己也常常力求將二者實現、調和起來。〔註27〕他說：「『責任心』強迫把大擔子放在肩上，是很苦的，『興味』是很有趣的，二者在表面上恰恰相反，但我常常把他調和起來。所以生活雖說一方面是很忙亂的、很複雜的，他方面仍是很恬靜、很愉快的。」

梁啟超強調，學術研究中責任心與研究興趣同樣重要。梁啟超（字卓如，號任公，又號飲冰室主人，1873～1929），廣東新會人，11 歲中秀才，16 歲中舉。他在學海堂五年，專究訓詁詞章之學，打下漢學根底。後追隨康有為，治學進路開始轉向，既通經致用，更維新變法。據梁啟超回憶，康有為在講學時，「每語及國事杌陧，民生憔悴，外侮憑陵，輒慷慨欷歔，或至流涕」，而梁啟超等人「受其教」，則「振盪怵惕，懍然於匹夫之責，而不敢自放棄自暇逸」。〔註28〕他們的行動張揚，「每出則舉所聞以語親戚朋舊，強聒而不捨」，令「流俗駭怪」而指為「康黨」，他們亦自居於「康黨」一流。他們都是有責任心、有擔當的，並且毫不掩飾，而溢於言表。

1902 年，在黃遵憲給梁啟超的信中，保留了梁啟超的「國粹」說，即：「養成國民，當以保存國粹為主義，當取舊學磨洗而光大之。」〔註29〕二人在信中商討創辦《國學報》，黃遵憲在回信中說：「《國學報》綱目，體大思精，誠非率爾遽能操觚。僕以為當以此作一《國學史》，公謂何如？」這可能是中國近代知識人中較早用「國學」表達一種新觀念的代表。

同年 12 月 30 日，黃節在《政藝通報》上發表《國粹保存主義》，強調指出：「國粹者，國家特別之精神也。」〔註30〕黃節還說：「學亡則亡國，國亡則亡族。」在他看來，保存了學術，對於保國具有重要意義。1905 年初，鄧實、黃節等在上海成立國學保存會，便以「研究國學，保存國粹」為學會宗旨。

鄧實也主張「國」與「學」相依的關係，強調國家興亡的文化基礎。他曾

〔註27〕梁啟超：《敬業與樂業》，載梁啟超著，湯志鈞、湯仁澤編：《梁啟超全集·第十五集·演說一》，中國人民大學出版社 2018 年版，第 404 頁。

〔註28〕梁啟超：《南海先生七十壽言》，載梁啟超著，湯志鈞、湯仁澤編：《梁啟超全集·第十七集·詩文》，中國人民大學出版社 2018 年版，第 478 頁。

〔註29〕黃遵憲：《黃遵憲全集》第三編《函電》，載陳錚編《黃遵憲全集》，中華書局 2005 年版。

〔註30〕《壬寅政藝叢書》「政學編」卷五。

說過:「國以有學而存,學以有國而暢。」鄧實可以說是近代中國第一個給國學下定義的知識人。1907 年,劉師培、章太炎、鄧實等創辦《國粹學報》,直到 1912 年初停刊。該學報第 27 期即載有鄧實《國學精論》一文。如果「粹」取「精粹」義,則鄧實此篇論「國學」的「精論」之文的表面義,也正好契合了「國粹」之「粹」義。

二、近代的國學升溫

面對西方文明從器物、制度到思想文化觀念的強勁衝擊,一大批知識人轉身回視,力圖從本國文化傳統中尋找精神支點,展現了高度的自覺。此處著重談近代國學升溫的現象,背後是知識界的國學自覺,伴隨二者的是現代文化重建與觀念轉型。

從 19 世紀末到 20 世紀初,開始出現了探討國學問題的學會和組織,一些研究期刊也開始創辦起來。

首先,湧現了眾多國學研究學會,組織了許多相關活動。比如,1905 年即成立了國學保存會和國學扶輪社。1915 年,成立了國學昌明社。1919 年,四川成立了成都國學院。1920 年,無錫成立了國學專修館。

章太炎自視甚高,揚言「上天以國粹付余」〔註31〕,乃「獨欲任持國學」〔註32〕。早在 1898 年 2 月,章太炎在《與李鴻章》裏,既已表達用古學振拔今世的意願:「會天下多故,四裔之侵,慨然念生民之凋瘵,而思以古之道術振之。」〔註33〕自言願以所學,縱論天下大勢,希望外能忍辱相交,內能修明政治以自固。1902 年,章太炎致信劉師培,信中說:「他日保存國粹,較諸東方神道,必當差勝也。」〔註34〕1903 年 5 月,章太炎在給宋恕的信中說:「國粹日微,歐化浸熾,穰穰眾生,漸離其本。」〔註35〕1903 年 5 月,章太

〔註31〕章太炎:《癸卯獄中自記》,載上海人民出版社編;徐復點校:《章太炎全集·太炎文錄初編》,上海人民出版社 2014 年版,第 145 頁。

〔註32〕章太炎:《與吳承仕(八十七通)》之一,載上海人民出版社編、馬勇整理:《章太炎全集·書信集》,上海人民出版社 2017 年版,第 397 頁。

〔註33〕章太炎:《與李鴻章(二通)》之一,載上海人民出版社編、馬勇整理:《章太炎全集·書信集》,上海人民出版社 2017 年版,第 33 頁。

〔註34〕章太炎:《與劉師培(八通)》之一,載上海人民出版社編、馬勇整理:《章太炎全集·書信集》,上海人民出版社 2017 年版,第 129 頁。

〔註35〕章太炎:《與宋恕(六通)》之五,載上海人民出版社編、馬勇整理:《章太炎全集·書信集》,上海人民出版社 2017 年版,第 30 頁。

炎在信中自言：「鄙人自十四五時，覽蔣氏《東華錄》，已有逐滿之志。丁酉入時務報館，聞孫逸仙亦倡是說，竊幸吾道不孤，而尚不能不迷於對山之妄語。《訄書》中《客帝》諸篇，即吾往歲之覆轍也。」〔註36〕1907 年，他在一封信中指出，「存歲以來，經術道息，視亭林、穉若之世，又若羲皇、燧人。國粹陵夷，慮禹域不我屬。……方今國故衰微，大雅不作，文武在人，實惟先生是賴。」〔註37〕1908 年，章太炎從「正名」角度，提出「國粹」發展方向的相關問題。他說：「學名國粹，當研精覃思，鉤發沉伏，字字徵實，不蹈空言，語語心得，不因成說，斯乃形名相稱。若徒摭舊語，或張大其說以自文，盈辭滿幅，又何貴哉？實事求是之學，慮非可臨時卒辦。」〔註38〕不能做表面學問，徒事觀美，那些外似「浩博」，實際上不過是拾人唾餘。

　　章太炎終生重視國學，曾舉辦四次國學講習會。（1）第一次在 1906 年。當時章太炎在日本東京開辦國學講習會（邀請函上寫的是「國學振起社」），會場設在民報社，門楣上署「章氏國學講習會」，魯迅、周作人、錢玄同、沈兼士、馬幼漁、朱希祖、許壽裳等都曾侍聽。（2）第二次在 1913～1916 年間。當時章太炎被袁世凱軟禁在北京，他「以講學自娛」，講堂牆壁張貼《國學會告白》，其文曰：

> 余主講國學會，踵門來學之士亦云不少。本會專以開通智識，昌大國性為宗，與宗教絕對不能相混。其已入孔教會而後願入本會者，須先脫離孔教會，庶免薰蕕雜糅之病。章炳麟白。〔註39〕

當時袁世凱謀立孔教為國教，而康有為倡立以孔教會，故章太炎所講應有所針對。他的講演內容由吳承仕記錄，題曰《菿漢微言》。（3）第三次在 1922 年夏。在上海的章太炎，應江蘇省教育會之邀，作國學演講十講，持續一個半月，每次都得到《申報》的報導，曹聚仁整理講演內容，題曰《國學概論》。張冥飛整理為《章太炎先生國學講演集》。這次演講，使得太炎的國學聲望勝絕一時。（4）第四次是在 1933～1935 年間。晚年的章太炎在蘇州成立國學會，

〔註36〕章太炎：《與陶亞魂、柳亞子》，載上海人民出版社編、馬勇整理：《章太炎全集·書信集》，上海人民出版社 2017 年版，第 124 頁。

〔註37〕章太炎：《與孫詒讓（二通）》之一，載上海人民出版社編、馬勇整理：《章太炎全集·書信集》，上海人民出版社 2017 年版，第 264 頁。

〔註38〕章太炎：《與人論國學（二通）》之二，載上海人民出版社編、馬勇整理：《章太炎全集·書信集》，上海人民出版社 2017 年版，第 306 頁。

〔註39〕轉引自顧頡剛《古史辯第一冊自序》，載氏著《顧頡剛全集》1，中華書局 2010 年版，第 21 頁。

創會刊《國學商兌》（後改名《國學論衡》）。1933～1934 年，章太炎以國學會名義在蘇州公園的圖書館、無錫國學專修學校演講二十多次。1935 年，改由「章氏國學講習會」名義演講，講習會刊物為《制言半月刊》。

其次，創辦了眾多國學研究雜誌。1902 年，在黃遵憲給梁啟超的信中，就提到梁啟超曾想創辦《國學報》。〔註40〕此後，吳仲、沈宗畸等人興辦了《國學萃編》（1908 年北京），羅振玉、王國維編輯了《國學叢刊》（1911 年北京、1914 年日本），陳爾錫、呂學沅等人成立國學扶危社、創辦《國學》雜誌（1914年東京、北京），倪羲抱等人成立國學昌明社、創辦《國學雜誌》（1915 年上海）。1922 年初，南京的東南大學創辦了《學衡》。1923 年，北京大學出版發行了《國學季刊》（全名《國立北京大學國學季刊》）。

再次，設立了許多國學教育機構。除章太炎的國學講習會、國學振起社外，還有章氏弟子馬裕藻等人在北京、杭州組織的國學會，謝无量、廖平、劉師培、宋育仁等人在成都成立的國學館（後改名國學學校、國學專門學校），以及唐文治的無錫國學專修館等。1922 年，北京大學成立國學門。1925 年，清華大學設立國學研究院。清華國學研究院，旨在「研究高深學術，造就專門人才」，王國維與梁啟超、趙元任、陳寅恪為「四大導師」。國學院採用傳統書院制與英國牛津大學的導師制相結合的方式，先開國學一科，學制一年，主要學習中國語言、歷史、文學、哲學。從教學內容上看，王國維講授《古史新證》和《尚書》，梁啟超講授歷史研究法，趙元任講授語言學，陳寅恪講授佛經翻譯文學。普通講演為學生必修，至少 4 種，導師定題目、時間，每週講演 1 至 2 次。專題研究由導師指定學科範圍，即「就一己志向、興趣、學力之所近，選定題目以為本年內之專門研究」。1926 年，廈門大學當時亦預備設立國學研究院。當年 9 月初，魯迅抵達廈門大學任教，因當時教員住室尚未完工，他便臨時住在位於三樓的國學院的陳列所裏。〔註41〕

本章小結

近代國學升溫並呈現出勃興之勢，主要在於國學承載著中國近代化過程

〔註40〕黃遵憲：《黃遵憲全集》第三編《函電》，載陳錚編《黃遵憲全集》，中華書局2005 年版。

〔註41〕魯迅：《致許廣平》（1926 年 9 月 12 日），參王世家、止菴編《魯迅著譯編年全集》第 7 卷，第 264 頁。

中的文化革命與社會啟蒙的重任。1903 年 3 月，飛生在《浙江潮》上發表《國魂篇》，高唱國粹主義道：「一國國政之進運也，恒不外兩大主義之衝突調和而後成。所謂兩大主義者何？曰：世界主義、國粹主義而已。」〔註 42〕提倡國粹，除去其複雜性不論，其合理之處在於，提倡者至少是在自覺地肩負起了昌明民族文化的責任。

在 20 世紀 20 年代前後，隨著各地一大批國學研究組織、教育機構、研究刊物的設立或創辦，中國知識人群體中便形成了一股研究國學的熱潮，這股熱潮引發一場「國學運動」。有學者以為，直到 20 世紀 40 年代，「國學熱」才開始衰退，而它的再度興起則已是半世紀後的 1993 年了。誠如胡道靜所說：「如果以對國學的態度、提倡國學的目的為標準，大致可分為兩派：一派視國學為立國之本、民族之魂，認為國學的興衰，關係著中華學術之前途和國家民族之命運；另一派則認為國學是國故學的縮寫，是一門研究中國過去的歷史文化的學問，歷史上的一切，都屬於國學研究的範圍。」〔註 43〕

綜前所述，中國的國學舊形態，主要有作為教育機構的國學，和作為學術觀念的國學，這是現代國學意識才始自覺的出發點。在古今論爭、中外相競下，中國先進的知識人更加清醒地認識到中國傳統文化的二分情形，即精華和糟粕、先進成份與腐朽部分共存。這樣以來，他們便開始在「變局」中覺醒，在自覺後有所擔當。

〔註 42〕飛生：《國魂篇》，《浙江潮》1903 年第 1 期。
〔註 43〕胡道靜主編：《國學大師論國學・序》，東方出版中心 1998 年 4 月版。

第二章　文學革命

時代「逼」出問題，問題牽引知識人的努力。從中國文學演變歷史來看，古文學存在了二千多年，已經逐漸不能適應當時的需要了。20世紀初的知識人已經認識到進行文學革命的必要，既是為了使文學「活」起來，也看到了文學與國民性的密切關聯，並有意將文學改造與政治革新結合起來。

第一節　改良：從語體到文體

講文學改良，不可不談文學自身的進化。胡適（1891～1962）以為，文學將「隨時代而變遷」，而且「一時代有一時代之文學」，他將這視為「文明進化之公理」。〔註1〕各時代自有其因時勢風會而變的新文學，「文學因時進化，不能自止」，今日中國應當「造今日之文學」，不必追擬前著、摹仿古人。〔註2〕應當樹立「歷史的文學觀念」，既要看到不同時代文學樣態的不同，明確「古人已造古人之文學，今人當造今人之文學」；又要看到文學創作的前後承繼關係，以縱觀文學變遷大勢。胡適深信，白話文學的「種子」「已伏於唐人之小詩短詞」〔註3〕，自宋以來，雖屢遭古文家的摒棄，仍一線流傳不絕。胡適給白話文運動提供了一種「相當浮淺的『歷史的』觀念」，他的上述主張大概在

〔註1〕 胡適：《文學改良芻議》，載胡適著、季羨林主編《胡適全集》第1卷，安徽教育出版社2003年版，第6頁。
〔註2〕 胡適：《文學改良芻議》，載胡適著、季羨林主編《胡適全集》第1卷，安徽教育出版社2003年版，第6頁。
〔註3〕 胡適：《歷史的文學觀念論》，載胡適著、季羨林主編《胡適全集》第1卷，安徽教育出版社2003年版，第30頁。

為他後來撰著的《白話文學史》做張本，即「為白話文學找一個傳統的基礎和依據」〔註4〕。一年後，由於現實的需要，胡適又提出要替中國創造一種「國語的文學」。本節擬從語體和文體的變革，揭示 20 世紀早期文學改良的主要面向及其特點。

一、語體：從文言到白話

20 世紀初，文言與白話的矛盾，已由現實中的糾結時時處處地表現出來。胡適初回國編寫《中國哲學大綱》（卷上）最初講義稿時，即面臨如此窘況。他說：「中國文言不便說理，故禪宗講學多用俗語。宋儒因之，遂成『語錄體』。今編講義，尤苦文言之不便。蓋教授者以文言編講義，及入教室，必須以國語譯述之。學者以國語受之，又必以文言筆記之。一篇講義經此四番周折，其於原意，能存幾何？鄙人素倡白話文學之故，論今編講義，即以國語為之。其引用書句，則多用原文。其原文有不易瞭解者，則以國語譯之。此為初次實地試驗，定多疵病，尚望讀者時有以匡正之。」〔註5〕

文學革命與文學改良本來牽涉的層面比較多，比如從文字到文體，從內容到形式，等等。文學革命提倡者在文體方面的革新主張，主要是針對僵死的舊文學而發。胡適說：「古文學的公同缺點是不能與一般的人生出交涉。大凡文學有兩個主要分子；一是『要有我』，二是『要有人』。『有我』就是要表現著作人的性情見解，『有人』就是要與一般人發生交涉。那無數的模仿派的古文學，既沒有我，又沒有人，故不值得提起。」〔註6〕在胡適看來，不能影響一般人的文學，仍舊是少數人的貴族文學，就免不了「死文學」或「半死文學」的評判。既然從古文學中找不到活文學，那就必須轉向白話作品。

（一）國語運動

1913 年，當時的教育部召開國語讀音統一會，選定朱希祖（字逖先，1879～1944）起草的漢語拼音方案。1917 年，31 歲的錢玄同參加了「國語研究會」。那時，林語堂發表了「檢字新法」、「漢字號碼索引法」、「末筆檢

〔註4〕李澤厚：《胡適　陳獨秀　魯迅》，載氏著《中國現代思想史論》，天津：天津社會科學院出版社 2003 年版，第 84 頁。

〔註5〕胡適：《〈中國哲學史大綱卷上〉（講義稿）》，載胡適著、季羨林主編《胡適全集》第 5 卷，安徽教育出版社 2003 年版，第 548 頁。

〔註6〕胡適：《五十年來中國之文學》，載胡適著、季羨林主編《胡適全集》第 2 卷，安徽教育出版社 2003 年版，第 310 頁。

字法」等，較早從事漢字首筆檢字探究。錢玄同在《新青年》上刊文，主張廢除漢字，代行拼音字母。1919 年，錢玄同兼任教育部國語統一籌備會常駐幹事。1920 年教育部公布《國音字典》，又通令各省採用新式標點符號。1926 年，教育部國語統一籌備會公布了由錢玄同、黎錦熙等人討論形成的《國語羅馬拼音法式》。

　　1931 年，錢玄同兼任教育部國音字母講習所所長；9 月，《國語週刊》在《世界日報》上復刊，刊發錢玄同的《十八年來注音符號變遷的說明》。1932 年 5 月 7 日，教育部正式公布了《國音常用字匯》，廢止《國音字典》。直到 1935 年，錢玄同在身體狀況惡化的情況下還編成《簡體字表》，為推動漢字簡化、普及化貢獻心力。他在一次大會上發言，以為國語運動是文學革命的第一步，它的口號應該是：「打倒古文！打倒漢字！打倒國粹！」

　　胡適說：「『國語』這兩個字很容易誤解。嚴格說來，現在所謂『國語』，還只是一種儘先補用的候補國語，不是現任的國語。這句話的意思是說，這一種方言已有了做中國國語的資格，但此時還不曾完全成為正式的國語。」〔註7〕這種處於「候補」狀態的國語，由通行最廣、產生的文學最多的方言承擔。胡適說：「我們現在提倡的國語是一種通行最廣最遠又曾有一千年的文學的方言。因為他有這兩種資格，故大家久已公認他作中國國語的唯一候選人，故全國人此時都公認他作中國國語，推行出去，使他成為全國學校教科書的用語，使他成為全國報紙雜誌的用語，使他成為現代和將來的文學用語。這是建立國語的唯一方法。」〔註8〕

　　既然提倡「國語」，又該如何推行呢？有沒有相應的標準？

　　1920 年，教育部令國民學校的一二年級都從秋季起改用國語，五年後高等小學教科書全部改成國語。這一規定，引發了當時教育界對「推行國語」與「定國語標準」孰先孰後的爭論。胡適以為，推行國語便是定國語標準的唯一方法，也是定國語標準的第一步。他結合自己撰寫的《建設的文學革命論》一文說：「國語的標準決不是教育部定得出來的，也決不是少數研究國語的團體定得出來的，更不是在一個短時期內定得出來的。我們如果考察歐洲

〔註7〕胡適：《國語文法概論》，載胡適著、季羨林主編《胡適全集》第 1 卷，安徽教育出版社 2003 年版，第 421 頁。
〔註8〕胡適：《國語文法概論》，載胡適著、季羨林主編《胡適全集》第 1 卷，安徽教育出版社 2003 年版，第 423 頁。

近世各國國語的歷史，我們應該知道沒有一種國語是先定了標準才發生的；沒有一國不是先有了國語然後有所謂『標準』的。凡是國語的發生，必是先有了一種方言比較的通行最遠，比較的產生了最多的活文學，可以採用作國語的中堅分子，這個中堅分子的方言，逐漸推行出去，隨時吸收各地方言的特別貢獻，同時便逐漸變換各地的土話：這便是國語的成立。有了國語，有了國語的文學，然後有些學者起來研究這種國語的文學，發音法，等等；然後有字典，詞典，文典，言語學等等出來：這才是國語標準的成立。」〔註9〕

馬建忠1898年出版的《馬氏文通》，係中國第一部文法學著述，乃依仿泰西語法成例而作。在胡適看來，「馬建忠的得力之處全在他懂得西洋的古今文字，用西洋的文法作比較參考的材料」〔註10〕，但其藉以比較的舉證材料止於韓愈，他的文法便不過是「中國古文的文法」。胡適說：「《馬氏文通》是一千年前的古文文法，不是現在的國語的文法。馬建忠的大缺點在於缺乏歷史進化的觀念。他把文法的條例錯認作『一成之律，歷千古而無或少變』（《前序》）。其實從《論語》到韓愈，中國文法已經過很多的變遷了；從《論語》到現在，中國文法也不知經過了多少的大改革！」〔註11〕金兆梓也看到，馬建忠仿西方語法成例，「不明中西文字習慣上的區別」，又「於中國文字的歷史和習慣，缺少研究的說明，所以不免有些武斷」，為了彌補馬建忠做法的缺陷，金兆梓欲「專注重我國文字的歷史和習慣」，梳理漢語語法，「於詞品的分配，卻以論理學做個基礎，下一個根本的研究，去整理我國文字的習慣法」。〔註12〕

國語和國語的文法都是幾千年歷史演化的結果。白話的變遷，都是改良，都是進步，因為「文言的種種應用能力久已減少到很低的程度，故是退化的；白話的種種應用能力不但不曾減少，反增加發達了，故是進化的。」〔註13〕胡適曾將所謂的國語運動的歷史分成五個階段。

〔註9〕 胡適：《〈國語講習所同學錄〉序》，載胡適著、季羨林主編《胡適全集》第1卷，安徽教育出版社2003年版，第225頁。

〔註10〕 胡適：《國語文法概論》，載胡適著、季羨林主編《胡適全集》第1卷，安徽教育出版社2003年版，第425頁。

〔註11〕 胡適：《國語文法概論》，載胡適著、季羨林主編《胡適全集》第1卷，安徽教育出版社2003年版，第425頁。

〔註12〕 金兆梓著：《國文法之研究》，中華書局1922年出版，今參商務印書館1983年版，《自序》第1頁。

〔註13〕 胡適：《國語文法概論》，載胡適著、季羨林主編《胡適全集》第1卷，安徽教育出版社2003年版，第434頁。

胡適說：「國語運動的第一期，是白話報的時期。」〔註14〕有部分人認為，開通民智不能用太深的文言，要用白話做工具，通過白話報來啟迪知識很低的小百姓。

胡適把國語運動的第二期稱為「字母時期」，因為「大家覺得白話報不能流行得很廣，所用的名詞咧，主義咧，還是太深，不能使普通人都懂得。要把名為象形、會意，而實非象形、會意的文字，改作拼音的文字，所以各地方拼音字母很多。用各地土音字母來教人，使不識字的人，認得了幾十個字母，便能看書。」〔註15〕

國語運動的第一、二期僅為老百姓設置，未能激發最有創造力和傳播力的知識人，國語教育長期遲滯，這是其較大侷限。

國語運動第三期，胡適稱為「國語時期」。這時期，「有國語研究會、國語統一籌備會等研究國語的機關。用注音字母來拼全國各地的音，再編國語教科書。注音字母，白話文用入教科書中，算是進步了。然而限於小學，大部分人對於注音字母和白話文，全不熱心。」〔註16〕國語不能分清他們和我們，要推廣國語教育普惠的範圍。

國語運動的第四期，胡適稱為「國語的文學時期」。這時期，「提倡國語的文學，把白話作為求高等文化、高等知識的媒介；一切講義咧，演講咧，報紙雜誌咧，都改用白話。」〔註17〕擴大了國語的教育範圍，一方面可「惹起古文家的反對」，另一方面能「喚起青年的注意」，使國語運動在爭辯中穩健推進。胡適說：「無論什麼事，什麼主張，要得人家的反對——要值得別人的一駁——才有價值。」〔註18〕第四期可以用「國語的文學，文學的國語」十個字來代表，「國語到了這個時期，便引入了我們的範圍中了。」〔註19〕

〔註14〕胡適：《國語運動的歷史》，載胡適著、季羨林主編《胡適全集》第20卷，安徽教育出版社2003年版，第417頁。
〔註15〕胡適：《國語運動的歷史》，載胡適著、季羨林主編《胡適全集》第20卷，安徽教育出版社2003年版，第418頁。
〔註16〕胡適：《國語運動的歷史》，載胡適著、季羨林主編《胡適全集》第20卷，安徽教育出版社2003年版，第418頁。
〔註17〕胡適：《國語運動的歷史》，載胡適著、季羨林主編《胡適全集》第20卷，安徽教育出版社2003年版，第418頁。
〔註18〕胡適：《國語運動的歷史》，載胡適著、季羨林主編《胡適全集》第20卷，安徽教育出版社2003年版，第419頁。
〔註19〕胡適：《國語運動的歷史》，載胡適著、季羨林主編《胡適全集》第20卷，安徽教育出版社2003年版，第419頁。

國語運動的第五期，胡適稱為「國語的聯合運動時期」，它將前四個時期的工作實行了大聯合。現在只有兩個問題：「一是添加各地閩母，因為只有注意〔音〕字母而沒有閩母，猶如只有金本位而沒有銀和銅來幫助交換；一是怎樣去教授國語。」〔註20〕

首先，不能將「注音字母」等同於「國語」。胡適說：「注音字母不過是國語的一小部分。所謂國語，是指從長城到長江，從東三省到西南三省，這個區域裏頭大同小異的普通話。諸君提倡國語，對於國語的語音、語法和文法，都要加上詳細的考究。」〔註21〕對於國語講習所的知識人而言，一定要有更高的責任感，應該把國語看作「求高等知識、高等文化的一種工具」。胡適說：「講求國語，不是為小百姓、小學生，是為我們自己。我們對於國語，要有這樣的信心，才能有決心和耐心努力做去。」〔註22〕

通過國語的文學，可以促進國語的統一趨勢。胡適說：「我們能夠使文學充分地發達，不但可以增加國語運動底勢力，幫助國語底統一——大致統一；養成兒童底文學的興趣，也有多大的關係！」〔註23〕國語的統一，在事實上並不可能做到，因為「用歷史的眼光看來，言語不只是人造的，還要根據生理的組織，天然的趨勢，以及地理的關係，而有種種差異，誰也不能專憑一己的理想，來劃一語言的。」〔註24〕

吳稚暉曾著論，以為中國文字艱深，應當捨棄，而代之以世界語。章太炎曾予以駁論。後來錢玄同等人以《新青年》等為平臺，曾討論過 Esperanto（世界語）問題。比如，錢玄同在《答陶履恭論 Esperanto》《答孫國璋論 Esperanto》《關於 Esperanto 討論的兩個附言》《答姚寄人論 Esperanto》《答胡天月論 Esperanto》《答區聲白論 Esperanto》《關於國文、外國文和 Esperanto》《Esperanto 與現代思潮》等論著中，就曾明確討論過此類問題。魯迅對此類

〔註20〕胡適：《國語運動的歷史》，載胡適著、季羨林主編《胡適全集》第20卷，安徽教育出版社2003年版，第419頁。

〔註21〕胡適：《國語運動的歷史》，載胡適著、季羨林主編《胡適全集》第20卷，安徽教育出版社2003年版，第419頁。

〔註22〕胡適：《國語運動的歷史》，載胡適著、季羨林主編《胡適全集》第20卷，安徽教育出版社2003年版，第419頁。

〔註23〕胡適：《國語運動與文學》，載胡適著、季羨林主編《胡適全集》第20卷，安徽教育出版社2003年版，第423頁。

〔註24〕胡適：《國語運動與文學》，載胡適著、季羨林主編《胡適全集》第20卷，安徽教育出版社2003年版，第420頁。

問題既不反對，也不願討論，因為他贊成的理由很簡單，以為「人類將來總當有一種共同的言語」，但「將來通過的是否 Esperanto，卻無從斷定」。他說：「大約或者便從 Esperanto 改良，更加圓滿；或者別有一種更好的出現；都未可知。但現在既是只有這 Esperanto，便只能先學這 Esperanto。……然問將來何以必有一種人類共通的言語，卻不能拿出確鑿證據。說將來必不能有的，也是如此。所以全無討論的必要；只能各依自己所信的做去就是了。」〔註 25〕他以為當前討論 Esperanto 並不是最重要的事情，而「灌輸正當的學術文藝，改良思想，是第一事；討論 Esperanto，尚在其次；至於辨難駁詰，更可一筆勾消」〔註 26〕。

錢玄同曾寫信給陳獨秀說，如果從「青年良好讀物」上面著想的話，那麼實在可以說，「中國小說，沒有一部好的，沒有一部應該讀的」。〔註 27〕他認為中國文學界應該「完全輸入西洋最新文學」，主張一切推倒從來。錢玄同說：「中國今日以前的小說，都該退居到歷史的地位；從今日以後，要講有價值的小說，第一步是譯，第二步是新做。」〔註 28〕

胡適亦從提倡文學革命的立場贊同從「破壞」的這一方面下手。當時的文學界，盛行的是桐城派古文、《文選》派文學、江西詩派的詩、夢窗派的詞、《聊齋誌異》派的小說等。胡適以為，這些不能算作「真文學」，不值得一駁，沒有破壞的價值。他還說：「所以我望我們提倡文學革命的人，對於那些腐敗文學，個個都該存一個『彼可取而代也』的心理，個個都該從建設一方面用力，要在三五十年內替中國創造出一派新中國的活文學。」〔註 29〕他將原來主張破壞的「不做『言之無物』的文字」等八事稱為「八不主義」，再行改作，以「肯定的口氣」總括為四條：要有話說，方才說話；有什麼話，說什麼話；要說我自己的話，別說別人的話；是什麼時代的人，說什麼時代

〔註 25〕魯迅：《渡河與引路》，載王世家、止菴編《魯迅著譯編年全集》第 3 卷，人民出版社 2009 年版，第 89 頁。

〔註 26〕魯迅：《渡河與引路》，載王世家、止菴編《魯迅著譯編年全集》第 3 卷，人民出版社 2009 年版，第 89 頁。

〔註 27〕錢玄同：《〈新青年〉改用左行橫式的提議》，載錢玄同著：《錢玄同文集》第一卷，中國人民大學出版社 1999 年版，第 39 頁。

〔註 28〕胡適：《答錢玄同書》附錄二《錢先生答書》，載胡適著、季羨林主編《胡適全集》第 1 卷，安徽教育出版社 2003 年版，第 50～51 頁。

〔註 29〕胡適：《建設的文學革命論》，載胡適著、季羨林主編《胡適全集》第 1 卷，安徽教育出版社 2003 年版，第 52～53 頁。

的話。〔註 30〕他在文章中將這一肯定口氣，轉成「國語的文學，文學的國語」十字主張。他說：「我們所提倡的文學革命，只是要替中國創造一種國語的文學。有了國語的文學，方才可有文學的國語。有了文學的國語，我們的國語才可算得真正國語。國語沒有文學，便沒有生命，便沒有價值，便不能成立，便不能發達。」〔註 31〕在胡適看來，中國二千年來之所以沒有真有價值、真有生命的「文言的文學」，原因就在於以前的文人是在用死了的語言文字，做的文學也是死的。胡適說：「用死了的文言決不能做出有生命有價值的文學來。」〔註 32〕從文學的性質上看，「一切語言文字的作用在於達意表情；達意達得妙，表情表得好，便是文學」〔註 33〕，用「活言語活文字」來描寫生活神情，才能寫出一個「有感情，有血氣，能生動，能談笑的活人」。〔註 34〕

　　文學的生命與文學的通俗化相關，與文學作品在歷史上的地位不同。胡適對此有清醒的區分，他說：「我也承認《左傳》《史記》在文學史上，有『長生不死』的位置。但這種文學是少數懂得文言的人的私有物，對於一般通俗社會便同『死』的一樣。」〔註 35〕具體而論，「《左傳》《史記》，在『文言的文學』裏，是活的；在『國語的文學』裏，便是死的了」〔註 36〕。

　　胡適主張，「中國若想有活文學，必須用白話，必須用國語，必須做國語的文學」〔註 37〕。那些有價值的文學，都是帶有白話性質的「活文字」做的。「白話能產出有價值的文學，也能產出沒有價值的文學」，但可以肯定的是，

〔註 30〕胡適：《建設的文學革命論》，載胡適著、季羨林主編《胡適全集》第 1 卷，安徽教育出版社 2003 年版，第 53 頁。

〔註 31〕胡適：《建設的文學革命論》，載胡適著、季羨林主編《胡適全集》第 1 卷，安徽教育出版社 2003 年版，第 54 頁。

〔註 32〕胡適：《建設的文學革命論》，載胡適著、季羨林主編《胡適全集》第 1 卷，安徽教育出版社 2003 年版，第 55 頁。

〔註 33〕胡適：《建設的文學革命論》，載胡適著、季羨林主編《胡適全集》第 1 卷，安徽教育出版社 2003 年版，第 55 頁。

〔註 34〕胡適：《建設的文學革命論》，載胡適著、季羨林主編《胡適全集》第 1 卷，安徽教育出版社 2003 年版，第 55～56 頁。

〔註 35〕胡適：《答朱經農》，載胡適著、季羨林主編《胡適全集》第 1 卷，安徽教育出版社 2003 年版，第 83 頁。

〔註 36〕胡適：《答朱經農》，載胡適著、季羨林主編《胡適全集》第 1 卷，安徽教育出版社 2003 年版，第 84 頁。

〔註 37〕胡適：《建設的文學革命論》，載胡適著、季羨林主編《胡適全集》第 1 卷，安徽教育出版社 2003 年版，第 56 頁。

「已死的文言只能產出沒有價值沒有生命的文學，決不能產出有價值有生命的文學」〔註38〕。活文學要由活語言、活文字、國語來造就，活文字的載體便是國語的文學。所以，「若要造國語，先須造國語的文學。有了國語的文學，自然有國語。」〔註39〕國語的文學是有效的「國語教科書」，國語的小說、詩文、戲本等「白話文學」便是建設國語的文學的最早資源。但是，這些有價值的白話文學，由於先前沒有人自覺地主張將其作為「文學的國語」，都沒有成為「標準」，即「白話文學不成為文學正宗，故白話不曾成為標準國語」〔註40〕。從邏輯上看，要有意主張使國語成為文學的國語，「有了文學的國語，方有標準的國語」〔註41〕。不是先有所謂的語言文字標準，才產生相應的文學作品。當務之急，不是先建構「標準國語」的問題，而是行動起來，憑藉現有資源努力去做白話的文學，為「標準白話」、「標準國語」的建立健全奠定探索之途。在探索、創作中，「我們可儘量採用《水滸》《西遊記》《儒林外史》《紅樓夢》的白話；有不合今日的用的，便不用他；有不夠用的，便用今日的白話來補助；有不得不用文言的，便用文言來補助」〔註42〕。從歐洲各國國語形成的歷史上看，意、英、法、德等國大都是靠文學的力量促成了標準國語的產生，「沒有一種國語是教育部的老爺們造成的，沒有一種是言語學專門家造成的，沒有一種不是文學家造成的」〔註43〕。文學創作是文學革命的「地基性」工作，胡適斷言：「國語的小說、詩文、戲本通行之日，便是中國國語成立之時。」〔註44〕

　　胡適對「文學的國語」有明確的界定。他說：「我所主張的『文學的國語』，

〔註38〕胡適：《建設的文學革命論》，載胡適著、季羨林主編《胡適全集》第1卷，安徽教育出版社2003年版，第55頁。

〔註39〕胡適：《建設的文學革命論》，載胡適著、季羨林主編《胡適全集》第1卷，安徽教育出版社2003年版，第56頁。

〔註40〕胡適：《建設的文學革命論》，載胡適著、季羨林主編《胡適全集》第1卷，安徽教育出版社2003年版，第59頁。

〔註41〕胡適：《建設的文學革命論》，載胡適著、季羨林主編《胡適全集》第1卷，安徽教育出版社2003年版，第60頁。

〔註42〕胡適：《建設的文學革命論》，載胡適著、季羨林主編《胡適全集》第1卷，安徽教育出版社2003年版，第57頁。

〔註43〕胡適：《建設的文學革命論》，載胡適著、季羨林主編《胡適全集》第1卷，安徽教育出版社2003年版，第57頁。

〔註44〕胡適：《建設的文學革命論》，載胡適著、季羨林主編《胡適全集》第1卷，安徽教育出版社2003年版，第56頁。

即是中國今日比較的最普通的白話。這種國語的語法文法，全用白話的語法文法。但隨時隨地不妨採用文言裏兩音以上的字。」〔註45〕這無疑是一項需要漸進推行的系統工程。要實行「國語的文學，文學的國語」主張，應該從先從工具、方法入手，「工具用得純熟自然了，方法也懂了，方才可以創造中國的新文學」〔註46〕。

文學改革是從大學入學開始，還是先從改變國民心理開始，當時是有爭議的。胡適以為，將大學入學的國文試驗都定為白話，現在還行不通，不能用專制手段實行文學改良，社會風氣也會影響到白話文學的推廣。在政治、經濟及日常生活方面處處都是刻板文學盛行之際，強制推行白話，可能效果會適得其反。胡適說：「我們若教學生『一律做白話文學』，他們畢業之後，不但不配當『府院』的秘書，還不配當豆腐店的掌櫃呢！」〔註47〕他接著說：「我的意思，以為進行的次序，在於極力提倡白話文學。要先造成一些有價值的國語文學，養成一種信仰新文學的國民心理，然後可望改革的普及。」〔註48〕若從學校教育方面考慮，當先從低級學校做起，「一律用國語編纂中小學校的教科書」。在編纂國語教科書時，多取小說中的材料，「讀一千篇古文，不如看一部《三國志演義》」，「現在新文學既不曾發達，國語教科書又不曾成立，救急的方法只有鼓勵中小學校的學生看小說。小說之中，白話的固好，文言的也可勉強充數，總比讀《古文辭類纂》更有功效了」〔註49〕。總之，要從中小學生讀小說入手，拋棄桐城派古文及其《古文辭類纂》，為白話文學改革開闢新的進路。

文學革新的第一個目的是使中國先有國語的文學，形成用白話做詩文、著書、演說的氛圍。胡適在一封回信中堅定地說：「我們以為若要使中國有新文學，若要使中國文學能達今日的意思，能表今人的情感，能代表這個時代的文

〔註45〕 胡適：《答朱經農》，載胡適著、季羨林主編《胡適全集》第 1 卷，安徽教育出版社 2003 年版，第 84 頁。

〔註46〕 胡適：《建設的文學革命論》，載胡適著、季羨林主編《胡適全集》第 1 卷，安徽教育出版社 2003 年版，第 68 頁。

〔註47〕 胡適：《論文學改革的進行程序》，載胡適著、季羨林主編《胡適全集》第 1 卷，安徽教育出版社 2003 年版，第 74 頁。

〔註48〕 胡適：《論文學改革的進行程序》，載胡適著、季羨林主編《胡適全集》第 1 卷，安徽教育出版社 2003 年版，第 74 頁。

〔註49〕 胡適：《論文學改革的進行程序》，載胡適著、季羨林主編《胡適全集》第 1 卷，安徽教育出版社 2003 年版，第 75 頁。

明程度和社會狀態，非用白話不可。我們以為若要使中國有一種說得出、聽得懂的國語，非把現在最通行的白話文用來作文學不可。我們以為先須有『國語的文學』，然後可有『文學的國語』；有了『文學的國語』，我們方才可以算是有一種國語了。」〔註50〕在創作白話文學、國語的文學時，如果暫時所可憑藉的小說等資源不夠時，不妨擴大選用範圍。胡適說：「現在做文章，沒有標準的國語，但有能達意的詞句，都可選用。如『像煞有介事』的意思，除了吳語，別無他種說法。正如『袈裟』、『剎那』、『關克匿克』等外國名詞，沒有別種說法，也不妨選用，何況本國的方言呢？」〔註51〕吳語是方言，方言將來亦有建設國語的文學的價值，所以「將來國語文學興起之後，盡可以有『方言的文學』。方言的文學越多，國語的文學越有取材的資料，越有濃富的內容和活潑的生命。……國語的文學造成之後，有了標準，不但不怕方言的文學與他爭長，並且還要倚靠各地方言供給他的新材料，新血脈。」〔註52〕

（二）作為「活文字」的白話

文字與一國歷史及國民特性密切相關。梁啟超說：「我國文字，行之數千年，所以糅合種種異分子之國民而統一之者，最有力焉。今各省方言，以千百計，其能維繫之使為一國民而不分裂者，以其不同言語而猶同文字也。且國民之所以能成為國民以獨立於世界者，恃有其國民之特性，而國民之特性，實受自歷史上之感化，與夫其先代偉人哲士之鼓鑄焉。而我文字起於數千年前，一國歷史及無數偉人哲士之精神所攸託也，一旦而易之，吾未知其利害之果足以相償否也。……若我國文，則受諸吾祖，國家之所以統一，國民特性之所以發揮繼續，胥是賴焉，夫安可以廢也。」〔註53〕

雖然文字不可輕廢，但並不是不可變革。文字複雜的結合方式，至少可以呈現文言與白話不同。進行文學革命不能僅有「空蕩蕩的目的」而沒有「具體進行的計劃」。胡適等人便視以前的文言為需要首先革新的「死文字」，主

〔註50〕胡適：《答黃覺僧君〈折衷的文學革新論〉》，載胡適著、季羨林主編《胡適全集》第 1 卷，安徽教育出版社 2003 年版，第 108 頁。

〔註51〕胡適：《答汪懋祖》，載胡適著、季羨林主編《胡適全集》第 1 卷，安徽教育出版社 2003 年版，第 77 頁。

〔註52〕胡適：《答黃覺僧君〈折衷的文學革新論〉》，載胡適著、季羨林主編《胡適全集》第 1 卷，安徽教育出版社 2003 年版，第 108 頁。

〔註53〕梁啟超：《國文語原解》，載梁啟超著，湯志鈞、湯仁澤編：《梁啟超全集・第九集》，中國人民大學出版社 2018 年版，第 438 頁。

張先來一場「文字體裁的大解放」，以「白話」作為「新文學的唯一利器」。

胡適認定「文字是文學的基礎」，所以他便將解決文字問題看作「文學革命的第一步」。他說：「我們認定『死文字定不能產生活文學』，故我們主張若要造一種活的文學，必須用白話來做文學的工具。我們也知道單有白話未必就能造出新文學；我們也知道新文學必須要有新思想做裏子。但是我們認定文學革命須有先後的程序：先要做到文字體裁的大解放，方才可以用來做新思想新精神的運輸品。我們認定白話實在有文學的可能，實在是新文學的唯一利器。」〔註54〕如果自己的主張受到懷疑和反對，對付的法子只有一個，那就是進行「實地試驗」。如果不能成功，說明「此路不通」，可另行創闢新途。

從語言文字和文學的關係來看，「語言文字都是人類達意表情的工具；達意達的好，表情表的妙，便是文學」；具體而言，文學需要具備三個要件：「第一要明白清楚，第二要有力能動人，第三要美。」〔註55〕文學的美不是孤立的，「美就是『懂得性』（明白）與『逼人性』（有力）二者加起來自然發生的結果」〔註56〕，能在明白清楚的描繪中產生「逼人而來的影像」。他多處強調白話優於文言的表情達意功能。他說：「唐人的小說大都屬於理想主義（如《虬髯客傳》《紅線》《聶隱娘》諸篇）。《今古奇觀》中如〈賣油郎〉〈徐老僕〉〈喬太守〉〈孝女藏兒〉，便近於寫實主義了。至於由文言的唐人小說，變成白話的《今古奇觀》，寫物寫情，都更能曲折詳盡，那更是一大進步了。」〔註57〕可惜這種局面卻中斷了，新的長篇章回小說、文言短篇刷新了小說的原有軌跡。不過，雖然《聊齋誌異》為明清文言短篇小說的中上之作，「蒲松齡雖喜說鬼狐，但他寫鬼狐卻都是人情世故，於理想主義之中，卻帶幾分寫實的性質」〔註58〕，但是，文言終究「不是能寫人情世故的利器」〔註59〕，那些

〔註54〕 胡適：《〈嘗試集〉自序》，載胡適著、季羨林主編《胡適全集》第1卷，安徽教育出版社2003年版，第195頁。
〔註55〕 胡適：《什麼是文學》，載胡適著、季羨林主編《胡適全集》第1卷，安徽教育出版社2003年版，第206頁。
〔註56〕 胡適：《什麼是文學》，載胡適著、季羨林主編《胡適全集》第1卷，安徽教育出版社2003年版，第208頁。
〔註57〕 胡適：《論短篇小說》，載胡適著、季羨林主編《胡適全集》第1卷，安徽教育出版社2003年版，第135頁。
〔註58〕 胡適：《論短篇小說》，載胡適著、季羨林主編《胡適全集》第1卷，安徽教育出版社2003年版，第135頁。
〔註59〕 胡適：《論短篇小說》，載胡適著、季羨林主編《胡適全集》第1卷，安徽教育出版社2003年版，第135頁。

《聊齋誌異》派的小說創作是沒有前途的。胡適以為，當時世界文學的趨勢是「由長趨短，由繁多趨簡要」的，「寫情短詩」、「獨幕劇」、「短篇小說」可以代表世界文學當時最近的趨向。所以，講求「經濟」，是文學進步的內在要求。然而，當時中國的文學卻最不講「經濟」，「那些古文家和那『《聊齋》濫調』的小說家，只會記『某時到某地，遇某人，作某事』的死賬，毫不懂狀物寫情是全靠瑣屑節目的。那些長篇小說家又只會做那無窮無極《九尾龜》一類的小說，連體裁布局都不知道，不要說文學的經濟了。」〔註60〕為走出這不「經濟」的困局，中國小說界必須提倡「最經濟」的短篇小說體裁。

伴隨著整理國故，推行白話、國語，文化界出現一種「半文半白」的白話文。胡適以為，這類文章有三個來源：（1）做慣古文的人，改做白話，往往不能脫胎換骨，所以弄成半古半今的文體，代表人物是梁啟超；（2）有意夾點古文調子，添點風趣，加點滑稽意味，代表人物是吳稚暉、魯迅，錢玄同則兼兩方面特點；（3）學時髦的不長進的少年，他們不過是隨筆亂寫，以吳稚暉為幌子的「懶鬼」。〔註61〕

胡適對「白話」的釋義，大概有三方面：（1）「說白」、「土白」意義上的俗話，（2）「清白」、「明白」意義上「明白如話」的語言，（3）「乾乾淨淨沒有堆砌塗飾的話，也不妨夾入幾個明白易曉的文言字眼」〔註62〕。胡適的白話文學主張是溫和的，不像錢玄同等人那麼激進。胡適回顧說：「吾於去年（五年）夏秋初作白話詩之時，實力屏文言，不雜一字，如《朋友》《他》《嘗試篇》之類皆是。其後忽變易宗旨，以為文言中有許多字盡可輸入白話詩中，故今年所作詩詞，往往不避文言。」〔註63〕這說明他本人的創作實踐上也是在嘗試中有所取捨的。

在當時的文化界，劉半農、錢玄同等主張白話文學，故不贊成填詞，卻贊成填西皮二簧。胡適對此舉是否合於語言之自然表示懷疑。首先，胡適從詞的長短互用方面肯定詞稍近於語言之自然，以為「詞之重要，在於其為中

〔註60〕胡適：《論短篇小說》，載胡適著、季羨林主編《胡適全集》第 1 卷，安徽教育出版社 2003 年版，第 136 頁。

〔註61〕胡適：《整理國故與「打鬼」》，載胡適著、季羨林主編《胡適全集》第 3 卷，安徽教育出版社 2003 年版，第 144～145 頁。

〔註62〕胡適：《答錢玄同書》，載胡適著、季羨林主編《胡適全集》第 1 卷，安徽教育出版社 2003 年版，第 40～41 頁。

〔註63〕胡適：《答錢玄同書》，載胡適著、季羨林主編《胡適全集》第 1 卷，安徽教育出版社 2003 年版，第 40 頁。

國韻文添無數近於言語自然之詩體」，「詞之好處，在於調多體多，可以自由選擇。工詞者，相題而擇調，並無不自由也」〔註64〕。其次，從文學進化角度看，不斷追求語言的自然與自由表達，才是前進的方向。胡適說，由詩變為詞，再變而為曲，均為追求「語言之自然」的必然結果。不過，「最自然者，終莫如長短無定之韻文」〔註65〕。文學本質上是一種思想與情感的自由表達。准此，胡適的看法應當比提倡皮簧的主張更為合理。

文學改良涉及文字改革，自胡適發表文學改良「八不主義」、文規四條、《建設的文學革命論》以來，《新青年》雜誌通信一門所論，大半是「中國今後之文字問題」。《國語月刊》創辦後，還設立了「漢字改革號」，主要討論「字體改簡」問題，刊發了趙元任的《國語羅馬字》、黎劭西的《詞類連書條例》等。錢玄同在「卷頭言」的附識中指出，字體改簡工作「只是漢字改革的第一步，只是第一步中的一種方法，而且只是第一步中的一件事；此外應該研究的問題很多很多」。〔註66〕

朱經農將當時講文字革命的主張分為四種：（1）改良文言，不廢止文言；（2）廢止文言，改良白話；（3）保存白話，以羅馬文拼音代漢字；（4）一概廢文言、白話，改用羅馬文字作國語。胡適以為第三種主張根本上盡可成立，將來總該辦到，因為「言語全是上下文的（contextual）」〔註67〕。胡適以為，倉頡造字，所造不過是一種符號，並沒有造出讀音。所以，「懂得此理，便知把中國現有的語言用字母拼音，是可以做得到的；廢去中國話，改用別種語言，是做不到的」〔註68〕。胡適說：「中國文字的大病就在他偏於視覺一方面，不能表示字音。」〔註69〕因此，他希望通過文字改革，除去這些弊病。他希望將來生成一種「拼音的文字」，能把我們所用的國語拼成「字母的語言」，

〔註64〕胡適：《答錢玄同書》，載胡適著、季羨林主編《胡適全集》第1卷，安徽教育出版社2003年版，第41頁。

〔註65〕胡適：《答錢玄同書》，載胡適著、季羨林主編《胡適全集》第1卷，安徽教育出版社2003年版，第42頁。

〔註66〕轉引自胡適《〈國語月刊〉「漢字改革號」卷頭言》附志，載胡適著、季羨林主編《胡適全集》第2卷，安徽教育出版社2003年版，第854頁。

〔註67〕胡適：《答朱經農》，載胡適著、季羨林主編《胡適全集》第1卷，安徽教育出版社2003年版，第83頁。

〔註68〕胡適：《跋朱我農來信》，載胡適著、季羨林主編《胡適全集》第1卷，安徽教育出版社2003年版，第95頁。

〔註69〕胡適：《答藍志先書》，載胡適著、季羨林主編《胡適全集》第1卷，安徽教育出版社2003年版，第98頁。

使全國的人「只消學二三十個字母，便可讀書看報」，而那些「古來傳承的文字」盡可以依舊保存，絲毫不變，正如西洋人保存埃及的象形字和巴比倫的楔形字一樣。〔註70〕

不過，在文字改革的拼音化方案方面，胡適主張的純粹表音化，似乎在走向另一極端。他說：「我們要不用拼音文字，也就罷了，如用拼音文字，應該是純粹的表音符號，不該於表音之外帶著無音的表意符號；拼音文字同時又是視覺的符號，因為我們見了這字如何拼合，便知如何發音，又從發音知道如何解說。」〔註71〕

總之，胡適從現實語言文字的適用性特點的分析中看到語言文字改革的必要性、可能性，雖然不無大膽之處，總體上卻顯示出溫和傾向。相較而言，錢玄同曾主張廢滅漢文，意圖切斷古代思想同現代人的傳播途徑，可謂激進之舉。其激進主張背後的邏輯，被任鴻雋（1886～1961）進行了放大式調侃。任鴻雋寫信給胡適說：「我想錢先生要廢漢文的意思，不是僅為漢文不好，是因好漢文所載的東西不好，所以要把他拉雜摧燒了，廓而清之。我想這卻不是根本的辦法。吾國的歷史、文字、思想，無論如何昏亂，總是這一種不長進的民族造成功了留下來的。此種昏亂種子，不但存在文字歷史上，且存在現存及將來子孫的心腦中。所以我敢大膽宣言，若要中國好，除非把中國人種先行滅絕！可惜主張廢漢文漢語的，雖然走於極端，尚是未達一間呢！」〔註72〕他這一推測，實帶有「反諷」的性質。從根本上說，任氏此時看到了改良文學與廢滅漢字之間的矛盾，以為確不能「既要廢滅不用，又用力去改良不用的對象。」〔註73〕文字不過是工具，文學改良有更根本的工作要做，用任氏的話說就是「要能用工具而不為工具所用，就好了」〔註74〕。

〔註70〕胡適：《答藍志先書》，載胡適著、季羨林主編《胡適全集》第1卷，安徽教育出版社2003年版，第98頁。

〔註71〕胡適：《答藍志先書》，載胡適著、季羨林主編《胡適全集》第1卷，安徽教育出版社2003年版，第99頁。

〔註72〕胡適：《答任叔永》前附任鴻雋信，載胡適著、季羨林主編《胡適全集》第1卷，安徽教育出版社2003年版，第89～90頁。

〔註73〕胡適：《答任叔永》前附任鴻雋信，載胡適著、季羨林主編《胡適全集》第1卷，安徽教育出版社2003年版，第90頁。

〔註74〕胡適：《答任叔永》前附任鴻雋信，載胡適著、季羨林主編《胡適全集》第1卷，安徽教育出版社2003年版，第87頁。

　　胡適自言，民國紀元的六年前，自己就開始了白話文創作，當時曾替上海《競業旬報》做了半部章回體白話小說及一些論文。〔註75〕1915 年 8 月，他在文論《如何可使吾國文言易於教授》中明言「文言是半死之文字，不當以教活文學之法教之」，在劄記中也說「活文字者，日用語言之文字，如英法文是也；如吾國之白話是也。死文字者，如希臘拉丁，非日用之語言，已陳死矣。半死文字者，以其中尚有日用之分子在也。如犬字是已死之字，狗字是活字，乘馬是死語，騎馬是活語：故曰半死文字也」。〔註76〕

　　胡適等留學生在討論文字革新、擬用活的語言來作新的文學後，將他們一兩年間的討論結果整理出來，同時在《留美學生季報》和《新青年》上發表。其中就有胡適的《文學改良芻議》。胡適說：「討論中國革新問題，用白話來作中國文學，一切的文學，詩、詞、散文、小說、戲曲等等一概都得用活的文字來寫，早就討論了。民國六年才在國內開始成了公開討論的大問題。很有趣的就是，我們一般留學生在國外大學宿舍裏通信討論一些問題，可是在國內有許多老輩那些北京大學很有學問的國文先生，他們覺得不錯，他們贊成，比如錢玄同先生啦，陳獨秀先生他們出來贊成，這樣一來，在國內我們得到支持的人，得到贊成的人。在國外一般留學生宿舍討論的問題，在國內變成公開討論的問題。所以就成了中國的文藝復興運動。」〔註77〕

　　這裡所說的陳獨秀對錢玄同的贊同，也可以從陳獨秀 1919 年 1 月在《新青年》發表的文章中所言看出。陳獨秀說：「社會上最反對的，是錢玄同先生廢漢文的主張。錢先生是中國文字音韻學的專家，豈不知道語言文字自然進化的道理（我以為只有這一個理由可以反對錢先生。）他只因為自古以來漢文的書籍，幾乎每本、每頁、每行，都帶著反對德、賽兩先生的臭味；又碰著許多老少漢學大家，開口一個國粹，閉口一個古說，不啻聲明漢學是德、賽兩先生天造地設的對頭；他憤極了才發出這種激切的議論，像錢先生這種『用石條壓駝背』的醫法，本志同人多半是不大贊成的。但是社會上有一班人，因此怒罵他，譏笑他，卻不肯發表意思和他辨駁，這又是什麼道理呢？難道

〔註75〕 胡適：《〈嘗試集〉自序》，載胡適著、季羨林主編《胡適全集》第 1 卷，安徽教育出版社 2003 年版，第 179 頁。

〔註76〕 胡適：《〈嘗試集〉自序》，載胡適著、季羨林主編《胡適全集》第 1 卷，安徽教育出版社 2003 年版，第 182 頁。

〔註77〕 胡適：《「五四」運動是青年愛國的運動》，載胡適著、季羨林主編《胡適全集》第 22 卷，安徽教育出版社 2003 年版，第 804 頁。

你們能斷定漢文是永遠沒有廢去的日子嗎？」〔註78〕

　　《新青年》成為第一個改用白話的雜誌。1919 年 1 月，北京大學的學生傅斯年、羅家倫、毛子水等人創辦雜誌《新潮》，英文名字叫 The Renaissance。傅任主編，刊物宣傳新思想和文學革命，只登白話文，成為《新青年》《每週評論》之後又一個重要的新文化運動陣地。傅斯年 1920 年留學英、德，1926年學成回國，1927 年春在中山大學任教，同年秋，與顧頡剛一起創立語言歷史學研究所，創辦了國學研究新陣地《中山大學語言歷史學研究所週刊》。

　　胡適後來將自己的《文學改良芻議》看作是「新文學運動的第一次宣言書」〔註79〕，有時也將自己的《沁園春　誓詩》看作「一篇文學革命的宣言書」〔註80〕。在這首詞中，有幾句道：「文章革命何疑！且準備賽旗作健兒。要前空千古，下開百世；收他臭腐，還我神奇。為大中華，造新文學。」詞人立誓要高舉「文章革命」大旗，全力剷除舊文學的「臭腐」，為中華造新文學，體現了新文學攻擊舊文學「無病而呻」的惡習慣的自覺。

　　胡適指出，文學革命的目的就是要替中國創造一種「國語的文學」，即「活的文學」〔註81〕。從實際改革的進程來看，「國語的散文」已從「辯論」期過渡到「實行」期了，「國語的韻文」即新詩尚處在探索、過渡期。胡適說：「我常說，文學革命的運動，不論古今中外，大概都是從『文的形式』一方面下手，大概都是先要求語言文字文體等方面的大解放。」〔註82〕胡適接著轉向中國當時的文學運動說：「這一次中國文學的革命運動，也是先要求語言文字和文體的解放。新文學的語言是白話的，新文學的文體是自由的，是不拘格律的。」〔註83〕這一「文的形式」的解放，為文學容納新內容、表達新精神破除了束縛。因此，胡適把中國當時的新詩運動看作是一種「詩體的大解放」。

〔註78〕陳獨秀：《〈新青年〉罪案之答辯書》，載《獨秀文存》卷一，上海書店 1989年版，第 362～363 頁。

〔註79〕胡適：《談新詩》，載胡適著、季羨林主編《胡適全集》第 1 卷，安徽教育出版社 2003 年版，第 159 頁。

〔註80〕胡適：《〈嘗試集〉自序》，載胡適著、季羨林主編《胡適全集》第 1 卷，安徽教育出版社 2003 年版，第 185 頁。

〔註81〕胡適：《談新詩》，載胡適著、季羨林主編《胡適全集》第 1 卷，安徽教育出版社 2003 年版，第 159 頁。

〔註82〕胡適：《談新詩》，載胡適著、季羨林主編《胡適全集》第 1 卷，安徽教育出版社 2003 年版，第 159 頁。

〔註83〕胡適：《談新詩》，載胡適著、季羨林主編《胡適全集》第 1 卷，安徽教育出版社 2003 年版，第 160 頁。

而正是因為有了這「詩體的解放」，所以詩才容納了「豐富的材料，精密的觀察，高深的理想，複雜的感情」等新的內容。〔註84〕

1928 年 9 月，胡適回顧十年來文學革命歷程時說：「文腔革命（按：指劉大白所言的用『人腔來代鬼腔』的文學革命）自然是文學革命的最重要一步。但十年來的新文學的成績並不能算是滿意，新文學的前途也未可十分樂觀。這也是很自然的。一來，時間太短，我們不可太沒有耐心。二來，時局紛亂，生活困難，作者沒有閑暇做文學的創作。雖然古人有『文窮而益工』的話，其實這話是不可靠的；經濟的壓迫也許壓不死一兩個特殊的天才，但大多數的作家在『等米下鍋』的環境內是不會有耐久的作品出來的。」〔註85〕

自從白話開始提倡，便遭遇了各方面的攻擊，原因主要還在於沒能很好地定位中國古書的位置。魯迅回憶說：「記得初提倡白話的時候，是得到各方面劇烈的攻擊的。後來白話漸漸通行了，勢不可遏，有些人便一轉而引為自己之功，美其名曰『新文化運動』。又有些人便主張白話不妨作通俗之用；又有些人卻道白話要做得好，仍須看古書。前一類早已二次轉舵，又反過來嘲罵『新文化』了；後二類是不得已的調和派，只希圖多留幾天僵屍，到現在還不少。我曾在雜感上掊擊過的。」〔註86〕就在新近，魯迅見到一種上海出版的期刊，「也說起要做好白話須讀好古文，而舉例為證的人名中，其一卻是我」，然而，要說自己「曾經看過許多舊書，是的確的，為了教書，至今也還在看。因此耳濡目染，影響到所做的白話上，常不免流露出它的字句、體格來。但自己卻正苦於背了這古老的鬼魂，擺脫不開，時常感到一種使人氣悶的沉重。就是思想上，也何嘗不中些莊周、韓非的毒，時而很隨便，時而很峻急」。〔註87〕魯迅自認不過是文章改革過程中的「中間物」，不能視為「前途的目標、範本」，要在蕩除積習中追求新氣象，「以文字論，就不必更在舊書裏討生活，卻將活人的唇舌作為源泉，使文章更加接近語言，更加有生氣。至於對於現在人民的語言的窮乏欠缺，如何救濟，使他豐富起來，那也是一個很大的問題，或者也須

〔註84〕胡適：《談新詩》，載胡適著、季羨林主編《胡適全集》第 1 卷，安徽教育出版社 2003 年版，第 160 頁。

〔註85〕胡適：《跋〈白屋文話〉》，載胡適著、季羨林主編《胡適全集》第 3 卷，安徽教育出版社 2003 年版，第 761 頁。

〔註86〕魯迅：《寫在〈墳〉後面》，參王世家、止菴編《魯迅著譯編年全集》第 7 卷，第 353 頁。

〔註87〕魯迅：《寫在〈墳〉後面》，參王世家、止菴編《魯迅著譯編年全集》第 7 卷，第 353 頁。

在舊文中取得若干資料，以供使役，但這並不在我現在所要說的範圍以內，姑且不論」。〔註88〕魯迅反省說：「我以為我倘十分努力，大概也還能夠博採口語，來改革我的文章。但因為懶而且忙，至今沒有做。我常疑心這和讀了古書很有些關係，因為我覺得古人寫在書上的可惡思想，我的心裏也常有，能否忽而奮勉，是毫無把握的。我常常詛咒我的這思想，也希望不再見於後來的青年。去年我主張青年少讀、或者簡直不讀中國書，乃是用許多苦痛換來的真話，決不是聊且快意，或什麼玩笑，憤激之辭。」〔註89〕僅從文辭上看，現在許多青年作者「又在古文、詩詞中摘些好看而難懂的字面，作為變戲法的手巾，來裝潢自己的作品了」，雖然不能確定這和勸讀古文說是否相關，但是「正在復古，也就是新文藝的試行自殺」，確可說是顯而易見的。〔註90〕

　　魯迅主張「不讀中國書」，已屬於激進；錢玄同更是提出「廢除漢字」的主張。錢玄同以為，「欲廢孔子，不可不先廢漢字」〔註91〕，因為「漢字雖發生於黃帝之世；然春秋戰國以前，本無所謂學問，文字之用甚少。自諸子之學興，而後漢字始為發揮學術之用。但儒家以外之學，自漢即被罷黜；二千年來所謂學問，所謂道德，所謂政治，無非推衍孔二先生一家之學說」〔註92〕。他還指出，「二千年來用漢字寫的書籍，無論哪一部，打開一看，不到半頁，必有發昏做夢的話。此等書籍，若使知識正確、頭腦清晰的人看了，自然不至墮其彀中；若令初學之童子讀之，必致終身蒙其大害而不可救藥。」〔註93〕可見，他解決舊傳統舊道德問題的辦法是決絕的。

（三）「文法革新」

20世紀初，不少學人從語言演變史的視角審視語言文字變遷，以為中國

〔註88〕魯迅：《寫在〈墳〉後面》，參王世家、止菴編《魯迅著譯編年全集》第7卷，第353頁。

〔註89〕魯迅：《寫在〈墳〉後面》，參王世家、止菴編《魯迅著譯編年全集》第7卷，第354頁。

〔註90〕魯迅：《寫在〈墳〉後面》，參王世家、止菴編《魯迅著譯編年全集》第7卷，第354頁。

〔註91〕錢玄同：《中國今後之文字問題》，載錢玄同著：《錢玄同文集》第一卷，中國人民大學出版社1999年版，第162頁。

〔註92〕錢玄同：《中國今後之文字問題》，載錢玄同著：《錢玄同文集》第一卷，中國人民大學出版社1999年版，第163頁。

〔註93〕錢玄同：《中國今後之文字問題》，載錢玄同著：《錢玄同文集》第一卷，中國人民大學出版社1999年版，第163頁。

語的「文法革新」與漢字的形體改革，都是由「小百姓」在二千年中自然而悄然地推進的。胡適即是這種主張的代表者。

胡適說：「我是有歷史癖的；我深信語言是一種極守舊的東西，語言文字的改革決不是一朝一夕能做到的。但我研究語言文字的歷史，曾發現一條通則：在語言文字的沿革史上，往往小百姓是革新家而學者文人卻是頑固黨。從這條通則上，又可得一條附則：促進語言文字的革新，須要學者文人明白他們的職務是觀察小百姓語言的趨勢，選擇他們的改革案，給他們正式的承認。這兩條原則，是我五年來關於國語問題一切論著的基本原理，所以我不須舉例來證明了。」〔註94〕二千年中，正是小百姓，「不知不覺的把中國語的文法修改完善了，然而文人學士總不肯正式承認他；直到最近五年中，才有一部分的學者文人正式對這二千年無名的文法革新家表示相當的敬意。」〔註95〕而且，小百姓不但做了「很驚人的文法革新」，他們還做了一件同樣驚人的革新事業，那就是「漢字形體上的大改革」，即創造與提倡「破體字」。〔註96〕錢玄同、黎劭西等人肯定了古來小百姓發明的「破體字」，認為這是歷史的進步，是很有理由的改革，應該將其中「幾千個合理又合用的簡筆新字」向全國推廣，以代替那些「繁難不適用的舊字」。〔註97〕

在語言符號系統中，與文字相關的還有標點符號問題。

新文化運動時期，很多國內外的中國學者都在提倡採用新式標點符號。先是《科學雜誌》首倡，接著，《新青年》《太平洋》《新潮》《每週評論》《北京法政學報》等雜誌、北大出版的《大學叢書》《大學月刊》《模範文選》《學術文錄》等，也多採用。1919 年 11 月，馬裕藻、周作人、朱希祖、劉復、錢玄同、胡適等人提議「請頒行新式標點符號議案（修正案）」，以此作為教育普及、社會文明進步的重要助力。〔註98〕胡適、錢玄同等人曾詳細地討論過

〔註94〕胡適：《〈國語月刊〉「漢字改革號」卷頭言》，載胡適著、季羨林主編《胡適全集》第 2 卷，安徽教育出版社 2003 年版，第 852 頁。

〔註95〕胡適：《〈國語月刊〉「漢字改革號」卷頭言》，載胡適著、季羨林主編《胡適全集》第 2 卷，安徽教育出版社 2003 年版，第 852 頁。

〔註96〕胡適：《〈國語月刊〉「漢字改革號」卷頭言》，載胡適著、季羨林主編《胡適全集》第 2 卷，安徽教育出版社 2003 年版，第 853 頁。

〔註97〕胡適：《〈國語月刊〉「漢字改革號」卷頭言》，載胡適著、季羨林主編《胡適全集》第 2 卷，安徽教育出版社 2003 年版，第 854 頁。

〔註98〕胡適：《請頒行新式標點符號議案（修正案）》，載胡適著、季羨林主編《胡適全集》第 1 卷，安徽教育出版社 2003 年版，第 122 頁。

感歎號、疑問號、疑問助詞等。胡適說：「總而言之，文字的第一個作用便是達意。種種符號都是幫助文字達意的。意越達得出越好，文字越明白越好，符號越完備越好。」〔註99〕為了更好地表情達意，疑問詞與疑問符號、感歎號與感歎詞不妨並用不廢。

胡適曾總結說：「近年我們提倡用新式標點符號翻印古小說，如《水滸傳》《紅樓夢》之類，加上歷史的考證，文學的批評，這也可算是這個時期一種小貢獻。」〔註100〕胡適的《藏暉室劄記》曾提出用新式標點來代替舊式的句讀，他的主張得到亞東圖書館編輯汪原放（1897～1980，學名家謹）的積極回應。從1920年開始，亞東圖書館便開始嘗試用新式標點翻印《水滸》等古書。這一嘗試，意義重大，開創了中國圖書編校的新領域。陳獨秀在《〈水滸傳〉新敘》中指出：「亞東圖書館將新式標點加在《水滸傳》上翻印出來，我以為這種辦法很好，愛讀《水滸傳》的人必因此加多。」〔註101〕胡適在《〈水滸傳〉考證》開頭便指出：「我的朋友汪原放用新式標點符號把《水滸傳》重新點讀一遍，由上海亞東圖書館排印出版，這是用新標點來翻印舊書的第一次。我可以預料汪君這部書，將來一定要成為新式標點符號的實用教本，他在教育上的效能，一定比教育部頒行的新式標點符號原案還要大得多。汪君對此書的校讀的細心，費的工夫之多，這都是我深知道並且深佩服的。」〔註102〕

對於新式標點的積極作用，魯迅也於1924年撰文稱讚說：「汪原放君已經成了古人了，他的標點和校正小說，雖然不免小謬誤，但大體是有功於作者和讀者的。」〔註103〕但他也看到其後無窮的流弊，「一班效顰的便隨手拉一部書，你也標點，我也標點，你也作序，我也作序，他也校改，這也校改，又不肯好好的做，結果只是糟蹋了書」〔註104〕。像《花月痕》，是一定「本不

〔註99〕胡適：《論句讀符號》，載胡適著、季羨林主編《胡適全集》第1卷，安徽教育出版社2003年版，第104頁。

〔註100〕胡適：《日本譯〈中國五十年來之文學〉序》，載胡適著、季羨林主編《胡適全集》第2卷，安徽教育出版社2003年版，第345頁。

〔註101〕陳獨秀：《〈水滸傳〉新敘》，寫於民國九年七月七日，原載亞東圖書館1920年版《水滸傳》卷首。

〔註102〕胡適：《〈水滸傳〉考證》，載胡適著、季羨林主編《胡適全集》第1卷，安徽教育出版社2003年版，第474頁。

〔註103〕魯迅：《望勿「糾正」》，載王世家、止菴編《魯迅著譯編年全集》第5卷，人民出版社2009年版，第153頁。

〔註104〕魯迅：《望勿「糾正」》，載王世家、止菴編《魯迅著譯編年全集》第5卷，人民出版社2009年版，第153頁。

必當作寶貝書」的，但也有人要標點付印，失檢、錯字、以己意糾正之處不少。魯迅說汪原放已經「成了古人」，胡適以是說他已經「做過許多工作，已足以表見於世」的意思；魯迅以為，胡適這種理解其實是誤解，他的「本意」是說「已經『死掉了』」，因為他此前聽到了一種毫無根據的謠言（汪君已死掉了），現在必須敬請汪先生的原諒他自己的「粗疏之罪」，並將舊文訂正為「汪原放君未經成了古人了」。〔註105〕

二、文體：從白話詩到短篇及章回長篇小說

對於詩的語言功能，魯迅有一個說法值得在此一提。他說：「世間本沒有別的言說，能比詩人以語言文字畫出自己的心和夢，更為明白曉暢的了。」〔註106〕梁啟超卻說：「用白話表現情感，有時自比用文言方便，而且不受拘束。但我認為白話表情，有時還嫌不足。」〔註107〕二人一個從文體、一個從語體的不同角度，討論了情感的表達，從一個側面較好地反映了近代以來的思想界、文藝界在文學革新運動中的反思力度。

（一）白話詩：文學因時進化

詩界的革新，始於晚清。梁啟超在《飲冰室詩話》中說，在 1896 年至 1897 年前後，同好數子好作新詩，而「當時所謂『新詩』者，頗喜撏扯新名詞以自表異」〔註108〕。當時新詩的提倡者是夏曾佑（字穗卿，1863～1924），譚嗣同（字復生，1865～1898）也是極為嗜好。鄭西鄉七律詩作中，因引用了「日本譯西書之語句」如共和、代表、自由、平權、團體、歸納、無機等語，被梁啟超大加稱讚。在梁啟超看來，「欲為詩界之哥侖布、瑪賽郎，不可不備三長：第一要新意境，第二要新語句，而又須以古人之風格入之，然後成其為詩」。〔註109〕他指斥那些僅知習用舊語、無此三長的名詞章

〔註105〕魯迅：《〈望勿「糾正」〉附記》，載王世家、止菴編《魯迅著譯編年全集》第6卷，人民出版社 2009 年版，第 349 頁。

〔註106〕魯迅：《〈桃色的雲〉序》，載王世家、止菴編《魯迅著譯編年全集》第4卷，人民出版社 2009 年版，第 590 頁。

〔註107〕梁啟超：《文史學家之性格及其預備》，載梁啟超著，湯志鈞、湯仁澤編：《梁啟超全集·第十六集》，中國人民大學出版社 2018 年版，第 87 頁。

〔註108〕梁啟超：《飲冰室詩話》六〇，載梁啟超著，湯志鈞、湯仁澤編：《梁啟超全集第三集·論著三》，中國人民大學出版社 2018 年版，第 207 頁。

〔註109〕梁啟超：《夏威夷遊記》，載梁啟超著，湯志鈞、湯仁澤編：《梁啟超全集·第十七集·詩文》，中國人民大學出版社 2018 年版，第 261 頁。

家為「鸚鵡名士」。

胡適以為，當時成績最大的是黃遵憲和康有為。梁啟超自言「生平論詩，最傾倒黃公度，恨未能寫其全集」〔註110〕，亦稱讚黃遵憲是能「鎔鑄新理想以入舊風格」〔註111〕的近世詩人，遵憲與夏曾佑、蔣觀雲被任公贊為「近世詩界三傑」〔註112〕。黃遵憲（字公度，1848～1905）做了三十年的外交官，「他對於詩界革命的動機，似乎起的很早」〔註113〕，二十多歲時所寫的《雜感》五篇中就有「我手寫我口，古豈能拘牽？即今流俗語，我若登簡編，五千年後人，驚為古斕斑」的詩句。胡適說：「這種話很可以算是詩界革命的一種宣言。」〔註114〕黃遵憲的詩集《人境廬詩草》，能「馳域外之觀，寫心上之語」，被稱為「雄襟偉抱，橫絕五洲」，開創了詩學的新境界。梁啟超說：「公度之詩，獨闢境界，卓然自立於二十世紀詩界中，群推為大家，公論不容誣也。」〔註115〕黃遵憲有《出軍歌》等 24 首，梁啟超讀之，以為有「含笑看吳鉤」之樂，而「其精神之雄壯、活潑、沉渾、深遠不必論，即文藻亦二千年所未有也，詩界革命之能事至斯而極矣」〔註116〕。

黃遵憲受本鄉山歌的影響，很能賞識民間白話文學、平民文學的好處。胡適說：「做詩與做文都應該從這一點下手：先做到一個『通』字，然後可希望做一個『好』字。古來的大家，沒有一個不是這樣的；古來決沒有一首不通的好詩，也沒有一個看不懂的好詩。」〔註117〕黃遵憲用做文章的法子來做詩，他的詩條理清楚，敘述分明，同金和的詩的好處一樣：「他們都是先求『通』，

〔註110〕 梁啟超：《飲冰室詩話》八，載梁啟超著，湯志鈞、湯仁澤編：《梁啟超全集·第三集·論著三》，中國人民大學出版社 2018 年版，第 166 頁。

〔註111〕 梁啟超：《飲冰室詩話》四，載梁啟超著，湯志鈞、湯仁澤編：《梁啟超全集·第三集·論著三》，中國人民大學出版社 2018 年版，第 164 頁。

〔註112〕 梁啟超：《飲冰室詩話》二八，載梁啟超著，湯志鈞、湯仁澤編：《梁啟超全集·第三集·論著三》，中國人民大學出版社 2018 年版，第 181 頁。

〔註113〕 胡適：《五十年來中國之文學》，載胡適著、季羨林主編《胡適全集》第 2 卷，安徽教育出版社 2003 年版，第 289 頁。

〔註114〕 胡適：《五十年來中國之文學》，載胡適著、季羨林主編《胡適全集》第 2 卷，安徽教育出版社 2003 年版，第 290 頁。

〔註115〕 梁啟超：《飲冰室詩話》三二，載梁啟超著，湯志鈞、湯仁澤編：《梁啟超全集·第三集·論著三》，中國人民大學出版社 2018 年版，第 184 頁。

〔註116〕 梁啟超：《飲冰室詩話》五四，載梁啟超著，湯志鈞、湯仁澤編：《梁啟超全集·第三集·論著三》，中國人民大學出版社 2018 年版，第 201 頁。

〔註117〕 胡適：《五十年來中國之文學》，載胡適著、季羨林主編《胡適全集》第 2 卷，安徽教育出版社 2003 年版，第 293 頁。

先求達意，先求懂得。」〔註118〕

　　當時的詩界，總體上盛行模仿、雕琢。胡適說：「這個時代之中，大多數的詩人都屬於『宋詩運動』。宋詩的特別性質，不在用典，不在做拗句，乃在做詩如說話。」〔註119〕

　　新詩一味追求「新語句」，寫出來的詩作便不乏如下品類。如譚嗣同的《金陵聽說法》有句云：「綱倫慘以咯私德，法會盛於巴力門。」其中，「咯私德」即 caste 的譯音，指印度的等級制；「巴力門」即 parliament 的譯音，指英國的議院。他們此類詩作，非加注解才能理解其意，「苟非當時同學者，斷無從索解」〔註120〕，不僅形式上拘死了詩的發展，詩味亦較傳統詩作大打折扣。譚嗣同的有些詩作「沉雄俊遠」，篇中「語語有寄託」，用詞「瑰瑋連犿」，「斷非尋常所能索解」〔註121〕。梁啟超後來總結說：「過渡時代，必有革命。然革命者，當革其精神，非革其形式。吾黨近好言詩界革命。雖然，若以堆積滿紙新名詞為革命，是又滿洲政府變法維新之類也。能以舊風格含新意境，斯可以舉革命之實矣。苟能爾爾，則雖間雜一二新名詞，亦不為病。」〔註122〕要巧用新名詞，才能出新意，有「絕語」和「得意之句」。

　　欲「造」今日之文學，必須自立腳跟，大膽嘗試。胡適把白話詩的探索性創作當作自己進行文學革命的基地。1917 年 4 月，即將歸國的胡適寫信告訴陳獨秀說：「適去秋因與友人討論文學，頗受攻擊，一時感奮，自誓三年之內專作白話詩詞。私意欲藉此實地試驗，以觀白話之是否可為韻文之利器。蓋白話之可為小說之利器，已經施耐庵、曹雪芹諸人實地證明，不容更辯；今惟有韻文一類，尚待吾人之實地試驗耳（古人非無以白話作詩詞者。自杜工部以來，代代有之；但尚無人以全副精神專作白話詩詞耳）。自立此誓以來，才六七，課餘所作，居然成集。因取放翁『嘗試成功自古無』之語，名之曰

〔註118〕胡適：《五十年來中國之文學》，載胡適著、季羨林主編《胡適全集》第 2 卷，安徽教育出版社 2003 年版，第 294 頁。

〔註119〕胡適：《五十年來中國之文學》，載胡適著、季羨林主編《胡適全集》第 2 卷，安徽教育出版社 2003 年版，第 295 頁。

〔註120〕梁啟超：《飲冰室詩話》六○，載梁啟超著，湯志鈞、湯仁澤編：《梁啟超全集·第三集·論著三》，中國人民大學出版社 2018 年版，第 207 頁。

〔註121〕梁啟超：《飲冰室詩話》五九，載梁啟超著，湯志鈞、湯仁澤編：《梁啟超全集·第三集·論著三》，中國人民大學出版社 2018 年版，第 206 頁。

〔註122〕梁啟超：《飲冰室詩話》六三，載梁啟超著，湯志鈞、湯仁澤編：《梁啟超全集·第三集·論著三》，中國人民大學出版社 2018 年版，第 208 頁。

《嘗試集》。嘗試者，即吾所謂實地試驗也。」〔註 123〕他也真心希望有志於文學革命的國人，一起進行嘗試。《嘗試集》於 1920 年 3 月出版，兩年內銷售了一萬部。胡適回顧說：「當那新舊文學爭論最激烈的時候，當那最初次試作新詩的時候，我對於我自己的詩，選擇自然不很嚴；大家對於我的詩，判斷自然也不很嚴。我自己對於社會，只要求他們許我嘗試的自由。社會對於我，也很大度的承認我的詩是一種開風氣的嘗試。這點大度的承認遂使我的《嘗試集》在兩年之中銷售到一萬部。這是我很感謝的。」〔註 124〕

胡適的新詩中雖亦時有警語，卻不被時人看好。梅光迪寫信來說「讀大作如兒時聽蓮花落，真所謂革盡古今中外人之命者」，胡適的「文學的實驗主義」的文學效果似乎未獲梅光迪、任鴻雋的十分首肯。

不過，讚賞支持者亦不乏其人。詩人康白情就稱讚他的詩自然，有「美國風」。胡適說：「『看來毫不用心，而自具一種有以異乎人的美』：這是白情評我的詩的話，他說這是美國風。我不敢當這句評語，只好拿來還敬他這首詩，並且要他知道這不是美國風，只是詩人的理想境界。」〔註 125〕胡適既然讚賞出於自然的詩境，那他當然不喜歡拿抽象的話來說明，不讚賞做詩還要無端加上「哲學調子」的習氣。胡適說：「詩的一個大原則是要能深入而淺出；感想（impression）不嫌深，而表現（expression）不嫌淺。平伯的毛病在於深入而深出，所以有時變成煩冗，有時變成艱深了。」〔註 126〕在他看來，俞平伯的有些詩犯了詩家大忌，而落入長而晦澀之流了。他說：「平伯最長於描寫，但他偏喜歡說理；他本可以作詩，但他偏要想兼作哲學家；本是極平常的道理，他偏要進一層去說，於是越說越糊塗了。」〔註 127〕

作為新生代的做新詩的詩人，俞平伯和康白情、汪靜之等人在「詩的解放」方面比做過舊詩的人更為徹底。胡適說：「當我們在五六年前提倡做新

〔註 123〕　胡適：《寄陳獨秀》，載胡適著、季羨林主編《胡適全集》第 1 卷，安徽教育出版社 2003 年版，第 28 頁。

〔註 124〕　胡適：《〈嘗試集〉四版自序》，載胡適著、季羨林主編《胡適全集》第 2 卷，安徽教育出版社 2003 年版，第 813 頁。

〔註 125〕　胡適：《評新詩集》，載胡適著、季羨林主編《胡適全集》第 2 卷，安徽教育出版社 2003 年版，第 805 頁。

〔註 126〕　胡適：《評新詩集》，載胡適著、季羨林主編《胡適全集》第 2 卷，安徽教育出版社 2003 年版，第 810 頁。

〔註 127〕　胡適：《評新詩集》，載胡適著、季羨林主編《胡適全集》第 2 卷，安徽教育出版社 2003 年版，第 809 頁。

詩時，我們的『新詩』實在還不曾做到『解放』兩個字，遠不能比元人的小曲長套，近不能比金冬心的自度曲。我們雖認清了方向，努力朝著『解放』做去，然而當日加入白話詩的嘗試的人，大都是對於舊詩詞用過一番工夫的人，一時不容易打破舊詩詞的鐐銬枷鎖。故民國六、七、八年的『新詩』，大部分只是一些古樂府式的白話詩，一些《擊壤集》式的白話詩，一些詞式和曲式的白話詩，——都不能算是真正新詩。但不久就有許多少少年的『生力軍』起來了。少年的新詩人之中，康白情、俞平伯起來最早；他們受的舊詩的影響，還不算很深（白情《草兒》附的舊詩，很少好的），所以他們的解放也比較更容易。自由（無韻）詩的提倡，白情、平伯的功勞都不小。但舊詩詞的鬼影仍舊時時出現在許多『半路出家』的新詩人的詩歌裏。」〔註128〕作為受舊詩詞影響更為薄弱的新詩人，汪靜之等人的解放便更為徹底。胡適說：「靜之就是這些少年詩人之中的最有希望一個。他的詩有時未免有些稚氣，然而稚氣究竟遠勝於暮氣；他的詩有時未免太露，然而太露竟遠勝於晦澀。況且稚氣總是充滿著一種新鮮風味，往往有我們自命『老氣』的人萬想不到的新鮮風味。」〔註129〕這是回到文學的本質，從詩的情感表達方面而言的。

　　關於表情達意的直露還是含蓄，胡適亦有自己的見解。他在評少年詩人汪靜之的詩時說：「如果真是深厚的內容，就是直截流露的寫出，也正不妨。古人說的『含蓄』，並不是不求人解的不露，乃是能透過一層，反覺得直說直敘不能達出詩人的本意，故不能不脫略枝節，超過細目，抓住了一個要害之點，另求一個『深入而淺出』的方法。故論詩的深度，有三個階級：淺入而淺出者為下，深入而深出者勝之，深入而淺出者為上。靜之的詩，這三個境界都曾經過。」〔註130〕對待新詩人的新嘗試，社會上要給予足夠的尊重與寬容。胡適說：「四五年前，我們初做新詩的時候，我們對社會只要求一個自由嘗試的權利；現在這些少年新詩人對社會要求的也只是一個自由嘗試的權利。為社會的多方面的發達起見，我們對於一切文學的嘗試者，美術的嘗試者，生

〔註128〕胡適：《〈蕙的風〉四序》，載胡適著、季羨林主編《胡適全集》第2卷，安徽教育出版社2003年版，第818頁。

〔註129〕胡適：《〈蕙的風〉四序》，載胡適著、季羨林主編《胡適全集》第2卷，安徽教育出版社2003年版，第819頁。

〔註130〕胡適：《〈蕙的風〉四序》，載胡適著、季羨林主編《胡適全集》第2卷，安徽教育出版社2003年版，第821頁。

活的嘗試者，都應該承認他們的嘗試的自由。這個態度，叫做容忍的態度（Tolerance）。容忍上加入研究的態度，便可到瞭解與賞識。社會進步的大阻力是冷酷的不容忍。」〔註131〕

胡適以為，做白話詩的大宗旨，在於提倡「詩體的解放」，他不太同意朱經農「白話詩應該立幾條規則」的主張。他說：「有什麼材料，做什麼詩；有什麼話，說什麼話；把從前一切束縛詩神的自由的枷鎖鐐銬，攏統推翻：這便是『詩體的解放』。因為如此，故我們極不贊成詩的規則。」〔註132〕詩的規則，當在新詩形成氣候之後再行制定。

創作白話詩還要注意向「俗歌」取法。胡適說：「現在白話詩起來了，然而做詩的人似乎還不曾曉得俗歌裏有許多可以供我們取法的風格與方法，所以他們寧可學那不容易讀又不容易懂的生硬文句，卻不屑研究那自然流利的民歌風格。這個似乎是今日詩國的一樁缺陷罷。」〔註133〕

（二）小說：從短篇到長篇

胡適在 1918 年 3 月的一次演講中指出，「中國今日的文人大概不懂『短篇小說』是什麼東西」〔註134〕。實際上，短篇小說有其自身的範圍和性質，不是隨便什麼雜誌裏的筆記雜纂不成長篇的小說都可以叫的。

自漢至唐的許多雜記體，無論高下都不配稱為「短篇小說」。即使是其中的「最高」代表者《世說新語》，「其中所記，有許多很有『短篇小說』的意味，卻沒有『短篇小說』的體裁」，因其往往「揀取人生極精彩的一小段，用來代表那人的性情品格」，極富有短篇小說的「意味」，但其所記「都是事實，或傳聞的事實，雖有剪裁，卻無結構，故不能稱做『短篇小說』」〔註135〕。

到底什麼才是短篇小說呢？胡適自己下一「界說」道：「短篇小說是用最經濟的文學手段，描寫中最精彩的一段，或一方面，而能使人充分滿意的文

〔註131〕　胡適：《〈蕙的風〉四序》，載胡適著、季羨林主編《胡適全集》第 2 卷，安徽教育出版社 2003 年版，第 824 頁。

〔註132〕　胡適：《答朱經農》，載胡適著、季羨林主編《胡適全集》第 1 卷，安徽教育出版社 2003 年版，第 85 頁。

〔註133〕　胡適：《北京的平民文學》，載胡適著、季羨林主編《胡適全集》第 2 卷，安徽教育出版社 2003 年版，第 833 頁。

〔註134〕　胡適：《論短篇小說》，載胡適著、季羨林主編《胡適全集》第 1 卷，安徽教育出版社 2003 年版，第 124 頁。

〔註135〕　胡適：《論短篇小說》，載胡適著、季羨林主編《胡適全集》第 1 卷，安徽教育出版社 2003 年版，第 129 頁。

章。」〔註136〕從中國短篇小說發展來看，「中國最早的短篇小說，自然要數先秦諸子的寓言了。《莊子》《列子》《韓非子》《呂覽》諸書所載的『寓言』，往往有用心結構可當『短篇小說』之稱的。」〔註137〕

宋朝既是「雜記小說」極盛的時代，又是「章回小說」發生的時代，那時產生的《宣和遺事》和《五代史平話》等被胡適視為後世章回體小說的「始祖」。胡適說：「從《宣和遺事》變成《水滸傳》，是中國文學史上一大進步。」〔註138〕他還說：「宋朝的『雜記小說』頗多好的，但都不配稱做『短篇小說』。『短篇小說』是有結構局勢的；是用全副精神氣力貫注到一段最精彩的事實上的。『雜記小說』是東記一段，西記一段，如一盤散沙，如一篇零用賬，全無局勢結構的。」〔註139〕

胡適在論張說的短篇小說《虯髯客傳》時，說到歷史小說的創作。他說：「凡做『歷史小說』，不可全用歷史上的事實，便又不可違背歷史上的事實。全用歷史的事實，便成了『演義』體，如《三國演義》和《東周列國志》，沒有真正『小說』的價值。（《三國》所以稍有小說價值者，全靠其能於歷史事實之外，加入許多小說材料耳。）……最好是能於歷史事實之外，造成一些『似歷史又非歷史』的事實，寫到結果卻又不違背歷史的事實。」〔註140〕《說岳傳》違背了歷史的事實，「只可使一班愚人快意」，算不上歷史小說。法國大仲馬的《俠隱記》、中國的《水滸傳》都不違背歷史的事實。《虯髯客傳》更是將歷史的人物和非歷史的人物「穿插夾混」，達到「叫人看了竟像那時真有這些人物事實」〔註141〕的藝術效果。這種歷史小說的創作手法，是《虯髯客傳》上等的立意布局、有自性的「寫生」手段之外的長處。

關於傳記文學，胡適說：「傳記是中國文學裏最不發達的一門。這大概有

〔註136〕胡適：《論短篇小說》，載胡適著、季羨林主編《胡適全集》第1卷，安徽教育出版社2003年版，第125頁。

〔註137〕胡適：《論短篇小說》，載胡適著、季羨林主編《胡適全集》第1卷，安徽教育出版社2003年版，第127頁。

〔註138〕胡適：《論短篇小說》，載胡適著、季羨林主編《胡適全集》第1卷，安徽教育出版社2003年版，第133頁。

〔註139〕胡適：《論短篇小說》，載胡適著、季羨林主編《胡適全集》第1卷，安徽教育出版社2003年版，第134頁。

〔註140〕胡適：《論短篇小說》，載胡適著、季羨林主編《胡適全集》第1卷，安徽教育出版社2003年版，第132頁。

〔註141〕胡適：《論短篇小說》，載胡適著、季羨林主編《胡適全集》第1卷，安徽教育出版社2003年版，第133頁。

三種原因。第一是沒有崇拜偉大人物的風氣，第二是多忌諱，第三是文字的障礙。」〔註142〕中國文化傳統中普遍不願「替陳死人算爛帳」，中國文人「最缺乏說老實話的習慣」，中國古文字表達亦有其缺陷。胡適說：「傳記寫所傳的人最要能寫出他的實在身份，實在神情，實在口吻，要使讀者如見其人，要使讀者感覺真可以尚友其人。但中國的死文字卻不能擔負這種傳神寫生的工作。」〔註143〕

在長篇小說中，胡適的思考更有代表意義。首先，我們很容易便注意到，在胡適所推崇的「四大名著」中，未列入《三國演義》。據胡適的解釋，這是因為從《三國演義》現行本（即「毛本」）來看，因「拘守歷史的故事太嚴，而想像力太少，創造力太薄弱」〔註144〕，僅只能在細節上演繹穿插，不能算是一部有文學價值的書。相比較而言，《水滸傳》「全是想像，故能出奇出色」；而《三國演義》卻「大部分是演述與穿插，故無法能出奇出色」。〔註145〕另外，《三國演義》文學價值不高的原因，還在於編纂者自身的文學素養與創作技巧的不足，致使該書不僅「見地平凡」，更是「文學技術平凡」。胡適說：「《三國演義》的作者、修改者、最後寫定者，都是平凡的陋儒，不是有天才的文學家，也不是高超的思想家。……這固是時代的關係（參看《胡適文存》卷一，頁五二～五三），但《三國演義》的作者究竟難逃『平凡』的批評。」〔註146〕胡適還說：「文學的技術最重剪裁。會剪裁的，只消極力描寫一兩件事，便能有聲有色。《三國演義》最不會剪裁；他的本領在於搜羅一切竹頭木屑，破爛銅鐵，不肯遺漏一點。因為不肯剪裁，故此書不成為文學的作品。」〔註147〕

胡適在批評《三國演義》文學價值不大的同時，卻高度稱讚了它在歷史通俗化教育過程中的魔力。他說：「《三國演義》究竟是一部絕好的通俗歷史。在

〔註142〕胡適：《〈南通張季直先生傳記〉序》，載胡適著、季羨林主編《胡適全集》第3卷，安徽教育出版社2003年版，第780頁。

〔註143〕胡適：《〈南通張季直先生傳記〉序》，載胡適著、季羨林主編《胡適全集》第3卷，安徽教育出版社2003年版，第781頁。

〔註144〕胡適：《〈三國志演義〉序》，載胡適著、季羨林主編《胡適全集》第2卷，安徽教育出版社2003年版，第773頁。

〔註145〕胡適：《〈三國志演義〉序》，載胡適著、季羨林主編《胡適全集》第2卷，安徽教育出版社2003年版，第774頁。

〔註146〕胡適：《〈三國志演義〉序》，載胡適著、季羨林主編《胡適全集》第2卷，安徽教育出版社2003年版，第774頁。

〔註147〕胡適：《〈三國志演義〉序》，載胡適著、季羨林主編《胡適全集》第2卷，安徽教育出版社2003年版，第775頁。

幾千年的通俗教育史上，沒有一部書比得上他的魔力。五百年來，無數的失學國民從這部書裏得著了無數的常識與智慧，從這部書裏學會了看書寫信作文的技能，從這部書裏學得了做人與應世的本領。他們不求高超的見解，也不求文學的技能；他們只求一部趣味濃厚，看了使人不肯放手的教科書。」〔註148〕

胡適多次說《三國演義》是演義家長期的集體創作的結晶。他說：「《三國志演義》不是一個人做的，乃是五百年的演義家的共同作品。」〔註149〕胡適以為，三國故事之所以「很能引起許多人的想像力與興趣」的原因，是由於三國時期歷史的「分立」特點決定的。他說，在中國歷史發展的七個分裂時代中，「只有三國時代，魏蜀吳的人才都可算是勢均力敵的，陳壽、裴松之保存的材料也很不少；況且裴松之注《三國志》時，引了許多雜書的材料，很有小說的趣味。因此，這個時代遂成了演義家的絕好題目了。」〔註150〕從唐朝開始，已有說三國故事的了。宋朝的「說話」中，「說三分」已成獨立科目。宋元之際，演義三國故事的平話、院本材料更是數目可觀。直到明初，現行《三國演義》的故事系統已是規模初具。有人稱元末明初的羅貫中最終著成《三國演義》。明末出現了《三國演義》的「李卓吾評本」。清初毛宗崗以明本為「俗本」用字不通、詞語複沓，便假託一種「古本」，對「俗本」進行增刪、改竄、批評，形成《三國志演義》的通行本，稱「毛本」。

胡適是從內容和形式兩方面衡論文學的。明清四大名著中不列《三國演義》，而換成《儒林外史》，這是因為在他看來，後者在結構方面具有突出的價值。胡適主張論文學時要注意內容和形式兩方面。從內容立論角度上，他與錢玄同一樣推崇《水滸傳》《紅樓夢》《儒林外史》《官場現形記》《孽海花》《二十年目睹之怪現狀》等六部小說；他還主張不應當忽略文學的結構。胡適說：「結構不能離內容而存在，然內容得美好的結構乃益可貴。」〔註151〕吳趼人的小說創作中，比如《恨海》《九命奇冤》可稱為「全德的小說」，其價值不應在《二十年目睹之怪現狀》之下。從結構上說，《官場現形記》《文明小

〔註148〕胡適：《〈三國志演義〉序》，載胡適著、季羨林主編《胡適全集》第2卷，安徽教育出版社2003年版，第775頁。

〔註149〕胡適：《〈三國志演義〉序》，載胡適著、季羨林主編《胡適全集》第2卷，安徽教育出版社2003年版，第769頁。

〔註150〕胡適：《〈三國志演義〉序》，載胡適著、季羨林主編《胡適全集》第2卷，安徽教育出版社2003年版，第769頁。

〔註151〕胡適：《再寄陳獨秀答錢玄同》，載胡適著、季羨林主編《胡適全集》第1卷，安徽教育出版社2003年版，第36頁。

史》《老殘遊記》《孽海花》《二十年目睹之怪現狀》諸書「皆為《儒林外史》之產兒」，它們的體裁「皆為不連屬的種種實事勉強牽合而成。合之可至無窮之長，分之可成無數短篇寫生小說。此類之書，以體裁論之，實不為全德」〔註152〕。相比較而言，《二十年目睹之怪現狀》「獨為最上物」，因其以「我」為主人，「全書中種種不相關屬之材料，得此一個『我』，乃有所附著，有所統系」〔註153〕。正是看到《儒林外史》在結構方面的獨特創新，胡適便讚揚「乾嘉時京師之《儒林外史》」的寶貴的歷史價值與結構特色，而批評被人稱讚的《孽海花》「布局太牽強，材料太多」，不過像近人《春冰室野乘》之類，適宜做成「劄記之體」，稱不上好小說。〔註154〕

在當年出版的《海上奇書》定期「繡像小說」中，有《海上花列傳》28回，其中的《例言》自稱道：「全書筆法自謂從《儒林外史》脫化出來，惟穿插藏閃之法則為從來說部所未有」。胡適說：「『脫化』兩個字用的好，因為《海上花》的結構實在遠勝於《儒林外史》，可以說是脫化，而不可以說是模仿。《儒林外史》是一段一段的記載，沒有一個鳥瞰的布局，所以前半說的是一班人，後半說的另是一班人，——並且我們可以說，《儒林外史》每一個大段落都可以截作一個短篇故事，自成一個片段，與前文後文沒有必然的關係。所以《儒林外史》裏並沒有什麼『穿插』與『藏閃』的筆法。《海上花》便不同了。作者大概先有一個全局在腦中，所以能從容布置，把幾個小故事都折疊在一塊，東穿一段，西穿一段，或藏或露，指揮自如。所以我們可以說，在結構的方面，《海上花》遠勝於《儒林外史》；《儒林外史》只是一串短篇故事，沒有什麼組織；《海上花》也只是一串短篇的故事，卻有一個綜合的組織。」〔註155〕

除了在結構上有突出特徵外，《海上花》的作者的最大貢獻在於採用了蘇州土語，在三十年前做出了「破天荒的事」。對於其文學史地位，胡適肯定地指出說：「《海上花》是蘇州土話的文學的第一部傑作。蘇白的文學起於明代；

〔註152〕胡適：《再寄陳獨秀答錢玄同》，載胡適著、季羨林主編《胡適全集》第1卷，安徽教育出版社2003年版，第36頁。

〔註153〕胡適：《再寄陳獨秀答錢玄同》，載胡適著、季羨林主編《胡適全集》第1卷，安徽教育出版社2003年版，第36頁。

〔註154〕胡適：《再寄陳獨秀答錢玄同》，載胡適著、季羨林主編《胡適全集》第1卷，安徽教育出版社2003年版，第36頁。

〔註155〕胡適：《〈海上花列傳〉序》，載胡適著、季羨林主編《胡適全集》第3卷，安徽教育出版社2003年版，第517頁。

但無論為傳奇中的說白，無論為彈詞中的唱與白，都只居於附屬的地位，不成為獨立的方言文學。蘇州土白的文學的正式成立，要從《海上花》算起。」〔註156〕關於《海上花》的價值，從魯迅以下這段對比的話可以看出，他說：「自從《海上繁華夢》出而《海上花》遂名聲頓落，其實《繁華夢》之度量技術，去《海上花》遠甚。」〔註157〕

胡適不僅稱讚《海上花》運用了蘇州土語，他還稱讚那些決計用蘇州話創作小說的是「有意的主張，有計劃的文學革命」。胡適說：「方言的文學所以可貴，更因為方言最能表現人的神理。通俗的白話固然遠勝於古文，但終不如方言的能表現說話的人的神情口氣。古文裏的人物是死人；通俗官話裏的人物是做作不自然的活人；方言土話裏的人物是自然流露的活人。」〔註158〕當然，運用方言進行文學創作亦自有其困難，即：「第一是許多字向來不曾寫定，單有口音，沒有文字。第二是懂得的人太少。」〔註159〕

關於《三國演義》，錢玄同將其與《說岳》並舉，胡適以為是「未盡平允」之論。他說：「《三國演義》在世界『歷史小說』上為有數的名著。其書謬處在於過推蜀漢君臣而過抑曹孟德。然其書能使今之婦人女子皆痛恨曹孟德，亦可見其魔力之大。且三國一時代之史事最繁複，而此書能從容記之，使婦孺皆曉，亦是一種大才。」〔註160〕從小說創作與流播而言，《三國演義》實在多有比較成功之處。胡適看到，「以小說的魔力論，此書實具大魔力」，只是其中所持的尊劉貶曹之評價，應有所分辨。胡適說：「平心而論，《三國演義》之褒劉而貶曹，不過是承習鑿齒、朱熹的議論，替他推波助瀾，並非獨抒己見。況此書於曹孟德，亦非一味醜詆。如『白門樓殺呂布』一段，寫曹操人品實高於劉備百倍，此外寫曹操用人之明，御將之能，皆遠過於劉備、諸葛亮。無奈中國人早中了朱熹一流人的毒，所以一味痛罵曹

〔註156〕胡適：《〈海上花列傳〉序》，載胡適著、季羨林主編《胡適全集》第3卷，安徽教育出版社2003年版，第520頁。

〔註157〕魯迅：《致胡適》，載王世家、止菴編《魯迅著譯編年全集》第5卷，第147頁。

〔註158〕胡適：《〈海上花列傳〉序》，載胡適著、季羨林主編《胡適全集》第3卷，安徽教育出版社2003年版，第523頁。

〔註159〕胡適：《〈海上花列傳〉序》，載胡適著、季羨林主編《胡適全集》第3卷，安徽教育出版社2003年版，第524頁。

〔註160〕胡適：《再寄陳獨秀答錢玄同》，載胡適著、季羨林主編《胡適全集》第1卷，安徽教育出版社2003年版，第35頁。

操。戲臺上所演《三國演義》的戲，不是《逼宮》，便是《戰宛城》，凡是曹操的好處，一概不編成戲，此則由於編戲者之不會讀書，而《三國演義》之罪實不如是之甚也。」〔註161〕胡適的分析，全面評價了《三國演義》的創作手法、褒劉貶曹的來源及其複雜性。其中談到的戲曲演藝中臉譜化的效果，亦堪稱不刊之論。

關於長篇小說《西遊記》，胡適一方面指出《西遊記》為「神怪不經之談」，另一方面卻肯定其頗能「啟發讀者之理想」，因此不能將之與《封神演義》相提並論。因為《西遊記》一書，「全局無中生有，讀之使人忘倦。其妙處在於荒唐而有情思，詼諧而有莊意。其開卷八回記孫行者之歷史，在世界神話中實在不可多得之作。全書皆以詼諧滑稽為宗旨。其寫豬八戒，何其妙也！又如孫行者為某國王治病一節，尤諧謔可喜，似未可與《封神傳》之類相提並論也」〔註162〕。

胡適深贊《西遊記》作者的想像力，以為「他得了玄奘的故事的暗示，採取了金元戲劇的材料（？），加上他自己的想像力，居然造出一部大神話來！」〔註163〕尤其是關於八十一難的敘述，更見作者創造性的想像功力。胡適說：「我們可以說，《西遊記》的八十一難大部分是著者想像出來的。想出這許多妖怪災難，想出這一大堆神話，本來不算什麼難事。但《西遊記》有一點特別長處，就是他的滑稽意味。拉長了面孔，整日說正經話，那是聖人菩薩的行為，不是人的行為。《西遊記》所以能成世界的一部絕大神話小說，正因為《西遊記》裏各種神話都帶著一點詼諧意味，能使人開口一笑，這一笑就把那神話『人化』過了。我們可以說，《西遊記》的神話是有『人的意味』的神話。」〔註164〕有的詼諧含有一種「尖刻的玩世主義」，含有「愛罵人的玩世主義」。胡適說，「《西遊記》的文學價值正在這裡。」〔註165〕他在《〈西遊

〔註161〕胡適：《答錢玄同書》，載胡適著、季羨林主編《胡適全集》第 1 卷，安徽教育出版社 2003 年版，第 38～39 頁。

〔註162〕胡適：《再寄陳獨秀答錢玄同》，載胡適著、季羨林主編《胡適全集》第 1 卷，安徽教育出版社 2003 年版，第 35 頁。

〔註163〕胡適：《〈西遊記〉考證》，載胡適著、季羨林主編《胡適全集》第 2 卷，安徽教育出版社 2003 年版，第 680 頁。

〔註164〕胡適：《〈西遊記〉考證》，載胡適著、季羨林主編《胡適全集》第 2 卷，安徽教育出版社 2003 年版，第 686 頁。

〔註165〕胡適：《〈西遊記〉考證》，載胡適著、季羨林主編《胡適全集》第 2 卷，安徽教育出版社 2003 年版，第 688 頁。

記〉考證》的最後一部分說：「《西遊記》被這三四百年來的無數道士、和尚、秀才弄壞了。道士說，這部書是一部金丹妙訣。和尚說，這部書是禪門心法。秀才說，這部書是一部正心誠意的理學書。這些解說都是《西遊記》的大仇敵。現在我們把那些什麼悟一子和什麼悟元子等等的『真詮』『原旨』一概刪去了，還他一個本來面目。至於我這篇考證本來也不必做；不過因為這幾百年來讀《西遊記》的人都太聰明了，都不肯領略那極淺極明白的滑稽意味和玩世精神，都要妄想透過紙背去尋那『微言大義』，遂把一部《西遊記》罩上了儒釋道三教的袍子；因此，我不能不用我的笨眼光，指出《西遊記》有了幾百年逐漸演化的歷史；指出這部書起於民間的傳說和神話，並無『微言大義』可說；指出現在的《西遊記》小說的作者是一位『放浪詩酒，復善諧謔』的大文豪做的，我們看他的詩，曉得他確有『斬鬼』的清興，而決無『金丹』的道心；指出這部《西遊記》至多不過是一部很有趣味的滑稽小說，神話小說；他並沒有什麼微妙的意思，他至多不過有一點愛罵人的玩世主義、這點玩世主義也是很明白的；他並不隱藏，我們也不用深求。」〔註166〕這段宏論，對《西遊記》的著書旨趣、手法、研究方法等作了大開大合的評論與引申，多含有值得學者進一步深思的主題。

胡適還肯定了該小說的結構之功，他說：「這部書的結構，在中國舊小說之中，要算最精密的了。」〔註167〕他把《西遊記》看成齊天大聖傳、取經因緣與取經人、八十一難「三合一」的結構。前七回作為第一部分，這篇大聖傳「乃是世間最有價值的一篇神話文學」，其中的「大部分是著者創造出來的」。〔註168〕他說：「美猴王的天宮革命，雖然失敗，究竟還是一個『雖敗猶榮』的英雄！」〔註169〕還說：「這七回的好處全在他的滑稽。著者一定是一個滿肚牢騷的人，但他又是一個玩世不恭的人。」〔註170〕

〔註166〕胡適：《〈西遊記〉考證》，載胡適著、季羨林主編《胡適全集》第2卷，安徽教育出版社2003年版，第689頁。

〔註167〕胡適：《〈西遊記〉考證》，載胡適著、季羨林主編《胡適全集》第2卷，安徽教育出版社2003年版，第680頁。

〔註168〕胡適：《〈西遊記〉考證》，載胡適著、季羨林主編《胡適全集》第2卷，安徽教育出版社2003年版，第680頁。

〔註169〕胡適：《〈西遊記〉考證》，載胡適著、季羨林主編《胡適全集》第2卷，安徽教育出版社2003年版，第681頁。

〔註170〕胡適：《〈西遊記〉考證》，載胡適著、季羨林主編《胡適全集》第2卷，安徽教育出版社2003年版，第681頁。

　　在文學革新運動中，像《鏡花緣》等第二流小說也被評論者挖掘出來，重新予以審視。在胡適看來，《鏡花緣》便是第二流小說中的佳作。該書「為吾國女權說者之作，寄意甚遠。其寫林之洋受纏足之苦一節，命意尤顯。」〔註171〕小說中的林之洋在女兒國「御設的『矯揉造作速成科』裏受盡折磨，在幾十天時內被強制穿耳、纏足，實現由鬚眉男子到被打造成「嫋嫋婷婷」、「如鮮花一枝」的王妃的轉變。

　　關於《鏡花緣》的宗旨，胡適說：「李汝珍所見的是幾千年來忽略了的婦女問題。他是中國最早提出這個婦女問題的人，他的《鏡花緣》是一部討論婦女問題的小說。他對於這個問題的答案是，男女應該受平等的待遇、平等的教育、平等的選舉制度。」〔註172〕還說：「女兒國是李汝珍理想中女權伸張的一個烏托邦，那是無可疑的。但他又寫出一個黑齒國，那又是他理想中女子教育的一個烏托邦了。」〔註173〕其中的黑齒國，其風俗是，不論男女，「無論貧富，都以才學高的為貴，不讀書的為賤」，所以才有「女學發達」的情形。胡適指出，女學與女權，「在我們這個『天朝上國』，實在不容易尋出歷史制度上的根據。李汝珍不得已，只得從三千年的歷史上挑出武則天的十五年（690～705）做他的歷史背景」〔註174〕。可以說，李汝珍是欲「借武則天皇帝來替中國女子出氣。」〔註175〕李汝珍讓筆下的武則天創辦了男女平等的選舉制度，在提倡女學、引導女子參政的制度想像上走出一條特色鮮明的道路。胡適指出：「李汝珍在黑齒國說的也是一種制度，在武則天治下說的也只是一種制度。這真是大膽而超卓的見解。」〔註176〕胡適還說：「《鏡花緣》裏最精彩的部分是女兒國一大段。這一大段的宗旨只是要用文學的技術，詼諧的風味，極力描寫女子所受的不平等的，慘酷的，不人道的待遇。這個女兒

〔註171〕胡適：《再寄陳獨秀答錢玄同》，載胡適著、季羨林主編《胡適全集》第 1 卷，安徽教育出版社 2003 年版，第 37 頁。

〔註172〕胡適：《〈鏡花緣〉的引論》，載胡適著、季羨林主編《胡適全集》第 2 卷，安徽教育出版社 2003 年版，第 712 頁。

〔註173〕胡適：《〈鏡花緣〉的引論》，載胡適著、季羨林主編《胡適全集》第 2 卷，安徽教育出版社 2003 年版，第 722 頁。

〔註174〕胡適：《〈鏡花緣〉的引論》，載胡適著、季羨林主編《胡適全集》第 2 卷，安徽教育出版社 2003 年版，第 726 頁。

〔註175〕胡適：《〈鏡花緣〉的引論》，載胡適著、季羨林主編《胡適全集》第 2 卷，安徽教育出版社 2003 年版，第 727 頁。

〔註176〕胡適：《〈鏡花緣〉的引論》，載胡適著、季羨林主編《胡適全集》第 2 卷，安徽教育出版社 2003 年版，第 729 頁。

國是李汝珍理想中給世間女子出氣伸冤的烏托邦。」〔註177〕

　　胡適高度讚揚了《鏡花緣》的文學史地位，他說：「幾千年來，中國的婦女問題，沒有一人能寫的這樣深刻，這樣忠厚，這樣怨而不怒。《鏡花緣》裏的女兒國一段是永遠不朽的文學。」〔註178〕胡適還說：「三千年的歷史上，沒有一個人曾大膽的提出婦女問題的各個方面來作公平的討論。直到十九世紀的初年，才出了這個多才多藝的李汝珍，費了十幾年的精力來提出這個極重大的問題。他把這個問題的各個方面都大膽的提出，虛心的討論，審慎的建議。他的女兒國一大段，將來一定要成為世界女權史上的一篇永永不朽的大文；他對於女子貞操，女子教育，女子選舉等等問題的見解，將來一定要在中國女權史上占一個很光榮的位置：這是我對於《鏡花緣》的預言。也許我和今日的讀者還可以看見這一日的實現。」〔註179〕

　　胡適還從《鏡花緣》裏讀出有關男女貞節的問題。他說：「男女期望妻子守貞操，而自己卻可以納妾嫖娼；男子多妻是禮法許可的，而婦人多夫卻是絕大罪惡；婦人和別的男子有愛情，自己的丈夫若寬恕了他們，社會上便要給他『烏龜』的尊號；然而丈夫納妾，妻子卻『應該』寬恕不妒，妒是婦人的惡德，社會上便要給他『妒婦』『母夜叉』等等尊號。這叫做『兩面標準的貞操』。在中國古史上，這個問題也曾有人提起，例如謝安的夫人說的『周婆制禮』。和李汝珍同時的大學者俞正燮，也曾提出『妒非婦人惡德』。但三千年的議禮的大家，沒有一個人能有李汝珍那樣明白爽快的。」〔註180〕

　　另一部長篇小說《儒林外史》，也被胡適高度稱讚，列為明清名著之一。胡適以自「吳迷」自居，當他買到吳敬梓（字敏軒，一字文木）的《文木山房集》時，很是開心，以為這是「意外的發現」和「『吳迷』的報酬」，能將吳敬梓身世和《儒林外史》研究引向深入。〔註181〕於是他以此書為底本，在自己、

〔註177〕　胡適：《〈鏡花緣〉的引論》，載胡適著、季羨林主編《胡適全集》第2卷，安徽教育出版社2003年版，第714頁。

〔註178〕　胡適：《〈鏡花緣〉的引論》，載胡適著、季羨林主編《胡適全集》第2卷，安徽教育出版社2003年版，第721頁。

〔註179〕　胡適：《〈鏡花緣〉的引論》，載胡適著、季羨林主編《胡適全集》第2卷，安徽教育出版社2003年版，第733頁。

〔註180〕　胡適：《〈鏡花緣〉的引論》，載胡適著、季羨林主編《胡適全集》第2卷，安徽教育出版社2003年版，第725頁。

〔註181〕　胡適：《吳敬梓年譜》，載胡適著、季羨林主編《胡適全集》第2卷，安徽教育出版社2003年版，第622頁。

程晉芳為吳敬梓所作傳的基礎上，參考他書，認真地做成了《吳敬梓年譜》。

胡適視《儒林外史》為「近世中國文學的一部傑作」，其不朽之原因，「全在他的見識高超，技術高明」。〔註 182〕在胡適看來，《儒林外史》實在堪稱技高桐城派。他說：「這種絕妙的文學技術，絕高的道德見解，豈是姚鼐、方苞一流人能夢見的嗎？」〔註 183〕程晉芳（字魚門）為吳敬梓撰傳，亦贊《儒林外史》「窮極文士情態，人爭傳寫之」。

胡適很贊該小說所用的「嘲諷」手法。他在介紹上元詩人金和（字亞匏，1818～1885）時，以為詩人很像受此手法影響。胡適還說：「有心人的嘲諷，不是笑罵，乃是痛哭；不是輕薄，乃是恨極無可如何，不得已而為之。」〔註 184〕他以為，該書「楔子」借王冕之口批評明朝八股科舉制的「將來讀書人既有此一條榮身之路，把那文行出處都看得輕了」一句，是全書的宗旨。小說痛罵舉業，以便引起讀書人的覺醒，明確專制君主企圖用科舉制度困死人才。胡適說：「不給你官做，便是專制君主困死人才的唯一妙法。要想抵制這種惡毒的牢籠，只有一個法子：就是提倡一種新社會心理，叫人知道舉業的醜態，知道官的醜態，叫人覺得『人』比『官』格外可貴，學問與八股文格外可貴，人格比富貴格外可貴。社會上養成了這種心理，就不怕皇帝『不給你官做』的毒手段了。」〔註 185〕

《儒林外史》以裁縫荊元之論作結，追求「諸事都由我……不貪圖人的富貴，又不伺候人的顏色；天不收，地不管，倒不快活」的生活。胡適以為，這正是吳敬梓想要造成的「真自由，真平等」的社會心理。〔註 186〕

（三）戲劇改良

胡適以為，「中國文學最缺乏的是悲劇的觀念」〔註 187〕，小說和戲劇中

〔註 182〕胡適：《吳敬梓傳》，載胡適著、季羨林主編《胡適全集》第 1 卷，安徽教育出版社 2003 年版，第 743 頁。

〔註 183〕胡適：《吳敬梓傳》，載胡適著、季羨林主編《胡適全集》第 1 卷，安徽教育出版社 2003 年版，第 745 頁。

〔註 184〕胡適：《五十年來中國之文學》，載胡適著、季羨林主編《胡適全集》第 2 卷，安徽教育出版社 2003 年版，第 271 頁。

〔註 185〕胡適：《吳敬梓傳》，載胡適著、季羨林主編《胡適全集》第 1 卷，安徽教育出版社 2003 年版，第 744 頁。

〔註 186〕胡適：《吳敬梓傳》，載胡適著、季羨林主編《胡適全集》第 1 卷，安徽教育出版社 2003 年版，第 746 頁。

〔註 187〕胡適：《文學進化觀念與戲劇改良》，載胡適著、季羨林主編《胡適全集》第

都存在著「團圓迷信」。迷信團圓的結局，這「只是腦筋簡單，思力薄弱的文學，不耐人尋思，不能引人反省」〔註188〕；因為背離生活的真實，便成為「說謊的文學」；而且，「團圓快樂的文字，讀完了，至多不過能使人覺得一種滿意的觀念，決不能叫人有深沉的感動，決不能引人到澈底的覺悟，決不能使人起根本上的思量反省」〔註189〕。

《新青年》第5卷第4號，專論戲劇改良。其中《再論戲劇改良》一文，有「中國人說到理想，便含著輕薄的意味，覺得理想即是妄想，一理想家即是妄人」一段話。魯迅便以「門外漢」的名義，對此感發議論。他說：「據我的經驗，這理想價值的跌落，只是近五年以來的事。」〔註190〕民國以前，許多國民肯認理想家為「引路人」。但到了民國元年前後，由於舊官僚、遺老痛恨理想派，大談所謂的與眾不同的「中國道理」，以從前清得來的「經驗」為利器，將追求人格平等的舊理想「全踏在朝靴底下，以符列祖列宗的成規」。〔註191〕

在胡適看來，中國要改良戲劇，必須吸收西洋戲劇。因為，「現在中國戲劇有西洋的戲劇可作直接比較參考的材料，若能有人虛心研究，取人之長，補我之短；掃除舊日的種種『遺形物』，採用西洋最近百年來繼續發達的新觀念、新方法、新形式，如此方才可使中國戲劇有改良進步的希望。」〔註192〕西方自古希臘以來，形成了極深密的悲劇觀念。胡適將西洋悲劇觀念概括為以下三點：「第一，即是承認人類最濃摯最深沉的感情不在眉開眼笑之時，乃在悲哀不得意無可奈何的時節；第二，即是承認人類親見別人遭遇悲慘可憐的境地時，都能發生一種至誠的同情，都能暫把個人小我的悲歡哀樂一齊消納在這種至誠高尚的同情之中；第三，即是承認世上的人事無時無地沒有極悲極慘的傷心境地，不是天地不仁，『造化弄人』（此希臘悲劇中最普通的觀念），便是社

　　　　1卷，安徽教育出版社2003年版，第145頁。

〔註188〕胡適：《文學進化觀念與戲劇改良》，載胡適著、季羨林主編《胡適全集》第1卷，安徽教育出版社2003年版，第146頁。

〔註189〕胡適：《文學進化觀念與戲劇改良》，載胡適著、季羨林主編《胡適全集》第1卷，安徽教育出版社2003年版，第146頁。

〔註190〕魯迅：《隨感錄　三十九》，載王世家、止菴編《魯迅著譯編年全集》第3卷，人民出版社2009年版，第119頁。

〔註191〕魯迅：《隨感錄　三十九》，載王世家、止菴編《魯迅著譯編年全集》第3卷，人民出版社2009年版，第119頁。

〔註192〕胡適：《文學進化觀念與戲劇改良》，載胡適著、季羨林主編《胡適全集》第1卷，安徽教育出版社2003年版，第145頁。

會不良使個人銷磨志氣，墮落人格，陷入罪惡不能自脫（此近世悲劇最普通的觀念）。有這種悲劇的觀念，故能發生各種思力深沉，意味深長，感人最烈，發人猛省的文學。這種觀念乃是醫治我們中國那種說說謊作偽，思想淺薄的文學的絕妙聖藥。這便是比較的文學研究的一種大益處。」〔註193〕除了悲劇的觀念，還有文學的經濟，都是西洋文學的長處，都可以作為新鮮的「少年血性」醫治中國文學「暮氣攻心」、「奄奄斷氣」的「死症」與「老性」。〔註194〕

第二節　文學經世

從觀念發生史來看，文學革命的思想主張緣於文學中的歷史進化觀念的生成。1916年黃遠庸（筆名黃遠生）給章士釗寫信，載於《甲寅》最後一期的兩封，對當日的政論文章進行總結。他在信中說：「愚見以為居今論政，實不知從何處說起。《洪範》九疇亦只能明夷待訪。……至根本救濟，遠意當從提倡新文學入手，綜之，當使吾輩思潮如何能與現代思潮相接觸，而促其猛省。而其要義須與一般之人，生出交涉。法須以淺近文藝普遍四周。史家以文藝復興為中世改革之根本，足下當能語其消息盈虛之理也。」提倡新文學，與人生產生交涉，是為了破斥舊文學的束縛，走出經學與僵化的孔教，為文化發展與文明進步增添平民化色彩。

自古以來，文人學士提倡「文以載道」，近代以來的文學革命一開始便給這傳統命題賦予了新的時代意義。如果可以借用胡適整理國故的口號來形容的話，那麼那時的以文學革命為主要載體的經世思潮的核心理念，當主要在於：「輸入學理」，以期於「再造文明」。

一、孔教運動：尊孔讀經

從政治文化生態看，時當袁世凱竊取辛亥革命果實，漸趨獨裁。當袁政府通令全國尊孔讀經，並大搞祭天祭孔之際，一批遺老遺少便跟風鼓吹復辟，各地很快便冒出孔教會、孔道會、經學會、宗聖會，等等，社會上出現一股復古逆流。

〔註193〕胡適：《文學進化觀念與戲劇改良》，載胡適著、季羨林主編《胡適全集》第1卷，安徽教育出版社2003年版，第146～147頁。
〔註194〕胡適：《文學進化觀念與戲劇改良》，載胡適著、季羨林主編《胡適全集》第1卷，安徽教育出版社2003年版，第150頁。

（一）尊孔讀經

1913 年，胡適的好友許棣常（即許怡蓀，號紹南）正困處日本，當時東京已有人發起孔教分會，正處於復古主張階段的許棣常也參加了。胡適說：「他是一個熱心救國的人，那時眼見國中大亂，心裏總想尋一個根本救國方法；他認定孔教可以救國，又誤認那班孔教會的人都是愛國的志士，故加入他們的團體。」〔註195〕許棣常甚至批評那些反對孔教會的人，是「大半趨奉異說」，而「難與適道」的。對於孔教會的「群經並重」議決，他是有所保留的，其意是要有所側重，而偏向「三禮」。第二年他便看破孔教會一班人的卑劣手段，以為他們「不脫政黨窠臼」。胡適說：「怡蓀本來已經搬進孔教會事務所裏，替他們籌成立會和辦『大成節』的慶祝會的事，很熱心的。後來因為看出那班『孔教徒』的真相，所以不久就搬出來，住辰實館。但是他這時候仍舊深信真孔教可以救國，不過他的孔教觀念已經不是陳煥章一流人的孔教觀念了。」〔註196〕

1913 年底，康有為（1858～1927）回國，即致電袁世凱，力主「尊聖衛道，想公同心，冀出援手，聖教幸甚」。他還設立孔教會，發行《不忍》雜誌，鼓吹尊孔復古，攻擊共和。當時復古尊孔的，除了孔教會外，還有孔道會、聖教會、孔社等。孔教會陳煥章著《孔教論》一書，美、英傳教士李佳白、李提摩太為其撰序。李佳白聲稱，中國要想改良政治，唯有遵行「孔道」。

許棣常在 1914 年 4 月的一封長信中說明了自己所提倡的孔教有三條旨趣：（1）「效法孔子之真精神，為革新之學說，以正人心」；（2）「保存東亞固有之社會制度，必須昌明孔孟學說以為保障」；（3）「吾國古代學說如老、荀、管、墨，不出孔子範圍，皆可並行不背；頌言孔教，正猶振衣者之必提其領耳」。〔註197〕胡適以為，許棣常之重視孔子真精神實即春秋大義，乃欲以公羊學的「微言大義」救正陷溺的人心。這一想法，被袁世凱稱帝、東京孔教會和籌安會的「勸進」鬧劇打破。許氏其他兩條旨趣，也未能保持不變。胡適說許氏已不滿於舊式的家族制和社會政治組織，並不斷從家族制移到「人生自

〔註195〕胡適：《許怡蓀傳》，載胡適著、季羨林主編《胡適全集》第1卷，安徽教育出版社 2003 年版，第 720～721 頁。
〔註196〕胡適：《許怡蓀傳》，載胡適著、季羨林主編《胡適全集》第1卷，安徽教育出版社 2003 年版，第 721 頁。
〔註197〕胡適：《許怡蓀傳》，載胡適著、季羨林主編《胡適全集》第1卷，安徽教育出版社 2003 年版，第 721～722 頁。

己」,「復古的怡蓀,此時已經變成了社會革新家的怡蓀」了。〔註198〕

從當時的官方一面看,袁世凱政府曾下令尊孔讀經。1915 年,袁世凱以大總統名義,公布「七項教育要旨」,即「愛國、尚武、崇實、法孔孟、重自治、戒貪爭、戒躁進」,發布《復學校祀孔令》《整飭倫常令》等封建色彩濃厚的命令。1916 年秋,康有為等人上書北洋軍政府,要求定孔教為「國教」,並列入憲法。憲法草案中規定「國民教育以孔子之道為修身大本」,某種程度上,我們可以說,袁政府的尊孔讀經是想為其打算上演的稱帝鬧劇營造一種聲勢。

(二)批孔反專制

尊孔復古成為當時的時代逆流,批孔、批孔孟之道乃至封建禮教,也成為新文化運動的一個重要主題。

對於當時尊孔現象,魯迅是如何反應的呢?從魯迅 1913 年 9 月 28 日的日記中可見一斑。當天是星期休息,魯迅說:「又云是孔子生日也。昨汪總長部員往國子監,且須跪拜,眾已譁然。晨七時往視之,則至者僅三四十人,或跪或立,或旁立而笑,錢念敏又從旁大聲而罵,頃刻間便草率了事,真一笑話。聞此舉由夏穗卿主動,陰鷙可畏也。」〔註199〕1914 年 3 月 2 日,魯迅參加孔教會中人在國子監舉行的丁祭活動,以為「其舉止頗荒陋可悼歎」〔註200〕。言下譏刺之意,顯然可見。

陳獨秀則撰《孔子之道與現代生活》《憲法與孔教》等文,認為「孔子之道」已不適合現代社會,定「孔教」為「國教」也違反了信仰自由原則。現代社會的基礎是「平等人權之新信仰」,中國要建設的是民主共和的現代國家,「對於與此新社會、新國家、新信仰不可相容之孔教,不可不有徹底之覺悟,猛勇之決心;否則不塞不流,不止不行!」〔註201〕

李大釗亦撰《孔子與憲法》《自然的倫理觀與孔子》等,堅持道德進化

〔註198〕胡適:《許怡蓀傳》,載胡適著、季羨林主編《胡適全集》第 1 卷,安徽教育出版社 2003 年版,第 722 頁。

〔註199〕王世家、止菴編《魯迅著譯編年全集》第 2 卷,人民出版社 2009 年版,第 167 頁。

〔註200〕王世家、止菴編《魯迅著譯編年全集》第 2 卷,人民出版社 2009 年版,第 229 頁。

〔註201〕陳獨秀:《憲法與孔教》,載《獨秀文存》卷一,上海書店 1989 年版,第 112 頁。

論，認為孔子是「數千年前之殘骸枯骨」〔註202〕，孔子之道已不能應對現代問題；孔子為「歷代帝王專制之護符」〔註203〕，今日提倡尊孔教，「此專制復活之先聲也」〔註204〕。他還說：「憲法者，現代國民自由之證券也。專制不能容於自由，即孔子不當存於憲法。」〔註205〕憲法草案中「國民教育以孔子之道為修身大本」的規定，必須刪改，以全憲法之效力。至於那部分尊崇孔子的國人，「盡可聽其自由以事傳播」，法律不能禁止，社會可以另外設法「獎助」。〔註206〕今日提倡反孔，並非掊擊孔子本身，而是「掊擊專制政治之靈魂」。〔註207〕

1918 年 2 月，胡適發表《不朽——我的宗教》一文，認為應該從德、言、功這種人格、功業、語言著作等「實在」情形而不應該從靈魂不滅方面肯定人的不朽。他因此批評當時的祭孔說：「孔教會的人每到了孔丘的生日，一定要舉行祭孔的典禮，還有些人學那『朝山進香』的法子，要趕到曲阜孔林去對孔丘的神靈表示敬意！其實孔丘的不朽全在他的人格與教訓，不在他那『在天之靈』。大總統多行兩次丁祭，孔教會多走兩次『朝山進香』，就可以使孔丘格外不朽了嗎？更進一步說，像那《三百篇》裏的詩人，也沒有姓名，也沒有事實，但是他們都可說是立言的不朽。為什麼呢？因為不朽全靠一個人的真價值，並不靠姓名事實的流傳，也不靠靈魂的存在。」〔註208〕

1919 年 11 月，胡適在反思新思潮問題時再次提到孔教問題。他說：「孔教的問題，向來不成什麼問題；後來東方文化與西方文化接近，孔教的勢力漸

〔註202〕守常：《孔子與憲法》，原載《甲寅》日刊，1917 年 1 月 30 日，今載中國李大釗研究會編注：《李大釗全集》第一卷，人民出版社 2006 年版，第 242 頁。

〔註203〕守常：《孔子與憲法》，原載《甲寅》日刊，1917 年 1 月 30 日，今載中國李大釗研究會編注：《李大釗全集》第一卷，人民出版社 2006 年版，第 242 頁。

〔註204〕守常：《孔子與憲法》，原載《甲寅》日刊，1917 年 1 月 30 日，今載中國李大釗研究會編注：《李大釗全集》第一卷，人民出版社 2006 年版，第 242 頁。

〔註205〕守常：《孔子與憲法》，原載《甲寅》日刊，1917 年 1 月 30 日，今載中國李大釗研究會編注：《李大釗全集》第一卷，人民出版社 2006 年版，第 242 頁。

〔註206〕守常：《孔子與憲法》，原載《甲寅》日刊，1917 年 1 月 30 日，今載中國李大釗研究會編注：《李大釗全集》第一卷，人民出版社 2006 年版，第 243 頁。

〔註207〕守常：《自然的倫理觀與孔子》，原載《甲寅》日刊，1917 年 2 月 4 日，今載中國李大釗研究會編注：《李大釗全集》第一卷，人民出版社 2006 年版，第 247 頁。

〔註208〕胡適：《不朽——我的宗教》，載胡適著、季羨林主編《胡適全集》第 1 卷，安徽教育出版社 2003 年版，第 661～662 頁。

漸衰微，於是有一班信仰孔教的人妄想要用政府法令的勢力來恢復孔教的尊嚴；卻不知道這種高壓的手段恰好挑起一種懷疑的反動。因此，民國四五年的時候，孔教會的活動最大，反對孔教的人也最多。孔教成為問題就在這個時候。現在大多數明白事理的人，已打破了孔教的迷夢，這個問題又漸漸的不成問題了，故安福部的議員通過孔教為修身大本的議案時，國內竟沒有人睬他們了！」〔註209〕安福俱樂部的政客和日本軍閥財閥合作，曾成立了西原借款和中日軍事協定。胡適說：「當時安福政權的護法大神是段祺瑞，而段祺瑞的腦筋是徐樹錚。徐樹錚是林紓的門生，頗自居於『衛道君子』之流。」〔註210〕

李大釗根本上不同意祭孔等活動，原因即在於中國的生活已發生了根本改變。他說：「他（按：指孔子）的學說，所以能在中國行了二千餘年，全是因為中國的農業經濟沒有很大的變動，他的學說適宜於那樣經濟狀況的原故。現在經濟上生了變動，他的學說，就根本動搖，因為他不能適應中國現代的生活、現代的社會。就有幾個尊孔的信徒，天天到曲阜去巡禮，天天截上洪憲衣冠去祭孔，到處建築些孔教堂，到處傳佈『子曰』的福音，也斷斷不能抵住經濟變動的勢力來維持他那『萬世師表』、『至聖先師』的威靈了。」〔註211〕

魯迅於 1918 年 4 月發表《狂人日記》，以文學筆法揭露封建禮教吃人的本質，鞭撻封建專制社會吃人的歷史。他還指斥尊孔復古派是「現在的屠殺者」，所以，「殺了『現在』，也便殺了『將來』」。〔註212〕吳虞的《吃人與禮教》，更是激烈地批判了孔子及舊禮教。

1937 年 4 月，胡適在撰文中指出當時的讀經情形說：「前幾年陳濟棠先生在廣東，何鍵先生在湖南，都提倡讀經。去年陳濟棠下野之後，現在提倡讀經的領袖，南方仍是何鍵先生，北方有宋哲元先生。何鍵先生本年在三中全會提出一個明令讀經的議案，他的辦法大致是要兒童從小學到中學十二年間，讀《孝經》《孟子》《論語》《大學》《中庸》。到了大學，應選讀他經。冀

〔註209〕胡適：《新思潮的意義》，載胡適著、季羨林主編《胡適全集》第 1 卷，安徽教育出版社 2003 年版，第 694 頁。

〔註210〕胡適：《紀念「五四」》，載胡適著、季羨林主編《胡適全集》第 22 卷，安徽教育出版社 2003 年版，第 271 頁。

〔註211〕李大釗：《由經濟上解釋中國近代思想變動的原因》，原載《新青年》第 7 卷第 2 號，1920 年 1 月 1 日，今載中國李大釗研究會編注：《李大釗全集》第三卷，人民出版社 2006 年版，第 149 頁。

〔註212〕魯迅：《現在的屠殺者》，載止庵，王世家編《魯迅著譯編年全集》第三卷，第 180 頁。

察兩省也有提倡小學中學讀經的辦法。」〔註213〕胡適還提到兩年前反對學校讀經的傅斯年（字孟真，1896～1950），因為他從歷史和事實兩方面考察了經學問題。胡適指出，傅斯年指出歷史上的三項事實：「（一）中國歷史上的偉大朝代創業都不靠經學，而後來提倡經學之後，國力往往衰弱；漢唐宋明都是實例。（二）經學在過去的社會裏，有裝點門面之用，並沒有修齊治平的功效；五經的勢力在政治上遠不如《貞觀政要》，在宗教道德上遠不如《太上感應篇》。（三）各個時代所謂經學，其實都只是每個時代的哲學；漢宋學者都只是用經學來傅會他們自己的時代思想；我們在今日要想根據五經來造這時代哲學是辦不到的了。」〔註214〕傅斯年基於現在事實，又指出兩點：「（一）現在兒童的小學中學課程已太繁重了，決不可再加上難讀的經書了。（二）經過這三百年來的樸學時代，我們今日應該充分承認六經的難讀：『六經雖在專門家手中也是半懂半不懂的東西，一旦拿來給兒童，教者不是渾沌混過，便要自欺欺人。』」〔註215〕胡適自己也覺得古代經典仍處在需要進行科學整理的時代，而近幾年來的「新經學」教訓是要我們知道古代經書的難讀，連博學的王國維先生在《與友人論〈詩〉〈書〉中成語》中也承認：「以弟之愚暗，於《書》所不能解者殆十之五，於《詩》亦十之一二」。胡適絕對反對小學校讀經，初、高中不妨選讀古經傳中容易瞭解的文字。而那些提倡讀經的文武諸公，真應該好好讀經，多聽聽正確的意見。

二、清末民初的經世思潮

經世致用，是中國儒學的精神祈向之一。清代嘉慶、道光年間，曾興起了一股經世思潮，既編纂了經世文編，又提出了針對現實的經世主張。比如，1826年，江蘇布政使賀長齡、魏源（1794～1857）編纂《皇朝經世文編》。另外，兩江總督陶澍、林則徐、龔自珍（1792～1841）、曾任臺灣道的姚瑩（1785～1853）、包世臣、湯鵬、何秋濤、張穆、福建巡撫徐繼畬（1795～1873）、吳鋌等人亦大倡經世主張。

〔註213〕胡適：《讀經平議》，載胡適著、季羨林主編《胡適全集》第22卷，安徽教育出版社2003年版，第540頁。

〔註214〕胡適：《讀經平議》，載胡適著、季羨林主編《胡適全集》第22卷，安徽教育出版社2003年版，第540～541頁。

〔註215〕胡適：《讀經平議》，載胡適著、季羨林主編《胡適全集》第22卷，安徽教育出版社2003年版，第541頁。

他們放眼世界，環顧全球，尋找中華復興之路。1842 年，魏源在林則徐編譯的《四洲志》基礎上，撰成《海國圖志》50 卷，後擴為 100 卷。他批評守舊者「徒知侈張中華，未睹寰瀛之大」，主張「洞悉夷情」，「師夷長技以制夷」。他主張去善師外夷，尤其要掌握四夷的三大「長技」，即戰艦、火器、養兵練兵之法。對內要推進改革，「去偽，去飾，去畏難，去養癰（引者按：或當為『癰』。），去營窟」，以便除去人心的「寐患」；「以實事程實功，以實功程實事」，以便除去人材的「虛患」。〔註216〕他說：「是書何以作？曰：為以夷攻夷而作，為以夷款夷而作，為師夷長技以制夷而作。」〔註217〕

他們既已內視己短，便欲呼喚人才橫空出世。龔自珍看到人才枯竭、道德淪落皆緣於君權獨大，所以他才說：「一祖之法無不敝，千夫之議無不靡，與其贈來者以勁改革，孰若自改革？」〔註218〕姚瑩則關心邊疆事務與國際疆域，主張學習西方數學、天文學等，警惕英國的侵略野心。1845 年，他「喋血飲恨」撰成《康輶紀行》，意圖「欲吾中國童叟，皆習見聞，知彼虛實，然後徐籌制夷之策」，「冀雪中國之恥，重邊海之防，免胥淪於鬼域」。〔註219〕他們從不同側面彰顯了經世致用之關切。

（一）中西「相需」「會通」論

近代中西體用、中西異質等觀念，是與東方文明與西方文明的比較研究相伴隨的。東方，原來只是一個地域性界定，現在則主要成為一種落後文化的符號。西方一些學者，甚至用近東、遠東，以表示這種差別的大小。

戊戌變法前，康有為就形成了會通中西的觀念。1891 年，他在信中批評近人「言洋學者，尊之如帝天；鄙洋事者，斥之為夷狄」的做法，認為這兩種人「皆未深求其故者也」。〔註220〕1898 年，他在代擬奏摺中指出，「中國人才衰弱之由，皆緣中西兩學不能會通之故。故由科舉出身者，於西學輒無所聞

〔註216〕魏源：《海國圖志原敘》，參魏源全集編輯委員會編校《魏源全集》第四冊，嶽麓書社 2004 年版，前附《原敘》第 2 頁。

〔註217〕魏源：《海國圖志原敘》，參魏源全集編輯委員會編校《魏源全集》第四冊，嶽麓書社 2004 年版，前附《原敘》第 1 頁。

〔註218〕龔自珍：《乙丙之際著議第七　勘豫》，載〔清〕龔自珍著、劉麒子整理《龔自珍全集》，浙江古籍出版社 2014 年版，第 7 頁。

〔註219〕姚瑩：《復光律原書》，《東溟文後集》卷 8，第 11 頁。

〔註220〕康有為：《與洪右臣給諫論中西異學書》，載康有為撰；姜義華，張榮華編校：《康有為全集》第一集，中國人民大學出版社 2007 年版，第 336 頁。

知，於中學亦茫然不解」，「非偏於此即偏於彼，徒相水火，難成通才」；然而中學與西學是體用關係，「中學體也，西學用也；無體不立，無用不行，二者相需，缺一不可」。〔註221〕所以，必須改革取士之法，將正科和經濟科合併，皆試策論，論則試經義、附以掌故，策則試時務、兼及專門，以「泯中西之界限，化新舊之門戶，庶體用並舉，人多通才」。〔註222〕

晚清以來的革命黨人倡導種族革命，簡直也革去了「中國數千年文明之命」，實為「一切取法歐美，甘為異族之奴」的怪異之舉。〔註223〕如果因為歐洲的「一日之強富，宮室器用之巧美，章程兵政之修明」，便「一切震而驚之，尊而奉之，自甘以為野蠻」，從而「舉中國數千道德教化之文明一切棄之」，這也絕對可以說是「大愚妄」了。〔註224〕

為什麼出現這種全棄中國之舊，盡納西方之新的思想主張呢？康有為認為其重要原因之一，便是淺嘗輒止之過。那些「新學之士」，因為「不能兼通中外之政俗，不能深維治教之本原」，在學習歐美時有饑不擇食的心態，方法上大有生吞活剝之嫌。他們「以歐美一日之強也，則溺惑之；以中國今茲之弱也，則鄙夷之。溺惑之甚，則於歐美弊俗秕政，歐人所棄餘者，摹仿之惟恐其不肖；鄙夷之極，則雖中國至德要道，數千年所尊信者，蹂躪之惟恐少有存也。於是有疑孔教為古舊不切於今者，有以為迂而不可行者」。〔註225〕此論雖旨在強調建立和發揚孔教的重要，卻能深明「全法歐美」的「奴」性思維與自暴自棄做法。

1913年7月，康有為撰《中國顛危誤在全法歐美而盡棄國粹說》，從立「國魂」的角度主張維護中國傳統的政治、教化、風俗。他說：「凡為國者，必有以自立也。其自立之道，自其政治、教化、風俗，深入其人民之心，化成

〔註221〕康有為：《請將經濟歲舉歸併正科並飭各省生童歲科試迅即遵旨改試策論摺》（代宋伯魯作），載康有為撰；姜義華，張榮華編校：《康有為全集》第四集，中國人民大學出版社2007年版，第306頁。

〔註222〕康有為：《請將經濟歲舉歸併正科並飭各省生童歲科試迅即遵旨改試策論摺》（代宋伯魯作），載康有為撰；姜義華，張榮華編校：《康有為全集》第四集，中國人民大學出版社2007年版，第306頁。

〔註223〕康有為：《中國還魂論》，載康有為撰；姜義華，張榮華編校：《康有為全集》第十集，中國人民大學出版社2007年版，第159頁。

〔註224〕康有為：《物質救國論》，載康有為撰；姜義華，張榮華編校：《康有為全集》第八集，中國人民大學出版社2007年版，第66頁。

〔註225〕康有為：《以孔教為國教配天議》，載康有為撰；姜義華，張榮華編校：《康有為全集》第十集，中國人民大學出版社2007年版，第91頁。

其神思，融洽其肌膚，鑄冶其群俗，久而固結，習而相忘，謂之國魂。」〔註226〕康有為所謂的國魂，便是孔子之道。他指斥那些「發狂妄行」的行徑道：「凡歐美之政治、風俗、法律，殆無不力追極模，如影之隨形，如弟之從師矣。凡中國數千年所留貽之政教、風俗、法度、典章，不論得失，不揣是非，掃之棄之，芟之除之，惟恐其易種於新邑矣。」〔註227〕這是一種「全法歐美而盡棄國粹」的極端做法，只能像「尼固之黑人」即美洲之黑奴，永做「歐美之奴」。康有為慷慨陳言道：「且吾之冒萬死以變法者，為救國有益耳，若於救國無關者，吾亦冒萬死力保舊俗、存禮教而保國魂也，吾惟視國利民福如何耳。昔以我為維新者非，今以我為守舊亦非也。若不顧一切，惟歐美是從，而棄其國性，是歐美之奴而已。」〔註228〕

　　歐美可學，但需要有鑒別、去取，要明確歐美各國「亦有不可效法之事」。若「於歐美之禮俗，不問其是非而師之法之；於中國之政治、禮俗、典章、法度，則不問其得失而皆掃之棄之」〔註229〕，便是妄學妄棄之舉，「苟妄師之，必生病害」〔註230〕。中國亦不是不能革除舊制，但需要穩，「且即欲盡掃除中國數千年之政治、風俗、典章、制度，或亦未嘗不可也，化民移俗，美成在久，次第以易之，從容以變之，漸漬以移之，憂悠以養之，安見其不可哉？若藉強力以行之於旦夕，挾大權以速之於歲月，則怫民之性，失國之魂，未有不發為大害者。其始民受其敝，其卒國受其敝」〔註231〕。如何鑒別、去取呢？歐美國家間的做法，是「各鑒其弊而損益之」，知道「立國自有本末，行政自有次第」，「但取其合於本國之情，而為至善之止耳」。〔註232〕所以，

<hr/>

〔註226〕康有為：《中國顛危誤在全法歐美而盡棄國粹說》，載康有為撰；姜義華，張榮華編校：《康有為全集》第十集，中國人民大學出版社2007年版，第129頁。

〔註227〕康有為：《中國顛危誤在全法歐美而盡棄國粹說》，載康有為撰；姜義華，張榮華編校：《康有為全集》第十集，中國人民大學出版社2007年版，第129頁。

〔註228〕康有為：《中國顛危誤在全法歐美而盡棄國粹說》，載康有為撰；姜義華，張榮華編校：《康有為全集》第十集，中國人民大學出版社2007年版，第140頁。

〔註229〕康有為：《中國顛危誤在全法歐美而盡棄國粹說》，載康有為撰；姜義華，張榮華編校：《康有為全集》第十集，中國人民大學出版社2007年版，第130頁。

〔註230〕康有為：《中華救國論》，載康有為撰；姜義華，張榮華編校：《康有為全集》第九集，中國人民大學出版社2007年版，第313頁。

〔註231〕康有為：《中國顛危誤在全法歐美而盡棄國粹說》，載康有為撰；姜義華，張榮華編校：《康有為全集》第十集，中國人民大學出版社2007年版，第130頁。

〔註232〕康有為：《中華救國論》，載康有為撰；姜義華，張榮華編校：《康有為全集》第九集，中國人民大學出版社2007年版，第313頁。

人們學習歐美時，分清政俗之末與道德之本，清楚「夫歐美之政俗，自有其道德維持之」，「非可執歐美之成文，舉而措之中國而即見效也」〔註233〕。而且，擇之在我，「必先發明中國教化之美，知孔教之宜於中國而光大之；歐美雖有美，不宜於中國，勿妄法也。而後庶乎其有救也」〔註234〕；「故夫今日不全師歐美，而自保國粹乎，則為自立之五千年文明中華人；若全師歐美，而盡棄國粹，則為永奴不齒之尼固人。今日少言自由、平等，俟吾國既富強後乃言之，則中華國千秋萬年，可與歐美自由、平等，而吾國民用真有民權、民意焉」〔註235〕。

梁啟超《歐遊心影錄》亦指出頑固派和西化派的可笑，他說：「國中那些老輩，故步自封，說什麼西學都是中國所固有，誠然可笑；那沉醉西風的，把中國什麼東西，都說得一錢不值，好像我們幾千年來，就像土蠻部落，一無所有，豈不更可笑嗎？」〔註236〕這都是缺乏反省所致。現在的青年們要在反省中進步。「第一步，要人人存個尊重愛護本國文化的誠意；第二要用那西洋人研究學問的方法去研究它，得他的真相；第三步，把自己的文化綜合起來，還拿別人的補助它，叫他起一種化合作用，成了一個新文化系統；第四步，把這新系統往外擴充，叫人類全體都得著他好處」。〔註237〕梁啟超提出的這幾步，很可以同社會學家費孝通先生 1990 年底提出的十六字箴言相對應：第一步即是所謂的「各美其美」，尊重愛護本國文化；第二步即是所謂的「美人之美」，科學對待外國文化；第三、四步即是所謂的「美美與共，天下大同」，各國文化良性發展，融合創新，推動人類文明進一步發展。

梁啟超《中國學術思想變遷之大勢》一書的結尾，更是強調學習西方，要以保持民族性為前提，而且要以國學為根基。他說：「但今日欲使外學之真精神普及於祖國，則當轉輸之任者，必邃於國學，然後能收其效。以嚴氏（復）

〔註233〕康有為：《中國顛危誤在全法歐美而盡棄國粹說》，載康有為撰；姜義華，張榮華編校：《康有為全集》第十集，中國人民大學出版社 2007 年版，第 130 頁。

〔註234〕康有為：《中國顛危誤在全法歐美而盡棄國粹說》，載康有為撰；姜義華，張榮華編校：《康有為全集》第十集，中國人民大學出版社 2007 年版，第 142 頁。

〔註235〕康有為：《中國顛危誤在全法歐美而盡棄國粹說》，載康有為撰；姜義華，張榮華編校：《康有為全集》第十集，中國人民大學出版社 2007 年版，第 140 頁。

〔註236〕梁啟超：《歐遊心影錄》，載梁啟超著，湯志鈞、湯仁澤編：《梁啟超全集·第十集·論著十》，中國人民大學出版社 2018 年版，第 84 頁。

〔註237〕梁啟超：《歐遊心影錄》，載梁啟超著，湯志鈞、湯仁澤編：《梁啟超全集·第十集·論著十》，中國人民大學出版社 2018 年版，第 85 頁。

與其他留學歐美之學僅相比較，其明效大驗矣。此吾所以汲汲欲以國學為我青年勸也。」〔註238〕

　　1910年，章太炎撰《論教育的根本要從自國自心發出來》一文，以為「本國沒有學說，自己沒有心得，那種國，那種人，教育的方法，只得跟別人走。本國一向有學說，自己本來有心得，教育路線自然不同」〔註239〕。而近來學者中存在兩種偏心：一是「只佩服別國的學說，對著本國的學說，不論精粗美惡，一概不採」；二是「在本國的學說裏頭，治了一項，其餘各項，都以為無足重輕，並且還要詆毀」。〔註240〕這種人隨人腳跟轉，失去自性，恰如奴僕。章太炎指出，「大凡講學問、施教育的，不可像賣古玩一樣，一時許多客人來看，就貴到非常貴；一時沒有客人來看，就賤到半文不值。自國的人，該講自國的學問，施自國的教育，像水火柴米一個樣兒，貴也是要用，賤也是要用，只問要用，不問外人貴賤的品評」〔註241〕。他還說：「至於別國所有中國所無的學說，在教育一邊，本來應該取來補助，斷不可學《格致古微》的口吻，說別國的好學說，中國古來都現成有的。要知道，凡事不可棄己所長，也不可攘人之善。」〔註242〕

　　1914年，楊昌濟發表《勸學篇》，闡述了保持民族文化的個性問題。他說：「夫一國有一國之民族精神，猶一人有一人之個性也。一國之文明，不能

〔註238〕梁啟超：《論中國學術思想變遷之大勢》，載梁啟超著，湯志鈞、湯仁澤編：《梁啟超全集·第三集》，中國人民大學出版社2018年版，第105頁。

〔註239〕章太炎：《論教育的根本要從自國自心發出來》，原載《教育今語雜誌》第三期，1910年5月8日出版，署名獨角，後載《章太炎的白話文》，今載上海人民出版社編、章念馳編訂：《章太炎全集·演講集》，上海人民出版社2015年版，第106頁。

〔註240〕章太炎：《論教育的根本要從自國自心發出來》，原載《教育今語雜誌》第三期，1910年5月8日出版，署名獨角，後載《章太炎的白話文》，今載上海人民出版社編、章念馳編訂：《章太炎全集·演講集》，上海人民出版社2015年版，第110頁。

〔註241〕章太炎：《論教育的根本要從自國自心發出來》，原載《教育今語雜誌》第三期，1910年5月8日出版，署名獨角，後載《章太炎的白話文》，今載上海人民出版社編、章念馳編訂：《章太炎全集·演講集》，上海人民出版社2015年版，第120頁。

〔註242〕章太炎：《論教育的根本要從自國自心發出來》，原載《教育今語雜誌》第三期，1910年5月8日出版，署名獨角，後載《章太炎的白話文》，今載上海人民出版社編、章念馳編訂：《章太炎全集·演講集》，上海人民出版社2015年版，第121頁。

全體移植於他國。」〔註243〕要治國，必須研究國家問題何在，做到對症下藥。他說：「善治病者，必察病人身體之狀態；善治國者，必審國家特異之情形。吾人求學海外，欲歸國而致之於用，不可不就吾國之情形深加研究，何者當因，何者當革，何者宜取，何者宜捨，了然於心，確有把握，而後可以適合本國之情形，而善應宇宙之大勢。」〔註244〕他深信「救國之道，捨學末由」〔註245〕，而海外求學，應該著眼於中國問題的解決，而且「學問非必悉求之於他國」，因「吾國有固有之文明，經、史、子、集義蘊閎深，正如遍地寶藏，萬年採掘而曾無盡時，前此之所以未能大放光明者，尚未諳取之之法耳」，若能在視野、眼光、方法等方面推進中國「舊學」，即「今以新時代之眼光，研究吾國之舊學，其所發明，蓋有非前代之人所能夢見者」。〔註246〕他希望能將拓新了的中國文明轉而增益世界，他說：「吾之所望者，在吾國人能輸入西洋之文明以自益，後輸出吾國之文明以益天下，既廣求世界之智識，復繼承吾國先民自古遺傳之學說，發揮而廣大之。」〔註247〕

回眸近代以來的一百多年的滄桑變幻，知識人對體用問題的思考與論爭，不僅僅是激進和保守的簡單判分就可以「一言以蔽之」的。是不是古代的一切皆壞？是不是中國文化都不如西洋文化？面對千年未有之變局，是拒斥不變，「墨守祖訓」，「遵守聖賢之遺教」，「嚴夷夏之大防」？還是迎新而上，「全盤西化」，「用夷變夏」？主張墨守不變者，昧於大勢。「全盤西化」者，又顯然悖於實際。相比較而言，「中體西用」似乎有調適二者而上之的理論高度。

（二）從維新到請德、賽二先生

如果給予「體」「用」以新解，予以廣義化疏釋，那麼，無論是溫和的文學改良、維新變法，還是激進的種族革命、暴力革命，在理論上都有某種整合性的視野，在實踐上又多少帶有某些合理的經世面向。

對中國傳統學術，有著儒學內部主敬派與經世派、漢學與宋學之間的論爭與調適。對於國外的技術、制度、文化，中國有識之士，力圖演而習之，以

〔註243〕楊昌濟著，王興國編注：《楊昌濟集》，湖南教育出版社 2008 年版，第 73 頁。
〔註244〕楊昌濟著，王興國編注：《楊昌濟集》，湖南教育出版社 2008 年版，第 73 頁。
〔註245〕楊昌濟著，王興國編注：《楊昌濟集》，湖南教育出版社 2008 年版，第 72 頁。
〔註246〕楊昌濟著，王興國編注：《楊昌濟集》，湖南教育出版社 2008 年版，第 76 頁。
〔註247〕楊昌濟著，王興國編注：《楊昌濟集》，湖南教育出版社 2008 年版，第 76 頁。

求「超勝」。

1826 年，桐城派方東樹（1772～1851）撰成《漢學商兌》，以為「附宋學者，或有愁儒；攻程朱者，必無君子，心術邪也」〔註248〕，斥責漢學「啟後學空疏之陋」〔註249〕，其害勝於「洪水猛獸」：「今漢學家首以言理為屬禁，是率天下而從於昏也。拔本塞源，邪說橫議，較之楊、墨、佛、老而更陋，擬之洪水猛獸而更凶」〔註250〕。其後出現不少理學名臣，像曾被閒置的倭仁、李棠階、吳廷棟等被先後委以重任，形成理學中的主敬派；曾國藩被授為欽差大臣、兩江總督，成為理學中經世派中堅。

主敬派以儒學正統自居，以為天下國家靠人心來維繫，而人心善惡卻取決於學術的正邪。他們以程朱為「正學」，力圖在引發的程朱陸王之辯、君子小人之辯、夷夏之辯、義利之辯等中，持守理學門戶。

然而，理學家向內的工夫，很大程度上會障蔽他們通向外面世界的正確通道。胡適曾言：「古代的宗教大抵注重個人的拯救；古代的道德也大抵注重個人的修養。雖然也有自命普渡眾生的宗教，雖然也有自命兼濟天下的道德，然而終苦於無法下手，無力實行，只好仍舊回到個人的身心上用工夫，做那向內的修養。越向內做工夫，越看不見外面的現實世界；越在那不可捉摸的心性上玩把戲，越沒有能力應付外面的實際問題。即如中國八百年的理學工夫居然看不見二萬萬婦女纏足的慘無人道！明心見性，何補於人道的苦痛困窮！坐禪主敬，不過造成許多『四體不勤，五穀不分』的廢物！」〔註251〕言辭所向，直指理學流弊。

近代以來，「天朝上國」敗於「蕞爾小夷」，時人驚呼為「千古未有之奇變」、「夷禍之烈極矣」，「實為數千年來未有之變局」〔註252〕。魏源主張「師夷長技以制夷」。李鴻章說：「中國在五大洲中自古稱最強大，今乃為小邦所

〔註248〕〔清〕方東樹纂；漆永祥點校：《漢學商兌》，鳳凰出版社 2016 年版，第 207 頁。

〔註249〕〔清〕方東樹纂；漆永祥點校：《漢學商兌》，鳳凰出版社 2016 年版，第 192 頁。

〔註250〕〔清〕方東樹纂；漆永祥點校：《漢學商兌》，鳳凰出版社 2016 年版，第 208 頁。

〔註251〕胡適：《我們對於西洋近代文明的態度》，載胡適著、季羨林主編《胡適全集》第 3 卷，安徽教育出版社 2003 年版，第 9 頁。

〔註252〕李鴻章：《籌議海防摺》，載顧廷龍、戴逸主編：《李鴻章全集》6《奏議六》，安徽教育出版社、安徽出版集團 2008 年版，第 159 頁。

輕，視練兵製器購船諸事，師彼之長，去我之短，及今為之，而已遲矣。若再因循不辦，或旋作旋輟，後患殆不忍言。」〔註 253〕恭親王奕訢亦強調：「治國之道，在乎自強，而審時度勢，則自強以練兵為要，練兵又以製器為先。」（《籌辦夷務始末》卷 25）1860 年，曾國藩奏稱：「目前資夷力以助剿濟運，得紓一時之憂，將來師夷智以造炮製船，尤可斯永遠之利。」（全集卷 15 奏稿）左宗棠總結時局說：「自海上用兵以來，泰西諸邦以機器輪船橫行海上，英、法、德、俄又各以船炮互相矜耀，日競其鯨吞蠶食之謀，乘虛蹈瑕，無所不至，此時而言自強之策，又非師遠人之長還以治之不可。」（《學藝說帖》）他有個名言，稱「借不如雇，雇不如買，買不如自造」，主張在中國創辦造船廠，以為「內紓國計利民生，外銷異患樹強援，舉在乎此」。（《上總理各國事務衙門》）同治元年（1862 年），李鴻章率淮軍到上海後，見西洋船炮精良，深知「中國文武制度，事事遠出西人之上，獨火器不能及」。（《籌辦夷務始末》卷 25）他曾說「外須和戎，內須變法」，因列強實力強大，「彼之軍械強於我，技藝精於我，即暫勝必終敗」，用「旗綠營弓箭刀矛抬鳥槍舊法」顯然已經不能制勝外敵。〔註 254〕

1866 年底，洋務派籌備在同文館內添設天文算學館，擬招 30 歲以下漢文初通的科甲正途人員入館學習。1867 年 3 月，御史張盛藻反對說：「朝廷命官必用科甲正途者，為其讀孔孟之書，學堯舜之道，明體達用，規模宏遠也，何必令其習為機巧，專明製造輪船、洋槍之理乎？」隨後，大學士倭仁亦奏稱，「立國之道尚禮義不尚權謀，根本之圖在人心不在技藝」。倭仁說：「天下之大，不患無才，如以天文、算學必須講習，博採旁求，必有精其術者，何必夷人，何必師事夷人？」如果這些科甲正途者「變而從夷，正氣為之不伸，邪氛因而彌熾，數年之後，不盡驅中國之眾咸歸於夷不止」。在革新自強、求變救亡的時代主題面前，固守本國學術，盲目樂觀，就顯得迂腐可笑了。梁啟超將這種盲目樂觀的國粹論稱為「不健全的愛國論」，並將其主要觀點概括為如下這段話：「我國為文明最古之國，我民為德性最美之民，泰西學術，多為吾先哲所見及，其大本大原，遠不逮我，若夫形而下之技術，則

〔註 253〕李鴻章：《籌議海防摺》附《議覆條陳》，載顧廷龍、戴逸主編：《李鴻章全集》6《奏議六》，安徽教育出版社、安徽出版集團 2008 年版，第 166 頁。
〔註 254〕李鴻章：《籌議海防摺》附《議覆條陳》，載顧廷龍、戴逸主編：《李鴻章全集》6《奏議六》，安徽教育出版社、安徽出版集團 2008 年版，第 160 頁。

採之易易耳。至其禮教風俗，則更一無足取，吾但保存吾國粹而發揮之，斯足以為治矣。」梁氏以為，這種論調，同光諸老曾盛倡之，中間稍衰熄，而近來受革命形勢影響，再次昌熾。梁啟超說：「夫人生天地間，本不宜妄自菲薄。為此說者，藉以鼓厲〔勵〕國民自重之心，有時固亦薄收其效。然長國民故見自封之習，而窒其虛受進取之心，則功遠不足以償其罪也。」〔註255〕必須認清今日作為「智識競爭之世界」的形勢，中國現在社會人心「依然為千百年來舊染所錮蔽，暮氣沉沉，惰力滿滿」，國民必須「痛自警醒，痛自改悔，慊然自知不足」，拋棄掉那種「虛矯自大苟安自欺之心」，以「挽此頹風一新國命」。〔註256〕

經世派常以革新的面目出現。嘉道年間，活躍於湖南的賀長齡便倡導「義理、經濟」合一，試圖以經世實學與義理之學融合為一。朱琦曾說：「學之途有三：曰義理也，考訂也，詞章也。三者皆聖人之道也。」〔註257〕曾國藩則說：「為學之術有四：曰義理，曰考據，曰辭章，曰經濟。義理者，在孔門為德行之科，今世目為宋學者也。考據者，在孔門為文學之科，今世目為漢學者也。辭章者，在孔門為言語之科，從古藝文及今世制義詩賦皆是也。經濟者，在孔門為政事之科，前代典禮、政書及當世掌故皆是也。」〔註258〕這便將「經濟」從「義理」中獨立出來，與孔門四科遙相呼應，形成了「義理」、「考據」、「辭章」、「經濟」的「為學之術有四」的學術格局，更推進了姚鼐將儒學三分的認識。

同治、光緒年間，出現漢宋調和之局。漢學派中的陳澧（字蘭甫，號東塾，1810～1882）、黃式三、王先謙等人亦主張漢宋調和，這為以後中國學術兼採漢宋，融鑄內生資源而創新發展，起到了一定的理論準備作用。漢學「實事求是」的宗旨，也被曾國藩解釋為宋學的「即物窮理」。他說：「夫所謂事者，非物乎？是者，非理乎？實事求是，非即朱子所稱即物窮理者乎？」〔註259〕還

〔註255〕梁啟超：《國民淺訓》，載梁啟超著，湯志鈞、湯仁澤編：《梁啟超全集·第九集》，中國人民大學出版社2018年版，第486頁。
〔註256〕梁啟超：《國民淺訓》，載梁啟超著，湯志鈞、湯仁澤編：《梁啟超全集·第九集》，中國人民大學出版社2018年版，第487頁。
〔註257〕朱琦：《辯學上》，《怡志堂集》卷1，第1頁。
〔註258〕曾國藩：《勸學篇示直隸士子》，載〔清〕曾國藩撰《曾國藩全集》第14冊，嶽麓書社2011年版，第486頁。
〔註259〕曾國藩：《書〈學案小識〉後》，載〔清〕曾國藩撰《曾國藩全集》第14冊，嶽麓書社2011年版，第229頁。

說：「即物窮理云者，古昔賢聖共由之軌，非朱子一家之創解也。」〔註260〕

朱次琦，字稚圭，號子襄，南海縣九江堡人，道光進士，曾任知縣，後辭官歸鄉開館授徒，人稱九江先生。康有為曾師從朱九江，稱他為清代二百年來無人能比的「大賢巨儒」：「梨洲精矣，而奇俠氣多！船山深矣，而矯激太過！先生之學行，或與亭林為近似；而平實敦大過之！」受朱先生之教，「乃得聞中國數千年學術之源流，治教之正變，九流之得失，古人群書之指歸，經說之折衷」，常使康有為有「旅人之得宿，如盲者之睹明」之感，甚至願「洗心絕欲，一意歸依，以聖賢為必可期，以群書為三十歲前必可讀，以一身為必能有立，以天下為必可為。從此謝絕科舉之文，土芥富貴之事，超然立於群倫之表，與古賢豪君子為群」〔註261〕。梁啟超說康有為「理學政學之基礎，皆得諸九江」，此可見也。

康有為「購《萬國公報》，大攻西學書」，眼界大開。他以儒家的馬丁·路德自任，力圖尋找「救中國之法」，重闡春秋公羊學，重估儒家真精神，重塑孔子形象，提出「進步的儒學」、「尊崇博愛的儒家」、「平等的儒教」等設想，意圖將自由、平等、博愛、民主與憲政等現代精神注入儒學，促成傳統儒學的現代化。為了「別造新國之才以救國」，康有為於1891年在廣州開館講學，為國儲才，影響數省三千學子。譚嗣同（字復生，號壯飛，1865～1898）面對時艱，敢於沖決封建網羅，主張「主中學之道，用西方之技，尊己卑人」。其後思想轉向維新，由尊己卑人轉為尊人卑己，由器變道不變轉為道法皆變，並創立仁學，「以求仁為宗旨，以大同為條理，以救中國為下手，以殺身破家為究竟」。康門十大弟子之一的韓文舉（字樹園，號孔庵，1864～1944），早年入萬木草堂讀書，後追隨康有為從事變法維新，曾任時務學堂教習。韓文舉撰《國朝六大可惜論》，論甲午海戰之後的形勢，指出清廷六種失策與可惜，提出「振奮民族精神，籌劃國家富強之策」的主張，以為要富強，便要「械而精銳，艦而充塞，器而工巧，商而繁溢，民而饒富，農而沃衍，學而駢闐，會而萃聚」。〔註262〕

今天看來，維新派的革新主張並不徹底，主要在於他們對君主制度容留

〔註260〕曾國藩：《書〈學案小識〉後》，載〔清〕曾國藩撰《曾國藩全集》第14冊，嶽麓書社2011年版，第229頁。
〔註261〕康有為：《我史》，江蘇人民出版社1999年版，第6頁。
〔註262〕陳漢才：《康門弟子述略》，廣東高等教育出版社1991年版，第26頁。

了極大的空間。1898 年 1 月 29 日，康有為上奏《應詔統籌全局摺》，即《上清帝第六書》，主張開制度局將舊制新政，斟酌其宜，借君權變法，推行自上而下的革新。〔註263〕據他在《國聞報》上所載《答人論議院書》所言，他相信光緒帝為英明之主，能收變法之速效；相反，老百姓卻「皆如童幼嬰孩」而不能「自主」。

1898 年 6 月 11 日，光緒帝頒布由翁同龢草擬的「定國是詔」，標誌維新變法開始。詔書中說：「用特明白宣示，嗣後中外大小諸臣，自王公以及士庶，各宜努力向上，發憤為雄，以聖賢義理之學植其根本，又須博採西學之切於時務者實力講求，以救空疏迂謬之弊。」〔註264〕6 月 16 日，光緒帝在頤和園召見康有為，任其在總理衙門章京上行走，准許專摺奏事。康有為建議光緒「就皇上現有之權，行可變之事」〔註265〕。

康有為的維新是有限度的，計劃是謹慎的。相比較而言，陳獨秀等人的反對國粹和舊文學，高張文學革命大旗，就顯得很是疾風暴雨式了。

1919 年 1 月，陳獨秀在《新青年》第六卷一號發表文章，熱情讚揚「德先生」和「賽先生」。他說：「要擁護那德先生，便不得不反對孔教、禮法、貞節、舊倫理、舊政治；要擁護那賽先生，便不得不反對舊藝術、舊宗教；要擁護德先生又要擁護賽先生，便不得不反對國粹和舊文學。」〔註266〕他還說：「西洋人因為擁護德、賽兩先生，鬧了多少事，流了多少血，德、賽兩先生才漸漸從黑暗中把他們救出，引到光明世界。我們現在認定，只有這兩位先生，可以救治中國政治上、道德上、學術上、思想上一切的黑暗。若因為擁護這兩位先生，一切政府的壓迫，社會的攻擊笑罵，就是斷頭流血，都不推辭。」〔註267〕

胡適回國之初，讀到張之純的《中國文學史》，甚不以為然，以為該書缺乏歷史觀念，把一代的興亡與崑曲的盛衰看作有因果的關係。適胡進而想到，其實當日談文學的人「大多沒有歷史進化的觀念」，而正「因為沒有歷史進化

〔註263〕康有為：《上清帝第六書（應詔統籌全局摺）》，載康有為撰；姜義華，張榮華編校：《康有為全集》第四集，中國人民大學出版社 2007 年版，第 17 頁。
〔註264〕《德宗景皇帝實錄》第 418 卷，第 15 頁。
〔註265〕《康南海自編年譜》。
〔註266〕陳獨秀：《〈新青年〉罪案之答辯書》，載《獨秀文存》卷一，上海書店 1989 年版，第 362 頁。
〔註267〕陳獨秀：《〈新青年〉罪案之答辯書》，載《獨秀文存》卷一，上海書店 1989 年版，第 363 頁。

觀念，故雖是『今人』，卻要做『古人』的死文字；雖是二十世紀的人，偏要說秦、漢、唐、宋的話。即以戲劇一個問題而論，那班崇拜現行的西皮二黃戲，認為『中國文學美術的結晶』的人，固是不值一駁；就有些人明知現有的皮黃戲實在不好，終不肯主張根本改革，偏要主張恢復崑曲。」〔註268〕既然皮黃戲不好而難以復興，則崑曲既衰亡於道咸之時，必不能中興於既亡之後。所以，無論主張恢復崑曲，還是崇拜皮黃，都是同樣地不合時宜，違離了歷史進化的軌道。

（三）小說「新民」及「救國」

文學當然會進化，然而文學的進化又必然與文學的社會適應性調節相應，因此，文學經世話題便又是一個與文學界的各類「革命」、「改良」相關的議題。

下面，我們將對當時的小說「新民」及「救國」的議題略加引述。

梁啟超在1903年撰寫的《論小說與群治之關係》中，已關注到小說在開啟民智方面的改良作用。他在開篇即說：「欲新一國之民，不可不先新一國之小說。故欲新道德，必新小說；欲新宗教，必新小說；欲新政治，必新小說；欲新風俗，必新小說；欲新學藝，必新小說；乃至欲新人心，欲新人格，必新小說。何以故？小說有不可思議之力支配人道故。」〔註269〕他以為小說寓有「薰」、「浸」、「刺」、「提」四種「神力」。這四種神力能讓教主立教門，能讓政治家組織政黨，小說是這四種神力「所最易寄者」，小說可以說是既「可愛」，又「可畏」。〔註270〕所以，「今日欲改良群治，必自小說界革命始！欲新民，必自新小說始」〔註271〕！

陸紹明的《月月小說發刊詞》以為，預備立憲之詔已下，多數國民卻於民權自由學說瞢然，為此，「小說當為開通智識之一助，而進國民於立憲資格」。一時，許多文學刊物亦大倡「小說救國」論。

胡適曾指出自己通用文學革命推進社會改良的初衷。他說：「繼《新青年》

〔註268〕 胡適：《文學進化觀念與戲劇改良》，載胡適著、季羨林主編《胡適全集》第1卷，安徽教育出版社2003年版，第138頁。

〔註269〕 梁啟超：《論小說與群治之關係》，載梁啟超著，湯志鈞、湯仁澤編：《梁啟超全集·第四集·論著四》，中國人民大學出版社2018年版，第49頁。

〔註270〕 梁啟超：《論小說與群治之關係》，載梁啟超著，湯志鈞、湯仁澤編：《梁啟超全集·第四集·論著四》，中國人民大學出版社2018年版，第51頁。

〔註271〕 梁啟超：《論小說與群治之關係》，載梁啟超著，湯志鈞、湯仁澤編：《梁啟超全集·第四集·論著四》，中國人民大學出版社2018年版，第52頁。

之後，我加入了陳獨秀、李大釗所辦的《每週評論》。那時我有一個主張，認為我們要替將來中國奠定非政治的文化基礎，自己應有一種禁約，不談政治、不參加政治、不與現實政治發生關係，專從文學和思想兩方著手，做一個純粹的思想文化運動。所以我從那個時候起二十年不談政治、不干政治，這是我自己的禁約。」〔註272〕二十年後，因抗戰時期政府徵調國民服務，胡適才到美國去做非正式的國民外交，後被委派為駐美大使，做了四年外交官。

魯迅指出，小說可以作為一種知識普及手段。如果僅是「臚陳科學，常人厭之，閱不終篇，輒欲睡去」，「惟假小說之能力，被優孟之衣冠，則雖析理譚玄，亦能浸淫腦筋，不生厭倦」，「故掇取學理，去莊而諧，使讀者觸目會心，不勞思索，則必能於不知不覺間，獲一斑之智識，破遺傳之迷信，改良思想，補助文明」。〔註273〕這其實就像是借船下海，較好地運用文藝的形式宣傳科學理論的內容。魯迅說：「我們國民的學問，大多數卻實在靠著小說，甚至於還靠著從小說編出來的戲文。雖是崇奉關岳的大人先生們，倘問他心目中的這兩位『武聖』的儀表，怕總不免是細著眼睛的紅臉大漢和五綹長鬚的白面書生，或者還穿著繡金的緞甲，脊樑上還插著四張尖角旗。」〔註274〕

就科學小說而論，魯迅較為看重其在科普方面的作用。他說：「我國說部，若言情、談故、刺時、志怪者，架棟汗牛，而獨於科學小說，乃如麟角。智識荒隘，此實一端。故苟欲彌今日譯界之缺點，導中國人群以進行，必自科學小說始。」〔註275〕

1923年初，魯迅指出，「凡當中國自身爛著的時候，倘有什麼新的進來，舊的便照例有一種異樣的掙扎」，歷史上有道士「亂偷佛經造道經」、反過來罵佛經、害和尚的亂象，現在又有佛教徒「以國粹自命而排斥西學」的昏憒可憐，「但中國人，所擅長的是所謂『中庸』，於是終於佛有釋藏，道有道藏，

〔註272〕胡適：《報業的真精神》，載胡適著、季羨林主編《胡適全集》第20卷，安徽教育出版社2003年版，第699頁。

〔註273〕魯迅：《月界旅行辨言》，初印入1903年10月東京進化社版《月界旅行》，載王世家、止菴編《魯迅著譯編年全集》第1卷，人民出版社2009年版，第28頁。

〔註274〕魯迅：《馬上支日記》（1926年7月5日），參王世家、止菴編《魯迅著譯編年全集》第7卷，第201頁。

〔註275〕魯迅：《月界旅行辨言》，初印入1903年10月東京進化社版《月界旅行》，載王世家、止菴編《魯迅著譯編年全集》第1卷，人民出版社2009年版，第28頁。

不論是非，一齊存在」。〔註276〕現在流行「新文藝」，是外來的新興潮流，許多人又開始渴望有所謂「舊文化小說」的出現了。

魯迅自言，當時自己創作小說時，小說在中國還不算文學，做小說的也決不能稱為文學家。自己在各種因緣下從事創作，「也並沒有要將小說抬進『文苑』裏的意思，不過想利用他的力量，來改良社會」〔註277〕。慢慢地，自己的主見日益顯露出來，創作特點也顯現了：「自然，做起小說來，總不免自己有些主見的。例如，說到『為什麼』做小說罷，我仍抱著十多年前的『啟蒙主義』，以為必須是『為人生』，而且要改良這人生。我深惡先前的稱小說為『閒書』，而且將『為藝術的藝術』，看作不過是『消閒』的新式的別號。所以我的取材，多採自病態社會的不幸的人們中，意思是在揭出病苦，引起療救的注意。所以我力避行文的嘮叨，只要覺得夠將意思傳給別人了，就寧可什麼陪襯拖帶也沒有。中國舊戲上，沒有背景，新年賣給孩子看的花紙上，只有主要的幾個人（但現在的花紙卻多有背景了），我深信對於我的目的，這方法是適宜的，所以我不去描寫風月，對話也決不說到一大篇。」〔註278〕

在胡適發表了溫和的《文學改良芻議》之後，「文學革命的急先鋒」陳獨秀便發表了《文學革命論》，聲稱願「甘冒全國學究之敵」而高張「文學革命軍」的大旗，「旗上大書特書吾革命軍三大主義：曰推倒雕琢的阿諛的貴族文學，建設平易的抒情的國民文學；曰推倒陳腐的鋪張的古典文學，建設新鮮的立誠的寫實文學；曰推倒迂晦的艱澀的山林文學，建設明瞭的通俗的社會文學。」〔註279〕他的文學革命主張，由消極的「八不主義」進到積極的「三推倒三建設主義」，而且反思了政治界的三次革命，以為「盤踞吾人精神界根深蒂固之倫理道德文學藝術諸端，莫不黑幕層張，垢污深積」〔註280〕，致使「單獨的政治革命」不能產生明確的社會效果。因此，後來

〔註276〕魯迅：《關於〈小說世界〉》，載王世家、止菴編《魯迅著譯編年全集》第 5 卷，人民出版社 2009 年版，第 9 頁。

〔註277〕魯迅：《我怎麼做起小說來》，參王世家、止菴編《魯迅著譯編年全集》第 15 卷，第 75 頁。

〔註278〕魯迅：《我怎麼做起小說來》，參王世家、止菴編《魯迅著譯編年全集》第 15 卷，第 76 頁。

〔註279〕陳獨秀：《文學革命論》，載《獨秀文存》卷一，上海書店 1989 年版，第 136 頁。

〔註280〕陳獨秀：《文學革命論》，載《獨秀文存》卷一，上海書店 1989 年版，第 135 頁。

陳獨秀的文學革命便不僅是文學形式、文學題材的革新問題，而且也注重了文學創作旨趣、社會效果，突出了將改造國民性與革新政治結合起來的特色。

陳獨秀主張「建設必先之以破壞」〔註281〕。他認為，對於那些造成國民性缺憾的倫理道德、載道之文，必須大加撻伐。陳獨秀說：「一國之民，精神上、物質上如此退化、如此墮落，即人不我伐，亦有何顏面、有何權利生存於世界？」〔註282〕。陳獨秀批評那些掛著共和招牌，卻尊重孔教的人，他們笑罵提倡國民文學者，照舊推崇思君、明道的舊文學。他說：「這腐舊思想布滿國中，所以我們要誠心鞏固共和國體，非將這班反對共和的倫理、文學等等舊思想，完全洗刷得乾乾淨淨不可。否則不但共和政治不能進行，就是這塊共和招牌，也是掛不住的。」〔註283〕

從建設一方面來看，胡適等人創辦期刊，希望從革新人們的思想觀念方面打開缺口。胡適說：「從此以後，《努力》的同人漸漸地朝著一個新的方向去努力。那個新的方向便是思想的革新。」〔註284〕《努力》雜誌曾是觸發「科學與人生」論戰的陣地，其中也刊發了圍繞「好政府主義」進行論爭的最重要的政論文章。但胡適以為，他們創辦的《努力》雜誌刊登的文章裏最有價值的不是政論文章，而是「批評梁漱溟、張君勱一班先生的文章和《讀書雜誌》裏討論古史的文章」。他說：「如果《新青年》能靠文學革命運動而不朽；那麼，《努力》將來在中國的思想史上占的地位應該靠這兩組關於思想革命的文章，而不靠那些政治批評，——這是我敢深信的。」〔註285〕《努力》雖因故暫時停刊，但胡適仍提出進一步的設想，他說：「雖然將來的新《努力》已決定多做思想文學上的事業，但我們深信『沒有不在政治史上發生影響的文化』（《努力》第七期），我們的新《努力》和這一年半的《努力》在精神上是

〔註281〕陳獨秀：《三答常乃惪》，載《獨秀文存》卷三，上海書店1989年版，第55頁。

〔註282〕陳獨秀：《我之愛國主義》，載《獨秀文存》卷一，上海書店1989年版，第86頁。

〔註283〕陳獨秀：《舊思想與國體問題》，載《獨秀文存》卷一，上海書店1989年版，第151頁。

〔註284〕胡適：《一年半的回顧》，載胡適著、季羨林主編《胡適全集》第2卷，安徽教育出版社2003年版，第509頁。

〔註285〕胡適：《一年半的回顧》，載胡適著、季羨林主編《胡適全集》第2卷，安徽教育出版社2003年版，第510頁。

繼續連貫的，只是材料和方法稍有不同罷了。」〔註 286〕

　　胡適曾和朋友們商量，復刊後的《努力》可以改組成半月刊或月刊，「專從文藝思想方面著力，但亦不放棄政治」〔註 287〕。他結合 20 多年的雜誌變遷說：「二十五年來，只有三個雜誌可代表三個時代。」〔註 288〕這三個雜誌分別是《時務報》《新民叢報》和《新青年》，但有一定影響的《民報》與《甲寅》還不能算作代表。對於《新青年》的貢獻，胡適是肯定的，只是還覺得有點可惜。他說：「《新青年》的使命在於文學革命與思想革命。這個使命不幸中斷了，直到今日。倘使《新青年》繼續至今，六年不斷的作文學思想革命的事業，影響定然不小了。」〔註 289〕他結合新《努力》的辦刊設想談未來的事業，以為當在「擴充《努力》使他直接《新青年》三年前未竟的使命，再下二十年不絕的努力，在思想文藝上給中國政治建築一個可靠的基礎。」〔註 290〕

　　在魯迅看來，五四運動前，胡適提倡「文學革命」，不過是文學上的「革新」，「改換一個字，就很平和了」，其大意是並不像法國革命那樣可怕，不過是說：我們要說「現代的活人的話」，而「不必再去費盡心機，學說古代的死人的話」；「不要將文章看作古董，要做容易懂得的白話的文章」。〔註 291〕魯迅還指出：「然而，單是文學革新是不夠的，因為腐敗思想，能用古文做，也能用白話做。所以後來就有人提倡思想革新。思想革新的結果，是發生社會革新運動。這運動一發生，自然一面就發生反動，於是便釀成戰鬥⋯⋯」〔註292〕現在，「我們要活過來，首先就須由青年們不再說孔子孟子和韓愈柳宗元們的話」，「我們要說現代的，自己的話；用活著的白話，將自己的思想、感情

〔註 286〕胡適：《一年半的回顧》，載胡適著、季羨林主編《胡適全集》第 2 卷，安徽教育出版社 2003 年版，第 511 頁。

〔註 287〕胡適：《與一涵等四位的信》，載胡適著、季羨林主編《胡適全集》第 2 卷，安徽教育出版社 2003 年版，第 512 頁。

〔註 288〕胡適：《與一涵等四位的信》，載胡適著、季羨林主編《胡適全集》第 2 卷，安徽教育出版社 2003 年版，第 513 頁。

〔註 289〕胡適：《與一涵等四位的信》，載胡適著、季羨林主編《胡適全集》第 2 卷，安徽教育出版社 2003 年版，第 513 頁。

〔註 290〕胡適：《與一涵等四位的信》，載胡適著、季羨林主編《胡適全集》第 2 卷，安徽教育出版社 2003 年版，第 513 頁。

〔註 291〕魯迅：《無聲的中國》，載王世家、止菴編《魯迅著譯編年全集》第 8 卷，人民出版社 2009 年版，第 42 頁。

〔註 292〕魯迅：《無聲的中國》，載王世家、止菴編《魯迅著譯編年全集》第 8 卷，人民出版社 2009 年版，第 42 頁。

直白地說出來」〔註 293〕在這裡，青年要敢於嘗試，要能承受住前輩先生的非笑，「青年們先可以將中國變成一個有聲的中國。大膽地說話，勇敢地進行，忘掉了一切利害，推開了古人，將自己的真心的話發表出來」〔註 294〕，因為「只有真的聲音，才能感動中國的人和世界的人；必須有了真的聲音，才能和世界的人同在世界上生活」〔註 295〕。

本章小結

　　晚清以降的中國文化思想界，論旨叢生，眾議紛紜。如果能夠進行全面的文化檢省，尤其應該可以分清：中國古代的不全是孔子及舊禮教，尤其是不能用舊禮教中的不合理部分代替中國傳統文化。

　　對於當時發生在文學領域的革新訴求，尤其應該給予多面向的「同情的理解」。在胡適那裡，文學進化觀有四層意義，而第一層即總論文學的進化：「文學乃是人類生活狀態的一種記載，人類生活隨時代變遷，故文學也隨時代變遷，故一代有一代的文學。」〔註 296〕文學隨時代而變遷，雖然不一定是盡棄其故常，卻絕非繼續其舊軌。這一新舊相繼、遞相沿革的新陳代謝規律，應該是萬世不磨的「鐵律」。

　　20 世紀 80 年代中期，中國學人開始認識到當時面臨著兩大「斷裂帶」，即與傳統文化的斷裂帶和與當代世界的斷裂帶。在集中反省、追溯文化斷裂的成因時，有人認為是「五四」新文化運動造成的。劉夢溪卻以為，不能如此簡單化，應該「有所分解才不致偏頗」。他說：「1919 年『五四』前後開始的新文化運動，矛頭當然是指向傳統文化的，但攻擊的重點是專制的封建制度和吃人的舊禮教，同時鼓吹新文學，反對舊文學；提倡白話文，反對文言文。正面主張則是德、賽兩先生，即民主與科學。當時搏擊於時代浪潮峰巔的優秀分子，一個個都是舊學根底極深厚的學問家，他們何曾要否定一切傳統文

〔註 293〕　魯迅：《無聲的中國》，載王世家、止菴編《魯迅著譯編年全集》第 8 卷，人民出版社 2009 年版，第 43 頁。

〔註 294〕　魯迅：《無聲的中國》，載王世家、止菴編《魯迅著譯編年全集》第 8 卷，人民出版社 2009 年版，第 43 頁。

〔註 295〕　魯迅：《無聲的中國》，載王世家、止菴編《魯迅著譯編年全集》第 8 卷，人民出版社 2009 年版，第 44 頁。

〔註 296〕　胡適：《文學進化觀念與戲劇改良》，載胡適著、季羨林主編《胡適全集》第 1 卷，安徽教育出版社 2003 年版，第 139 頁。

化？論辯中過激之辭容或有之，如錢玄同提出可以廢棄漢字，但這不過是『用石條壓駝背的醫法』，《新青年》的同人並不贊成。陳獨秀發表的《本志罪案之答辯書》對此已有明辯。何況，言論和宣傳，效果終於有限。只用口和筆，不訴諸刀和劍，文化運動不與政權的力量結合，無論口號怎樣激烈，也起不到斬斷文化傳統的作用。『打倒孔家店』的口號雖然提出過，但同時也有人在尊孔、祭孔；一方面反對讀經，另一方面讀經者大有人在。五四運動的先驅們，哪一個不熟讀儒家經典並諳熟孔子的學說？便是文言文，也沒有人強行廢止，相反，如蔡元培答林琴南書中所說，當時大學預科的國文課本和學生練習都是文言文，本科許多課程的講義，也都是用文言文寫的。魯迅反對『整理國故』最力，他自己卻校勘了《嵇康集》，出版了《小說舊聞鈔》。真正有益於弘揚傳統文化的舉措，魯迅一向予以支持，他反對的是借了『整理』、『弘揚』的名目做別有所圖的事情。」〔註297〕這是一段評說，理明辨清，持論公允。所以說，那些簡單地把斬斷文化傳統的罪愆全歸咎於「五四」新文化運動的做法，是違背歷史真實的，也是不公正的。

〔註297〕劉夢溪：《文化意識的覺醒》，載氏著《大師與傳統：中國文化與傳統40小講》，北京：中國青年出版社2007年版，第161頁。

第三章　國學普及

　　近代國學的自覺，以開啟民智、普及國學典籍與知識為主要抓手。無論是教育事業，還是學術文化研究，都是有了「普及」才能「提高」。關於高等教育，陳獨秀有個說法道：「一國底學術不提高固然沒有高等文化，不普及那便是一國底文化成了貴族的而非平民的，這兩樣自然不能偏廢。」〔註1〕大學要普及，學術研究也不應該僅是貴族族式、古董式的少部人才享有的專利。陳獨秀說：「沒有基礎學又不能讀西文書，仍舊拿中國舊哲學、舊文學中昏亂的思想，來高談哲學文學，是何等危險！」〔註2〕所以，不要高談提高不提高，而要勸一流學生「多習點基礎科學，多讀點外國文，好進而研究條理的哲學，好醫醫他們無條理的昏亂思想」〔註3〕。

第一節　國學「入門」

　　南朝劉勰《文心雕龍‧史傳篇》說：「開闢草昧，歲紀綿邈。居今識古，其載籍乎！」〔註4〕唐太宗李世民在《修晉書詔》中亦倡言：「不出岩廊，神交千祀之外；穆然旒纊，臨睨九皇之表。是知右史序言，由斯不昧；左史詮事，歷茲綿遠。發揮文字之本，通達書契之源。大矣哉，蓋史籍之為用

〔註1〕陳獨秀：《提高與普及》，載《獨秀文存》卷二，上海書店1989年版，第111
　　　～112頁。
〔註2〕陳獨秀：《提高與普及》，載《獨秀文存》卷二，上海書店1989年版，第112頁。
〔註3〕陳獨秀：《提高與普及》，載《獨秀文存》卷二，上海書店1989年版，第113頁。
〔註4〕（南朝梁）劉勰著；黃叔琳注；李詳補注；楊明照校注拾遺：《增訂文心雕龍
　　　校注》，中華書局2012年版，第207頁。

也！」〔註5〕二者都強調了國學典籍的重要。

一、國學書目：「最低限度」

在國學普及、推廣過程中，國學研究必須借助於「國文課」、「國學課」、傳統文化課等課程建設以及文學、史學、哲學等的學科建設。20世紀初，為了普及國學，甚至出現了「必讀書目」的爭論。

清代四庫全書總目，按傳統四部分類，部下再分若干類，每類下再分若干屬。四庫全書的纂修，始於乾隆三十七年（1772），成於四十七年（1782），著錄 3457 部，達 79070 卷；存目未收的，有 6766 部、93556 卷。乾隆四十七年以後著述更豐，加上四庫著錄與存目，真可謂是浩如煙海。

如此之多的古籍，「既不可能盡讀，且亦不需盡讀」〔註6〕，必須讀中國古籍者，亦須分出輕重緩急，所以才要編選教學書目。屈萬里說：「教學書目之作，始於龍啟瑞之《經籍舉要》。清末張之洞《書目答問》（是書蓋經繆荃孫參訂），尤為風行。民國以來，若梁任公（《國學必讀書及其讀法》）、若胡適之先生（《一個最低限度的國學書目》）、若李笠（《三訂國學用書撰要》）等，皆有國學書目之作。而商務印書館之《國學基本叢書》，中華書局之《四部備要》，其所印行者，亦皆四部要籍也。」〔註7〕

下面將略述胡適、梁啟超的國學書目問題，以比較其異同，略觀其得失。

1922 年，胡適應清華學校的學生胡敦元等四人之邀，曾擬過《一個最低限度的國學書目》，在每一部書後附有最易得的版本。該書目刊於 1922 年《讀書雜志》第七期上。胡適所列書目，因偏於自己的研究領域，而以哲學和文學為主，連最基本的史學著作如《史記》等「前四史」及《尚書》等均未予收錄。

梁啟超對胡適的這個書目並不滿意，認為這個「最低限度的國學書目」是「文不對題」〔註8〕的。他說：「胡君這篇書目，從一方面看，嫌他罣漏太

〔註5〕〔宋〕宋敏求編：《唐大詔令集》卷八十一《修晉書詔》，文淵閣四庫全書本第 0426 冊，頁 8 上～下。

〔註6〕屈萬里著：《屈萬里先生全集》第 12 卷《古籍導讀》，臺北：聯經 1985 年版，第 20 頁。

〔註7〕屈萬里著：《屈萬里先生全集》第 12 卷《古籍導讀》，臺北：聯經 1985 年版，第 21 頁。

〔註8〕梁啟超：《評胡適之的〈一個最低限度的國學書目〉》，載梁啟超著，湯志鈞、湯仁澤編：《梁啟超全集·第十六集·演說二》，中國人民大學出版社 2018 年版，第 77 頁。

多；從別方面看，嫌他博而寡要，我認為是不合用的。」〔註9〕他認為，國學書目開具的對象，不能僅像胡適所言的那樣是沒有國學根柢的普通青年，而應該是「國學已略有根柢而知識絕無系統」的人。關於胡適為什麼會文不對題，梁啟超列舉了兩條可能的原因。他說：「第一在不顧客觀的事實，專憑自己主觀為立腳點。胡君正在做中國哲學史、中國文學史，這個書目正是表示他自己思想的路徑，和所憑的資料。（對不對又另是一問題，現在且不討論。）殊不知一般青年，並不是人人都要做哲學史家、文學史家。不是做哲學史家、文學史家，這裡頭的書什有七八可以不讀。真要做哲學史家、文學史家，這些書卻又不夠了。」〔註10〕

至胡適的第二點誤處，梁啟超認為則在於「把應讀書和應備書混為一談」〔註11〕了，其結果不是「個人讀書最低限度」，卻成了「私人及公共機關小圖書館之最低限度」，或「哲學史家、文學史家私人小圖書館之最低限度」。這樣一來，胡適開的書目並無實用：「殊不知青年學生（尤其清華），正苦於跑進圖書館裏頭不知讀什麼書才好，不知如何讀法，你給他一張圖書館書目，有何用處？何況私人購書，談何容易？這張書目，如何能人人購置？結果還不是一句〔廢〕話嗎？」〔註12〕僅羅列《正誼堂全書》《二十二子》《全上古三代秦漢三國六朝文》《元曲選百種》等，說它們都該讀，但若不告訴他們先後次序，青年又從何讀起呢？若學生沒有「最普通的國學常識」，那就會「有許多書是不能讀的」。〔註13〕比如，沒讀過《史記》，便讀不懂崔適的《史記探源》。

〔註9〕 梁啟超：《評胡適之的〈一個最低限度的國學書目〉》，載梁啟超著，湯志鈞、湯仁澤編：《梁啟超全集・第十六集・演說二》，中國人民大學出版社2018年版，第79頁。

〔註10〕 梁啟超：《評胡適之的〈一個最低限度的國學書目〉》，載梁啟超著，湯志鈞、湯仁澤編：《梁啟超全集・第十六集・演說二》，中國人民大學出版社2018年版，第77頁。

〔註11〕 梁啟超：《評胡適之的〈一個最低限度的國學書目〉》，載梁啟超著，湯志鈞、湯仁澤編：《梁啟超全集・第十六集・演說二》，中國人民大學出版社2018年版，第77頁。

〔註12〕 梁啟超：《評胡適之的〈一個最低限度的國學書目〉》，載梁啟超著，湯志鈞、湯仁澤編：《梁啟超全集・第十六集・演說二》，中國人民大學出版社2018年版，第78頁。

〔註13〕 梁啟超：《評胡適之的〈一個最低限度的國學書目〉》，載梁啟超著，湯志鈞、湯仁澤編：《梁啟超全集・第十六集・演說二》，中國人民大學出版社2018年版，第79頁。

令梁啟超「最詫異」的是，胡適書目中「把史部書一概摒絕」了。梁啟超說：「《尚書》《史記》《漢書》《資治通鑒》為國學最低限度不必要之書，《正誼堂全集》《綴白裘》《兒女英雄傳》反是必要之書，真不能不算石破天驚的怪論。（思想之部，連《易經》也沒有。什麼原故，我也要求胡君答覆。」〔註14〕他還說：「一張書目名字叫做『國學最低限度』，裏頭有什麼《三俠五義》《九命奇冤》，卻沒有《史記》《漢書》《資治通鑒》，豈非笑話？若說《史》《漢》《通鑒》是要『為國學有根柢的人設想』才列舉，恐無此理。若說不讀《三俠五義》《九命奇冤》，便夠不上國學最低限度，不瞞胡君說，區區小子便是沒有讀過這兩部書的人。我雖自知學問淺陋，說我連國學最低限度都沒有，我卻不服。」〔註15〕梁啟超現身說法，指出胡適這個書目連重要史籍書目都未曾列入，而不那麼重要的文學作品卻成為必要書目，確實與「最低限度」之說不符。胡適所列書目，大半「雖不是不應讀之書，卻斷不是人人必應讀之書」〔註16〕。

二、國學必讀書目

雖然國學要籍範圍甚廣，但既然是「最低限度」，其數量絕不宜太多，似不宜過百，範圍也應該遍涉經、史、子、集四部。

梁啟超的質疑與批評，代表了一種設定國學書目的正確方向。問題在於，梁啟超當時有沒有切實可行的想法呢？梁啟超說：「我的主張，很是平淡無奇，我認定史部書為國學最主要部分，除先秦幾部經書、幾部子書之外，最要緊的便是讀正史、《通鑒》《宋元明紀事本末》，和《九通》中之一部分，以及關係史學之筆記、文集等，算是國學常識，凡屬中國讀書人都要讀的。」〔註17〕

〔註14〕梁啟超：《評胡適之的〈一個最低限度的國學書目〉》，載梁啟超著，湯志鈞、湯仁澤編：《梁啟超全集‧第十六集‧演說二》，中國人民大學出版社2018年版，第79頁。

〔註15〕梁啟超：《評胡適之的〈一個最低限度的國學書目〉》，載梁啟超著，湯志鈞、湯仁澤編：《梁啟超全集‧第十六集‧演說二》，中國人民大學出版社2018年版，第78頁。

〔註16〕梁啟超：《評胡適之的〈一個最低限度的國學書目〉》，載梁啟超著，湯志鈞、湯仁澤編：《梁啟超全集‧第十六集‧演說二》，中國人民大學出版社2018年版，第78頁。

〔註17〕梁啟超：《評胡適之的〈一個最低限度的國學書目〉》，載梁啟超著，湯志鈞、湯仁澤編：《梁啟超全集‧第十六集‧演說二》，中國人民大學出版社2018年版，第78頁。

　　1923 年，當梁啟超被《清華週刊》記者邀約，擬定書目時，他便以《國學入門書要目及其讀法》為題，列了五類共計 160 種圖書，並對其主要內容、重要注本、讀法等做了簡要說明。他所列的五類，分別是修養應用及思想史關係書類、政治史及其他文獻學書類、韻文書類、小學書及文法書類、隨時涉覽書類。他以為，這五類「倘能依法讀之，則國學根柢略立，可以為將來大成之基」〔註 18〕。但他又擔心學生們「校課既繁，所治專門別有在，恐仍不能人人按表而讀」，所以他又擬出一個「真正之最低限度」的書目。〔註 19〕這個書目包括《四書》《易經》《書經》《詩經》《禮記》《左傳》《老子》《墨子》《莊子》《荀子》《韓非子》《戰國策》《史記》《漢書》《後漢書》《三國志》《資治通鑒》（或《通鑒紀事本末》《宋元明史紀事本末》）《楚辭》《文選》《李太白集》《杜工部集》《韓昌黎集》《柳河東集》《白香山集》，其他詞曲類則隨所好選讀數種。他自認這個書目為最低限度了，不管學什麼專業的「皆須一讀」，「若並此未讀，真不能認為中國學人矣」。〔註 20〕

　　也是在同一年，陳鍾凡出版了《古書讀校法》一書，書中附有《治國學書目》。陳氏所列，分為學術派別及目錄學書目、文字學及文法書目、經學類書目、史學類書目、諸子學術思想書目、文學書目、匯書及劄記書目。

　　同年 12 月，錢基博在編著《國學必讀·序》指出，「捨文學無以為通國學之郵矣」；書名不用「國文」而用「國學」，原因在於「國文不過國學之一，而國學可以賅國文言之也」。〔註 21〕他將自己近三十年所讀的三千冊「鉅細字本」進行「提要鉤元」，編成《國學必讀》，以為它可以作為「我中國數千年國學作品之統計簿」〔註 22〕。錢基博自言，「因最錄五十四家文八十篇，雜記七十八則，言非一端，寫成此編」，再分為二部：「曰文學通論，凡自魏文帝以下三十七家文四十四篇，雜記七十五則，讀之而古今文章之利病，可以析焉；曰國故概論，凡自唐陸德明以下二十家文三十六篇、雜記三則，讀之而古今

〔註 18〕梁啟超：《國學入門書要目及其讀法》，載梁啟超著，湯志鈞、湯仁澤編：《梁啟超全集·第十六集·演說二》，中國人民大學出版社 2018 年版，第 73 頁。
〔註 19〕梁啟超：《國學入門書要目及其讀法》，載梁啟超著，湯志鈞、湯仁澤編：《梁啟超全集·第十六集·演說二》，中國人民大學出版社 2018 年版，第 73 頁。
〔註 20〕梁啟超：《國學入門書要目及其讀法》，載梁啟超著，湯志鈞、湯仁澤編：《梁啟超全集·第十六集·演說二》，中國人民大學出版社 2018 年版，第 74 頁。
〔註 21〕錢基博：《國學必讀》，江西教育出版社 2018 年版，《序言》第 2 頁。
〔註 22〕錢基博：《國學必讀》，江西教育出版社 2018 年版，《序言》第 2 頁。

學術之源流於是備焉。」〔註23〕

　　1925年2月12日，《京報副刊》還刊登了梁啟超為青年開出的十部「必讀書」，分別是：《孟子》《荀子》《左傳》《漢書》《後漢書》《資治通鑑》（或《通鑑紀事本末》）《通志二十略》《傳習錄》《唐宋詩醇》《詞綜》。書目後面附注了修養資助、歷史及掌故常識、文學興味等三項標準，還說「近人著作、外國著作不在此數」。〔註24〕幾天後，就在當月21日，應《京報副刊》的徵求，魯迅發表了對「青年必讀書」的看法，那就是：「從來沒有留心過，所以現在說不出」。〔註25〕社會上對必讀書、基本書目的渴求，看來仍未得到較好地解決。

　　後來，屈萬里在《古籍導讀》一書上編中列有《初學必讀古籍簡目》，乃依經、史、子、集四部分列。屈萬里說：「從事專門研究工作者，凡與所研究之問題有關之書籍或其他資料，勢須盡知。惟為初學之人奠定治學基礎而言，亦未宜牽涉太廣。茲參考諸家之說，為有志研習本國文史之青年，擬一初學必讀古籍簡目，以為他日從事學術研究之基礎。此目錄中所列古籍之數量，以視《書目答問》，尚不及五十分之一；即較梁（啟超）、胡（適）二家，亦已損之又損。然青年能盡讀其書，於吾國文史之學，可謂已具根柢；而後從事專門研究，庶不至有基本常識貧乏之感矣。」〔註26〕

第二節　建構國學知識系統

　　前引陳獨秀談普及與提高的關係時，勸一流學生要「多習點基礎科學，多讀點外國文，好進而研究條理的哲學，好醫醫他們無條理的昏亂思想」〔註27〕，已是主張在「普及」中追求「條理」的知識系統。國學知識系統的建構，也離不開「普及」與「提高」的這種良性互動。首先要普及，然後才是下「死工夫」讀書，「治要」提升。

〔註23〕錢基博：《國學必讀》，江西教育出版社2018年版，《序言》第2頁。

〔註24〕梁啟超：《青年必讀書》，載梁啟超著，湯志鈞、湯仁澤編：《梁啟超全集·第十三集》，中國人民大學出版社2018年版，第1頁。

〔註25〕魯迅：《青年必讀書》，原載《京報副刊》1925年2月21日，現參王世家、止菴編《魯迅著譯編年全集》第6卷，第52頁。

〔註26〕屈萬里著：《屈萬里先生全集》第12卷《古籍導讀》，臺北：聯經1985年版，第25～26頁。

〔註27〕陳獨秀：《提高與普及》，載《獨秀文存》卷二，上海書店1989年版，第113頁。

近代以來的國學研究，大致呈現出從編寫「入門」書目上、編纂「常識」書籍，到循序治經、取粗用宏，這樣的建構國學知識系統的自覺意識。

一、國學「常識」

在普及國學「常識」的工作中，徐敬修、譚正璧等人均做出了重要貢獻。

（一）國學「入室階梯」

在國學普及中，徐敬修編纂國學「常識」叢書一事，尤宜先行提及表彰。主要原因在於，編纂者有非常明確的學術旨趣，系統的方法，貢獻了規模化的成果。

20世紀20年代，吳江人徐敬修編著了《國學常識十種》，1932年由上海大東書局出版。2008年12月，徐敬修編著的《國學常識》十種合編成一冊，作為「民國叢書」之一，由揚州的廣陵書社出版。

這套叢書包括《小學常識》《音韻常識》《經學常識》《理學常識》《史學常識》《子學常識》《文學常識》《詩學常識》《詞學常識》《說部常識》十種，不僅詳述了國學原委、典籍大要，還兼及了研究方法，可作為研究國學者入室之階梯。

吳興張廷華在《序》中指出國學入門讀物的必要，他說：「以汗牛充棟之國學書，而使青年學子，於講習科學之暇晷，稍稍涉獵焉，無論其類別部居，不能條貫，即求一知半解，亦苦於頭緒紛繁，無從扼要。此徐君敬修《國學常識》之所由輯也。」〔註28〕作為《小學常識》的校閱者之一，張廷華在《序》中亦對十集「常識」的引導作用也讚賞不已。他說：「由是而深造焉可幾於專門，淺嘗焉亦無慚通識。不獨國學賴以維持，即新文學之改造，亦先有基礎可立，而便於設施焉。」〔註29〕

金天翮於1924年冬作序時，表揚聰穎勤學的徐敬修「慨然歎國學之將淪替，暇輒從事於四部之蒐討，寒暑昕夕不倦」，終成此叢書。金氏更由此聯想到晚近學風道：「余以為晚近士不悅學，日惟征逐於聲氣之途，或摘裂東西書冊，寶康瓠以為鼎，軒軒然號於眾，舉世奉之以為宗匠，其於六藝經傳三史百

〔註28〕參徐敬修編著《小學常識（全一冊）》（國學常識之一）前附張序，上海：大東書局1932年11月第7版。

〔註29〕參徐敬修編著《小學常識（全一冊）》（國學常識之一）前附張序，上海：大東書局1932年11月第7版。

家，問之則瞢然不知所對者，蓋不尠矣。」〔註30〕徐君以絕大精力纂輯而成的叢書，秩然條貫，「可以省學者之日力，一寓目而四部之大要其具也」。他從傳統四部分類法解讀徐敬修的國學觀，從科學日盛、國學淪衰的時代背景出發看到國學入門工作的急迫性，可謂是觸摸到了近代國學意識覺醒的主脈。

張一麔（字仲仁，號公紱，1867～1943）為《國學常識叢書》題序云：「歐風輸入，國學晦蒙。主彼奴此，炫異惡同。觥觥東海，焠掌劬功。商量邃密，理解溝通。論衡有作，今之王充。導桄自任，嚮壁非空。厥名常識，啟牖心蓬。薪火之傳，如日再中。」

關於徐敬修的國學「常識」觀，可從他在 1925 年春撰成的「編輯大意」中看出。「編輯大意」五點如次：「一、年來整理國學之聲浪日高，全國學子，始咸知中國書籍，應與外國書籍等量而齊觀。顧我國古書，頭緒繁多，不易卒讀。而老師宿儒，又日即凋零，後之學者，不免興彷徨歧途之歎。鄙人怒焉憂之，爰輯《國學常識》十種，以為研究國學者入室之階梯。二、本書分《小學常識》《音韻常識》《經學常識》《理學常識》《史學常識》《子學常識》《文學常識》《詩學常識》《詞學常識》《說部常識》十種。三、本書內容，詳述國學之原委，及書籍之大要，與研究之方法，原原本本，簡要不繁。學者苟能熟記不忘，則國學根柢已立，雖欲升堂入室，亦所不難。四、國學書籍文字深奧者多，本書均用淺近文字敘述，以便初學。五、本書所選材料均係鄙人十數年來讀書之心得，亦為研究國學者必不可少之常識。惟讀書見解，殊難強同，舊學商量，益臻邃密。尚祁大雅君子，匡所不逮，則幸甚矣。」其中序號，為引者據今慣例徑改。

另外，從徐敬修所纂輯的各「常識」的提要中，亦可略觀其國學常識觀。因為其文均不長，又都依據較早版本，所以抄述如次，以供比觀。

其《小學常識提要》全文云：「讀書必先識字，故以小學居首。本書於製字之源流，六書之大要，以及字體之正偽，均一一詳述，並附研究方法。惟小學本兼形、聲、義三者，茲以關於音韻學專門之說頗多，故別輯《音韻常識》，而本書論音處，僅於諧聲一項及之。」〔註31〕

〔註30〕參徐敬修編著《小學常識（全一冊）》（國學常識之一）前附金序，上海：大東書局 1932 年 11 月第 7 版。按：本書所有引文標點，尤其是 20 世紀 80 年代以前出版書籍的，依上下文義徑由引者自定，不一一出注，它處不另說明。

〔註31〕徐敬修編著：《小學常識（全一冊）》（國學常識之一），上海：大東書局 1932 年 11 月第 7 版。

其《音韻常識提要》全文云：「本書於古今字音之變遷，反切之起原，以及四聲之分類，廣韻之分部，等韻之開齊合撮，古韻之通轉等，皆能扼要提出，以便研究，並於近今之注音字母，所定為標準之音者，亦依國音字典詳述之。」〔註32〕

其《經學常識提要》全文云：「通經致用，非所期於今日學子。但其大要，不可不知。本書關於群經之旨，摘其要者述之。至於經學家之著述，則自漢京以後，迄於近世，其源流派別，皆為有統系之敘述，俾研究漢學者，得備參考焉，不僅有裨常識而已。」〔註33〕

其《理學常識提要》全文云：「漢書尚考據，宋學崇義理，於是始有理學之名。本書關於理學之宗派，皆從《宋元學案》《明儒學案》《國朝學案小識》等書中，擇要採錄，且舉其言心性處，與近世哲學相參證，則尤為此書之特色。」〔註34〕

其《史學常識提要》全文云：「《四庫全書》，分史部為十五類，可知其範圍之廣，而所謂史學者，則尤在能區其種類，辨其體裁，明其法則，揭其旨歸，以及推究歷史變遷之故，而會通其精神。本書關於以上諸項，均詳細敘明，並附研究史學之方法焉。」〔註35〕

其《子學常識提要》全文云：「六經而外，其立說者，皆子書也。自《七略》區而列之，名品乃定。本書關於諸子之源流派別，及其學說，均能提綱挈領以揭出之，為研究中國古代哲學者一助焉。惟小說家本亦列於子部，茲以另編《說部常識》，故本書略之。」〔註36〕

其《文學常識提要》全文云：「文學二字，包羅甚富。本書所述，則限於駢散各體之文，若詩若詞，以另編常識，本故從略，而於文學之起源，歷代文學之變遷，以及文章家之宗派，則詳述無遺。至於研究方法，則於各大家之

〔註32〕徐敬修編著：《音韻常識（全一冊）》（國學常識之二），上海：大東書局1933年5月第8版。

〔註33〕徐敬修編著：《經學常識（全一冊）》（國學常識之三），上海：大東書局1933年9月第8版。

〔註34〕徐敬修編著：《小學常識（全一冊）》（國學常識之四），上海：大東書局1933年9月第8版。

〔註35〕徐敬修編著：《史學常識（全一冊）》（國學常識之五），上海：大東書局1933年5月第8版。

〔註36〕徐敬修編著：《子學常識（全一冊）》（國學常識之六），上海：大東書局1933年5月第8版。

論文中，擇其要者錄焉。」〔註37〕

其《詩學常識提要》全文云：「詩之大源，出於三百篇。繼葩經而起者，則有《離騷》，由騷而變為樂府，為古詩，為律為絕，其體裁之沿革，變遷之大勢，以及歷史作家之所以稱美處，本書均能扼要敘出，而近代詩學之趨勢亦略及焉。至所採諸家學詩之方法說，亦與《文學常識》同。」〔註38〕

其《詞學常識提要》全文云：「詞者詩之餘，為長短句之變體。惟因其可被諸管絃，故須按譜而填。本書關於詞之起源，以及詞與詩樂曲之關係，歷代詞學之變遷，均詳細敘明，末附填詞之方法，及詞譜詞韻，以備研究詞學者知所取法焉。」〔註39〕

其《說部常識提要》全文云：「小說可以廣見聞，資考證，助勸誡，其有功於社會者非尠。故於子部中提出另編一集焉。本書關於小說之起源，及其流派與種類，既已詳言之，又凡有名之著作，皆為述其緣起，標其做法，以資讀者之取捨，並論近代小說家之趨勢，與研究小說之方法，為初學勉焉。」〔註40〕

1933年，浙江杭州省立杭州師範學校的尤墨君所編的《國學述要》出版。該書《編輯大意》談其編著動機時說：「近年以來，高中及大學招考新生或招收插班生時，國文科目中必有所謂國學常識題若干則。這，應考者都感到頭痛的。」〔註41〕編者還指出，「所謂中國學術思想、文學流變、文字構造三種常識，不就是所謂國學常識麼？」〔註42〕他以為中國圖書分類法中，「四分」太籠統，「七分」也未能精密，所以決計分經學、史學、子學、集之類別、經籍部別（圖書分類法）、文字學、音韻學、韻文、散文、詩、詞、曲、小說等十三章來講述國學常識。據編者之意，這本書是專為初中三年級及高中二年級教授之用。在編纂時還略微編入中學的零碎國文講義和入學試題。

〔註37〕徐敬修編著：《文學常識（全一冊）》（國學常識之七），上海：大東書局1934年10月第10版。

〔註38〕徐敬修編著：《詩學常識（全一冊）》（國學常識之八），上海：大東書局1933年9月第8版。

〔註39〕徐敬修編著：《詞學常識（全一冊）》（國學常識之九），上海：大東書局1933年5月第8版。

〔註40〕徐敬修編著：《說部常識（全一冊）》（國學常識之十），上海：大東書局1933年9月第8版。

〔註41〕尤墨君編：《國學述要》，浙江杭州省立杭州師範學校發行、新新文記印刷公司印刷，1933年版，《編輯大意》第1頁。

〔註42〕尤墨君編：《國學述要》，浙江杭州省立杭州師範學校發行、新新文記印刷公司印刷，1933年版，《編輯大意》第2頁。

　　1927 年，張純一著《國學闡微》，從本書的觀照對象而言，亦需要作一介紹。張純一（字仲如，1871～1955），湖北省漢陽縣興隆鄉人，清末秀才。在墨學研究上有《墨子閒詁箋》（上海：定廬 1922 年）、《墨學與景教》（上海：協和書局；北京：郭紀雲書局，1923 年）、《墨學分科》（上海：定廬，1923 年）、《墨子集解》（上海：世界書局，1936 年）、《增訂墨子閒詁箋》（1937 年）、《增訂墨子閒詁箋》（臺北縣板橋市：藝文印書館，1975 年），老學研究上有《老子通釋》（重慶：商務印書館，1946 年；上海：上海科學技術文獻出版社，2007 年）。其人介紹，可參《武漢市志·人物志》（武漢：武漢大學出版社，1999 年）。湖北沙洋人持松大師（1894～1972），曾為漢陽張純一《國學闡微》作敘，而載於《世界佛教居士林林刊》。其《敘》乃云：「學必求致於微，凡學之微，皆佛法也，豈特國學為然哉？夫勝論、數論之輩，聲生、聲顯之流，在其創始之祖，未嘗不欲致其學於微也，唯其智有所不能。故佛因其學而闡之，遂令祀火、拜天之教，六師、四吠之文，皆成妙諦。又若無極太極之分，守一得一之論，在其祖述憲章之人，又未嘗不欲致其學於微也，然窮神竭慮，終未能徹了心源，妙悟緣生。其後程朱陸王之輩，頗思剽竊勝義，補圓其闕，但用心既乖，知見亦謬，適足以增其糟粕，焉能詣其微哉？漢陽張仲如居士，近著《國學闡微》，以其諦智，詮世俗理，曲譬妙吟，務使其偏者趨於圓，粗者造其精，將使習儒者流，皆因其學而見於微，可謂善巧方便，辨才無礙者矣！」

（二）國學「概論」

　　這裡先要談一下「著作三身」、普及國學的譚正璧先生。

　　譚正璧（字仲圭，筆名譚雯、桱人等，1901～1991），上海嘉定人。歷任上海神州女校等中學教員，上海美專、震旦大學、齊魯大學、山東大學、華東師範大學教授、中國藝術學院文學系主任、上海市文史研究館館員和唐棣出版社總編輯，後受聘為中華書局上海編譯所（上海古籍出版社的前身）特約編輯。譚先生一生清貧自守，視寫作為生命。譚先生不僅在國學研究領域著述不輟，而且在明清白話小說尤其是擬話本小說「三言」「二拍」的研究方面亦是卓有建樹。著名學者趙景深戲稱他為「著作三身」，誠非虛言。

　　譚正璧編纂的國學類論著，主要有「國學概論」兩種和「國學常識」三種。

　　第一部「國學概論」，即 1933 年 9 月由光明書局出版的《國學概論講話》，該書原版由蔡元培題寫書名。該書次年再版，至 1940 年已出到第 7 版；1943 年光明書局發行新版，1946 年 8 月出第 3 版。此後，偶有發行，如 1983 年臺

灣新文豐出版社公司印行過，2014 年當代中國出版社印行「小書館」叢書時予以收錄，2015 年香港中和出版社有限公司出版過。《國學概論講話》分為導言、經學、子學、史學、文學等，共計 5 講 46 節，將通行四分法中的「集」部改為「文學」，體現了新舊兼採的編輯特色。

他在「編輯凡例」中指出，「本書注重知識的真確，材料的實用，故辭意不務深奧，全用白話敘述」，以為五講中「凡國學上之基本知識，均已搜輯無遺」，最後一條即第八條還說：「本書專從國學本體作客觀的研究，無主觀的偏見，敘述如有謬誤，尚冀國內外專精此學之大師是正。」該書導言部分，下設四章，分別講授國學的定義、國學的目的、國學的分類和國學的方法。譚正璧給「國學」下的定義是：「國學又名國故學，亦名舊學；係對西學、洋學、新學而言。在海運未通之前，中國閉關自守，國人的心目中，只有中國而無世界，以為中國即是世界。一切的學術，既沒有國界可分，故無從產生所謂『國學』。後來海運大開，中西交通日繁，西洋學術文化，因之東漸，於是產生了所謂『西學』，隨即也有了所謂『國學』。張之洞說的『中學為體，西學為用』，『中學』就是『國學』，『西學』就是西洋傳來的文化學術。『中』『西』對稱，大約在這個時候才開始。」他接著說：「所謂『國學』，不過是指『中國的學術』而言，以示和『西洋的學術』不同，並無什麼費解，也沒有什麼特殊的意義。就是有人把他解作『中國的文學』，那麼所謂『文學』，也是指廣義的『文學』，中國人自己所稱的『文學』，其意義和『學術』沒有什麼兩樣。」關於研究國學的方法，他認為，不外四端：一是辨真偽，二是知重輕，三是明地理，四是通人情。

第二部「國學概論」，即 1936 年 8 月，譚正璧在上海北新書局出版的《國學概論新編》。全書除導言外，另有經學、子學、史學、文學共 4 章 23 節。除了用白話書寫的通俗特點外，他自覺到概論體著述不宜遵從縱的敘述的學術史體裁。另外，他在《編者大綱》中還指出，「國學上常因學派不同，有同一問題而異其答案的，本書則採用最普通的說法，而不取一家的偏見；或備列諸說。以便讀者自己去選擇與決定。」

關於三種「國學常識」著述。第一種是《國學常識》，作為最早在 1937 年開始編寫的教材之一，1942 年由上海世界書局出版。該書包括「卷頭語」與經學常識、子學常識、史學常識 3 章及附「文字學大意」。該書分初級、高級兩套，每套三冊，自為一階段；而高中程度所用一套下的三冊是：文章法則、

文學源流、國學常識（附文字學大意）；「本書各冊應有之舉例，初級語體文言並重，高級專重文言，在可能範圍內，且多引用教本中習見之文」。

　　第二種「國學常識」是 1947 年由大東書局印行的《國學常識》，曾作為「中學國文乙編」，說明該書專供中學教學所用。該書用四章分別談了經學、子學、史學、文學四方面內容，一章一題，先總論後分論，是一本入門級讀物。2015 年 1 月，以該版本為底本，百花文藝出版社出版了《國學常識》第 1 版。

　　第三種「國學常識」是譚先生編著的《國學常識問題》，1948 年 4 月由上海現代教育研究社出版、上海北新書局發行。該書主要採用「問答」方式，從標點符號用法、文法、作文法、修辭學、文字學、文體論、文學史、學術概論等八個方面介紹國學常識的基本問題，是一部較好的「升學考試必讀」書。其中，學術概論部分從經學、諸子學、史學幾方面進行簡要概述。

　　在譚正璧著作國學常識的幾乎同一時期，曹伯韓亦編著了《國學常識》一書。曹著於 1947 年 2 月由上海文光書店刊行。2002 年 7 月，三聯書店將其納入「三聯精選」修訂再版。在 1943 年初所撰的《編例》中，編者即已指出受眾的大眾化定位。第一條道：「本書以供中等學校學生課外閱讀為主要目的，亦可供一般對國學開始發生興趣者之參考。」第六條又道：「本書……於畢業會考或大學入學考試前參考，仍甚適宜。」第八條總敘全書結構，最能見編著者的國學觀及其展開的宏觀考量：「本書分十三章，一百四十二節，卷首載有詳細目錄，頗便於參考。第一章概說，對國學作一輪廓的說明，尤其對清代以來的學術概況，特加指出。第二章至第四章，將考證學與考古學所獲的成果，略加介紹，使讀者稍微知道一點治學的工具和方法。第五、六兩章為史學部分，因歷史可以指示一切學術的背景，經史又素來是國學的重心，所以置於其他學術之前。而經書為古代史料，又係過去國學的總源泉，所以便列於普通史學之前。第七、八、九為哲學部分，先諸子，次佛學，再次理學，係按時代次序排列，使讀者容易看出演變的跡象。第十至十二章為文學部分，因詩歌是最早發生的純文藝，故首說詩、騷、賦、詞、散曲等屬於詩歌一類的作品，而後說到散文與駢文。至於小說、戲曲及民意俗文學，因其發展最晚，且至最近方才被人重視，所以放在末了。最後第十三章，略述自然科學及藝術，以表示我們對於這些學術的重視。」〔註 43〕這個國學範圍的界

〔註 43〕曹伯韓：《國學常識》，北京：生活・讀書・新知三聯書店 2002 年 12 月版。

定，已經大為擴展，不再像譚正璧那樣以四部分類法為主要特色了。

二、「死工夫」與讀書分月課程

在國學的研討剛剛展開時，還沒有固定不變的模式、方法可供借鑒，國學的門徑就在國學的書目的研讀摸索中，國學的成績產生於一定基礎上的「死工夫」。胡適說：「老實說來，國學在今日還沒有門徑可說；那些國學有成績的人大都是下死工夫笨幹出來的。死工夫固是重要，但究竟不是初學的門徑。對初學人說法，須先引起他的真興趣，他然後肯下死工夫。」〔註44〕

如何為那些沒有國學根底的普通年輕人提供一個進入國學的「門徑」，使他們能夠「在短時期中得著國故學的常識」，是國學普及教育工作中必須回答的問題。在朋友的請求下，胡適擬了一個「最低限度的國學書目」，作為進入國學的門徑，希望初學者循著歷史線索讀去，得到「歷史的國學研究法」的法門，在不太長時間內得到些「系統的國學知識」。然而真正打下堅實的國學基礎，建構系統的國學知識，離不開對國學經典文本的悉心閱讀，需要一種沉潛工夫再加以高明提煉，融會貫通。

1894年，康有為曾因士人「謬陋寡學」，無才可任「國事之艱」，就略言為學條理，為《桂學答問》一卷。他還擔心學者疑其「繁博」，便讓門人梁啟超「抽繹其條」，作為「新學知道之助」。〔註45〕梁啟超便撰《讀書分月課程》，包括「學要」十五則、最初應讀之書、讀書次第表等部分。

為什麼要提煉、發揮「學要」？那是因為為學需要得其要領。現實情況卻是，《四庫》山積，浩如煙海，學者苦於難尋入門之徑，不知從何處讀起。從《論語》《禮記》《荀子》可以知道，古人為學，多從《詩》《書》入手。但是偽古文盛行後，「今文傳注，率經闕失，《詩》之魯、齊、韓，《書》之歐陽、二夏侯，蕩劫尤甚，微言散墜，索解甚難」〔註46〕。好在還有《春秋》的《公羊》《穀梁》二傳「歸然獨存」，「聖人經世之大義，法後王之制度，具在於是」，而其中蘊涵的禮制「無一不與群經相通」，所以，研治經學

〔註44〕胡適：《一個最低限度的國學書目》，載胡適著、季羨林主編《胡適全集》第2卷，安徽教育出版社2003年版，第113頁。

〔註45〕康有為：《讀書分月課程》序，載梁啟超著，湯志鈞、湯仁澤編：《梁啟超全集・第一集》，中國人民大學出版社2018年版，第10頁。

〔註46〕梁啟超：《讀書分月課程》，載梁啟超著，湯志鈞、湯仁澤編：《梁啟超全集・第一集》，中國人民大學出版社2018年版，第11頁。

者「必以《春秋》為本」。〔註47〕從經學史地位上看，二傳又有優劣。梁啟超說：「《春秋》之義，《公》《穀》並傳，然《穀梁》注劣，故義甚闇眢；《公羊》注善，故義益光大，又加以董子《繁露》，發明更多，故言《春秋》，尤以《公羊》為歸。」〔註48〕

找準瞭解《春秋》的依據，知道當以《公羊傳》為歸後，然後再辨明《公羊傳》的「義」、「禮」、「例」。梁啟超以為，「義」與「禮」、「例」三者的關係是：「由一禮一制，必有大義存焉，『例』者亦反覆以明其『義』而已，然則『義』並可該『禮』與『例』也。」〔註49〕

在讀《公羊傳》時，當分清先後，「細讀」重要書籍，注重通經之法。梁啟超說：「何邵公《解詁》，本胡毋生條例，皆公羊先師口說也，宜細讀。《春秋繁露》反覆引申，以明《公羊》之義，皆《春秋》家最善之書。學者初讀《公羊》，不知其中蹊徑，可先讀劉禮部《公羊釋例》，卒業後，深究何《注》《繁露》兩書，日讀十葉，一月而《春秋》畢通矣。」〔註50〕

梁啟超以《禮》學為治經的關鍵，以為如果能理清圍繞禮制的今文與偽古文之間的紛爭，知道「偽古文有意誣經，顛倒禮說，務與今文相反」，那麼在「辨今古」、「分真偽」的基礎上便可深通《禮》學之意，而「既通《禮》學，於治經斯過半矣」。〔註51〕讀了康有為的《新學偽經考》，便能較好地分真偽、辨今古，從事《禮》學研究。在研究《禮》時，要知《王制》與《春秋》是「條條相通」，《五經異義》述今古文《禮》之異說「劃若鴻溝」、「最易暢曉」；因古文家許、鄭不能擇善而從，故不必謹遵。梁啟超說：「《白虎通》全書皆今文，《禮》極可信據。既讀此二書，復細玩二《戴記》，以求制《禮》之本，以合之於《春秋》之義，則《禮》學成矣。」〔註52〕

〔註47〕梁啟超：《讀書分月課程》，載梁啟超著，湯志鈞、湯仁澤編：《梁啟超全集·第一集》，中國人民大學出版社2018年版，第11頁。

〔註48〕梁啟超：《讀書分月課程》，載梁啟超著，湯志鈞、湯仁澤編：《梁啟超全集·第一集》，中國人民大學出版社2018年版，第11頁。

〔註49〕梁啟超：《讀書分月課程》，載梁啟超著，湯志鈞、湯仁澤編：《梁啟超全集·第一集》，中國人民大學出版社2018年版，第11頁。

〔註50〕梁啟超：《讀書分月課程》，載梁啟超著，湯志鈞、湯仁澤編：《梁啟超全集·第一集》，中國人民大學出版社2018年版，第11頁。

〔註51〕梁啟超：《讀書分月課程》，載梁啟超著，湯志鈞、湯仁澤編：《梁啟超全集·第一集》，中國人民大學出版社2018年版，第11頁。

〔註52〕梁啟超：《讀書分月課程》，載梁啟超著，湯志鈞、湯仁澤編：《梁啟超全集·第一集》，中國人民大學出版社2018年版，第12頁。

梁啟超反對餖飣式的考據研經方式，主張以「明義」為經學研究的要領。他說：「古人通經，皆以致用，故曰『不為章句，舉大義而已』；又曰『存其大體玩經文』，然則經學之以明義為重明矣。」〔註53〕自顧炎武、閻若璩之後，學者「多務碎義」，考索於「字句之間」，遂有《皇清經解》之類，雖汗牛充棟，學者雖「盡數十寒暑，疲力於此，尚無一心得」，只能「博而寡要」、「勞而少功」。他的老師康有為「劃除無用之學，獨標大義」，能「用日少而蓄德多」，若能遵其讀書之方，便能收讀書之效，「一月可通《春秋》，半載可通《禮》學」，「度天下便易之事，無有過此者矣」。〔註54〕一月、半載分別可通《春秋》與三《禮》，也是「應試獲科」的大快事。

治經之外，還要讀史。讀史之法，康有為仿蘇軾「八面受敵」法，而創「六事」。一是政，即典章制度之文；二是事，即治亂興亡之跡；三是人，即為賢為惡可法戒者；四是文，即可誦習的駢、散之文；五是經義，《史記》《漢書》最多，他史亦有；六是史裁。其論《史記》，以為其《世家》《列傳》，「悉有深意」，不僅當作史來讀，還可當作「周、秦學案」來讀。梁啟超說：「孔子之後，諸子並起，欲悉其源流，知其家數，宜讀《史記・太史公自序》中『論六家要指』一段，《漢書・藝文志》中『九流』一門，《莊子・天下篇》，《荀子・非十二子篇》，然後以次讀諸子。」〔註55〕

關於學問門徑問題，他以為當重立身大節，求義理以植其根柢。梁啟超說：「故入學之始，必惟義理是務，讀《象山》《上蔡學案》，以揚其志氣；讀《後漢・儒林》《黨錮傳》，《東林學案》，以歷其名節；熟讀《孟子》，以悚動其神明。大本既立，然後讀《語類》及群《學案》以養之。凡讀義理之書，總以自己心得能切實受用為主。」〔註56〕讀書求義理，切於身心受用，不以貪多為貴，這一主張弘揚了宋明儒學的合理成份。

讀經為求切於身心，通經致用，那麼又如何對待外國著述呢？梁啟超以為，也應該明其要領。他說：「讀西書，先讀《萬國史記》以知其沿革，次讀

〔註53〕梁啟超：《讀書分月課程》，載梁啟超著，湯志鈞、湯仁澤編：《梁啟超全集・第一集》，中國人民大學出版社 2018 年版，第 12 頁。

〔註54〕梁啟超：《讀書分月課程》，載梁啟超著，湯志鈞、湯仁澤編：《梁啟超全集・第一集》，中國人民大學出版社 2018 年版，第 12 頁。

〔註55〕梁啟超：《讀書分月課程》，載梁啟超著，湯志鈞、湯仁澤編：《梁啟超全集・第一集》，中國人民大學出版社 2018 年版，第 12 頁。

〔註56〕梁啟超：《讀書分月課程》，載梁啟超著，湯志鈞、湯仁澤編：《梁啟超全集・第一集》，中國人民大學出版社 2018 年版，第 12 頁。

《瀛環志略》以審其形勢，讀《列國歲計政要》以知其富強之原，讀《西國近事彙編》以知其近日之局。至於格致各藝，自有專門，此為初學說法，不瑣及矣。」〔註57〕

梁啟超推演師門學術主張，以為理學、經學、史學、子學、西學等缺一不可，表面上看起來甚是繁難，但治學貴在緊抓要領。在梁啟超看來，治學若得要領，便可收到馭繁就簡之效。他說：「理學專求切己受用，無事貪多，則未嘗繁也。經學專求大義，刪除瑣碎，一月半載可通，何繁之有？史學大半在證經，亦經學也，其餘者則緩求之耳。子學通其流派，知其宗旨，專讀先秦諸家，亦不過數書耳。西學所舉數種，為書不過二十本，亦未為多也。遵此行之，不出三年，即當卒業，已可卓然成為通儒學者。」〔註58〕時光匆促，為學當早立其志，務求其成。

梳理了群學的「簡要易入之道」後，梁啟超又就「最初應讀之書」及「所讀之書篇第先後」進行了綜錄。

首先，在經學書中，以《春秋》學始，先讀劉逢祿《公羊釋例》，次讀《公羊傳》及何《注》《春秋繁露》《王制》篇、《穀梁傳》；再辨偽經，讀《新學偽經考》（其中篇章再分先後），次讀劉逢祿《左氏春秋考證》、邵位西《禮經通論》、魏源《詩古微》；再讀《禮》學，《禮記》中先以《王制》，次讀《大戴禮記》《五經異義》《白虎通》；最後再讀群經。

其次是史學書，先讀《史記·儒林傳》，其次《漢書·儒林傳》《藝文志》，《史記·孔子世家》《仲尼弟子列傳》《孟子荀卿列傳》，《後漢書·儒林傳》《黨錮傳》，《史記·老子韓非列傳》《遊俠列傳》《刺客列傳》《日者列傳》《龜策列傳》《太史公自序》，再讀《後漢書》中的《列傳》，最後是群史。梁啟超以為，《太史公自序》中言《春秋》最精，《論六家要旨》可視為諸子學案，有助於瞭解古代學派情況。他還說：「《後漢書》擇其《列傳》先讀之，余可緩讀，《列傳》中武臣之傳亦可緩讀。史以讀《志》為最要，然當俟專求掌故時始讀，故亦從緩。」〔註59〕

〔註57〕梁啟超：《讀書分月課程》，載梁啟超著，湯志鈞、湯仁澤編：《梁啟超全集·第一集》，中國人民大學出版社2018年版，第13頁。

〔註58〕梁啟超：《讀書分月課程》，載梁啟超著，湯志鈞、湯仁澤編：《梁啟超全集·第一集》，中國人民大學出版社2018年版，第13頁。

〔註59〕梁啟超：《讀書分月課程》，載梁啟超著，湯志鈞、湯仁澤編：《梁啟超全集·第一集》，中國人民大學出版社2018年版，第15頁。

第三，關於子學書，他首列「論家法」的《莊子‧天下篇》，《荀子‧非十二子》《韓非子‧顯學》，《墨子‧非儒》《公孟》；其次是《孟子》《荀子》《管子》《墨子》《老子》《莊子》《列子》《呂氏春秋》《淮南子》等群子。讀孟、荀二子，宜分類而讀，如可將《孟子》分為養心、厲節、經世、尊孔、論性「五門」來講求，將《荀子》分為辨生、勸學、崇禮、經國、尊師、法闢、異學等門類講求。他以為《管子》多存舊制，而為偽《周禮》所本；《莊子》本孔學，但「往而不返，間遁於老」；《列子》本後人「擷拾老莊為之，然精論甚多」；《呂氏春秋》等雜家二書，「《淮南》則多近於道家，然二書言諸子學術行事甚多，亦極要，宜於《老》《墨》二書卒業後即讀之」。〔註60〕其中多有警拔之語，獨到之見。

第四，關於理學書，他主張先讀《象山學案》，其次《上蔡學案》《東林學案》《姚江學案》《泰州學案》《江右王門學案》《浙中王門學案》《白沙學案》《伊川學案》《橫渠學案》《濂溪學案》《明道學案》《百源學案》《東萊學案》《南軒學案》《艮齋、止齋、龍川、水心學案》，「朱子之學，《宋元學案》所編其陋，宜讀《語類》」〔註61〕；讀《朱子語類》，先之以《總論為學之方》，然後《論力行》《論讀書》《論知》《訓門人》《自述》《論治道》《論本朝》。

最後，關於西學書，他依次列舉了《萬國史記》《瀛環志略》《列國歲計政要》《格致須知》《西國近事彙編》《談天》《地學淺識》。

關於讀群書的次第，他還列了一個六月程的表。關於做表的根據及略例方面，他在表前有個說明，道是：「學者每日不必專讀一書。康先生之教，特標『專精』、『涉獵』二條，無『專精』則不能成，無『涉獵』則不能通也。今將各門之書，臚列其次第，略仿『朝經、暮史、晝子、夜集』之法，按月而為之表，有志者可依此從事焉。」〔註62〕按日程行事，讀書的「死工夫」也就有所依託了。

袁世凱稱帝鬧劇前後，國內為造聲勢，搞了不少尊孔、讀經的亂象。1926年，梁啟超回顧說，學校讀經問題為十年來教育界一「宿題」，至今爭持不決，

〔註60〕梁啟超：《讀書分月課程》，載梁啟超著，湯志鈞、湯仁澤編：《梁啟超全集‧第一集》，中國人民大學出版社2018年版，第16頁。

〔註61〕梁啟超：《讀書分月課程》，載梁啟超著，湯志鈞、湯仁澤編：《梁啟超全集‧第一集》，中國人民大學出版社2018年版，第17頁。

〔註62〕梁啟超：《讀書分月課程》，載梁啟超著，湯志鈞、湯仁澤編：《梁啟超全集‧第一集》，中國人民大學出版社2018年版，第17頁。

各校遂取締了經課，走向另一極端。梁啟超說：「吾自昔固疑讀經之難，故頗祖不讀之說，謂將經語編入教科書已足。吾至今亦仍覺其難也，然從各方面研究，漸覺不讀之不可。」〔註63〕

　　他提出了必須讀經的五條理由，第一條便上升到讀經與「國性」的關係上了。他說：「經訓為國性所寄，全國思想之源泉，自茲出焉。廢而不讀，則吾儕與吾儕祖宗之精神，將失其連屬，或釀國性分裂消失之病。」〔註64〕其次，從文體及文字的作用上看，由於中國「言文分離」，在國語未統一時，「溝通全國人之情，使控摶為一體」全仰仗文字，古今文字差別不大，古書是自幼便應當讀的。第三，因文字無甚大變化，用國文既難以表述各種科學思想，不如用「訓詞深厚，含意豐宏」的古書。「能理解古書者，則藉此基礎以闡發新思潮，或尚有著手處。若全國皆習於淺薄之文學，恐非惟舊學失墜，而新學亦無自昌明。」〔註65〕第四，從「記性」與「悟性」的關係看，幼時記性好，不如且讀那些應讀之經，年長後自能透悟。如果錯過時機，後雖勤勞十倍，亦難收效，讀亦不能受用。第五，從學童「宜誦」之性上看，與其費日力地朗誦坊間所編的那些「不必誦」的教科書，不如反求諸聖經賢傳。〔註66〕

　　面對浩瀚的群經，過去不用像今天還要學習科學，只是窮年讀經，猶不能盡，好像今天再去讀經，正是不辨繁難之舉。在梁啟超看來，那些反對讀經的人，那裡是「有惡於經」，不過是「不知何讀可耳」。〔註67〕他說：「欲讀經則非刪經不可，非編經不可。」〔註68〕這即是要在群經之中，分出「可不讀者」、「可緩讀者」與「可摘讀者」，而且在讀經時，還要注意分年齡階段進行。梁啟超說：「竊計群經之中，其言古代制度器物儀注者，徑可不讀，以俟大學考古之專科足矣。其政治譚及性命譚可以緩讀、可以摘讀，且皆中學之

〔註63〕梁啟超：《學校讀經問題》，載梁啟超著，湯志鈞、湯仁澤編：《梁啟超全集·第十四集》，中國人民大學出版社2018年版，第299頁。

〔註64〕梁啟超：《學校讀經問題》，載梁啟超著，湯志鈞、湯仁澤編：《梁啟超全集·第十四集》，中國人民大學出版社2018年版，第299頁。

〔註65〕梁啟超：《學校讀經問題》，載梁啟超著，湯志鈞、湯仁澤編：《梁啟超全集·第十四集》，中國人民大學出版社2018年版，第299頁。

〔註66〕梁啟超：《學校讀經問題》，載梁啟超著，湯志鈞、湯仁澤編：《梁啟超全集·第十四集》，中國人民大學出版社2018年版，第299頁。

〔註67〕梁啟超：《學校讀經問題》，載梁啟超著，湯志鈞、湯仁澤編：《梁啟超全集·第十四集》，中國人民大學出版社2018年版，第299頁。

〔註68〕梁啟超：《學校讀經問題》，載梁啟超著，湯志鈞、湯仁澤編：《梁啟超全集·第十四集》，中國人民大學出版社2018年版，第300頁。

事也。將此數部分刪去，所餘有幾？且又皆文從字順，能使兒童理解者矣，再分別編為年課，以小學八年之力，應讀之經略畢矣。」〔註 69〕他的這些見解與主張，在探討今天的兒童讀經問題時，仍有大可借鑒之處。

古書不可不讀，但要分類，注意每類書的讀法，如果教育機關能摘編成書，分配於高等小學及中學之七八年間，便可「替青年省多少精力而人人得有國學基本知識」，既不使青年完全拋棄國學，又可讓他們少走冤枉路。〔註 70〕

本章小結

除了探討國學入門書目外，還有學者開始編選國學論文目錄。從民國 18 年（1929）至民國 25 年（1936），國立北平圖書館出版了《國學論文索引》的《初編》《二編》《三編》《四編》，收錄了清代光緒至民國 24 年（1935）的國學論文目錄，反映了當時的國學觀念。劉兆祐等人將其分類為 17 種，即總論、群經、語言文字學、考古學、史學、地學、諸子學、文學、科學、政治法律學、經濟學、社會學、教育學、宗教學、音樂、藝術、圖書目錄學，以為其大致能反映國學的內涵，「僅限於根據古籍從事對古代事物的研究」，如果研究考試制度等問題時「根據的文獻是近代的，研究的內涵是近代的制度，就不屬於國學的範圍了」。〔註 71〕

總之，從名實關係上看，隨著「國學」的「入門」書目傳播開來，「普及」參考、治要方法擴展開來，原來的「國學」之「名」，不斷取得實質性的內容，從「實」上深入國人的人心。

當然，在「國學」普及的過程中，還須注意國學研究的兩種可能性偏向。具體而言，一方面，國學的「純化」研究不能基於窄化理解，如侷限於國文課。因為國文課不能僅限於文學鑒賞、語言文字解析、典籍紹述，還應該包括哲學、史學、經濟學、社會學、法學等社會科學類及自然科學類的精華部分的介紹。對於傳統文化的糟粕部分也應該予以平情的介紹，同情的理解，在對比中詮釋古人的文化心理、學問旨趣，只是在價值判斷與價值選擇上才

〔註 69〕梁啟超：《學校讀經問題》，載梁啟超著，湯志鈞、湯仁澤編：《梁啟超全集·第十四集》，中國人民大學出版社 2018 年版，第 300 頁。

〔註 70〕梁啟超：《讀書法講義》，載梁啟超著，湯志鈞、湯仁澤編：《梁啟超全集·第十四集》，中國人民大學出版社 2018 年版，第 444 頁。

〔註 71〕劉兆祐、江弘毅等著：《國學導讀》，中國人民大學出版社 2011 年版，第 4 頁。

對所謂的精華與糟粕做出正確二分、合理去取。

　　另一方面，國學的「泛化」研究不能過於拓展而模糊了學術邊界。傳統學術以「十三經」最為代表，其中，《易》《詩》《書》《禮》《春秋》謂之「經」，《左傳》《公羊傳》《穀梁傳》稱「傳」，《禮記》《孝經》《論語》《孟子》謂之「記」，最後是漢代經師的訓詁之作《爾雅》。「六經」是經學之本原，是「三十經」中之「經」。經學典籍是國學經典的核心構件。國學的復興，需要不斷地對這個原點進行各向度的「回歸」。

第四章　國故整理

　　在向元典、向國學經典的各向度的「回歸」中，重新詮釋的「整理」工作便不斷地鋪展開來。

　　如前所述，本書旨在從精神演變史視角，探索中國近代以來「國學意識」的生成、擴展、轉進的精神觀念史。伴隨著近代知識人的國學自覺意識而來的，是他們在析論「國故」與「國粹」方面的洞見，為今天促成國學復興之局提供了多元而開放的解讀空間。

第一節　從「國故」到「國粹」

　　「國故」本是章太炎發明的語詞。章太炎《國故論衡》一書，書名既已用「國故」，內容分論小學、文學與諸子學三部分。從中可知，他的「國故」意涵主要有二：一指中國之舊學；二指中國之掌故，即中國之文獻。胡適說：「自從章太炎著了一本《國故論衡》之後，這『國故』底名詞於是成立。」〔註1〕本節重在析論這些核心「名詞」。

一、何謂「國故」？

　　章太炎的國故觀，似乎並不意存褒貶。然而，「國故」是廣義地用來指稱一種文化傳統呢？還是僅解釋為傳統的學術、固有的民族精神、舊的學問？如何看待20世紀初期的國故論爭？重新思考這些問題，對於確立今天國學復

〔註1〕胡適：《「研究國故」的方法》，載胡適著、季羨林主編《胡適全集》第13卷，安徽教育出版社2003年版，第44頁。

興課題的重要議題，仍有不可忽視的作用。

（一）「國故」是個中立詞

「國故」本是個價值中立的語詞，比單純叫「國粹」「國華」好。胡適說：「『國故』二字為章太炎先生創出來的，比國粹、國華……等名詞要好得多，因為他沒有含得有褒貶的意義。」〔註2〕胡適又說：「『國故』底名詞，比『國粹』好得多。自從章太炎著了一本《國故論衡》之後，這『國故』底名詞於是成立。如果講是『國粹』，就有人講是『國渣』。『國故』（National past）這個名詞是中立的。我們要明瞭現社會底情況，就得去研究國故。古人講，知道過去才能知道現在。」〔註3〕

1919 年初，北大學生傅斯年、羅家倫等人創辦《新潮》。幾乎同時，黃侃、劉師培等人在劉師培宅內成立國故社，並於 3 月創辦了《國故》月刊，刊發文言文章，不用新式標點。兩刊一「新」一舊，雖然辦刊旨趣相異，但卻有「新故相資」之效。毛子水在《新潮》發表文章，認為「國故就是中國古代的學術思想和中國民族過去的歷史」；他還批評，「近來研究國故的人，多不知道國故的性質，亦沒有科學的精神。他們的研究國故，就是抱殘守缺。如果不具備科學的精神，那麼研究國故就是抱殘守缺，不僅不能夠發揚國光，反而是發揚國醜」。〔註4〕《國故》月刊隨即刊登張煊的駁論文章《駁〈新潮〉〈國故和科學的精神〉篇》〔註5〕，毛子水接著對此文進行了逐一反駁〔註6〕。胡適撰《論國故學答毛子》，批評張煊研究國故是為了適應時勢需要的見解，是完全不懂得國故學性質的古人通經治世的夢想；同時批評毛子水也有太偏之處，對待國故應當拋開狹隘的功利之見，應該追求為真理而求真理的態度。

雖然由於各種原因《國故》僅出版 4 期，但是通過談「新」論「故」，《國故》同《新潮》一起，在將「國故」的相關問題不斷引向深入方面做了不少基礎性工作。國故的內涵，漸逐一致。像吳文祺說：「中國過去的一切文化歷史，

〔註2〕 胡適：《再談談「整理國故」》，載胡適著、季羨林主編《胡適全集》第13卷，安徽教育出版社 2003 年版，第47頁。

〔註3〕 胡適：《「研究國故」的方法》，載胡適著、季羨林主編《胡適全集》第13卷，安徽教育出版社 2003 年版，第44頁。

〔註4〕 毛子水：《國故和科學的精神》，《新潮》第1卷第5號，1919年5月。

〔註5〕 張煊：《駁〈新潮〉〈國故和科學的精神〉篇》，《國故》第3期，1919年5月。

〔註6〕 毛子水：《〈駁《新潮》《國故和科學的精神》篇〉訂誤》，《新潮》第2卷第1號，1919年10月。

便是中國的國故。」〔註7〕便是這一共識的代表。

　　國故認識的深入，促進國故研究的系統化，胡適「整理國故」的新主張出臺，一大批成果也推出來了。許嘯天將部分成果，編輯成《國故學討論集》三大冊，由群學社於 1927 年初出版。1991 年，上海書店將其作為「民國叢書」第三編之一影印出版。許嘯天在《國故學討論集新序》開篇即道：「提起『國故學』三個字，便可從這三個字裏看出我中華大國民浪漫不羈的特性來。這一種國民性，適足以表示他粗陋，怠惰，缺乏科學精神，絕少進取觀念的劣等氣質！……這浪漫性，並不是什麼好名詞，並沒有使人可以企慕的意味；只可以叫人嘲罵，叫人鄙棄的劣等人種的賤性！」〔註8〕所以，泰戈爾幼年在恒河岸畔看到繡旆下的流蘇，想到它是中國的絲做的，因此企慕中國的浪漫，那不過是詩人的想像。「印度之所以弄成亡國，中國之所以弄成不死不活的局面，也未始非這一點浪漫底根性在那裡作怪。」〔註9〕許嘯天說：「『國故學』三個字，是一個極不澈底、極無界線、極浪漫、極渾亂的假定名詞；中國的有國故學，便足以證明中國人絕無學問，又足以證明中國人雖有學問而不能用。這樣的惰性，這樣的劣性，還不快快革除，卻又去恭維他，說他是東方文化，又說他是大國的風度。我實在是羞死了，氣死了！所以在不知不覺中說了幾句過激的話。」〔註10〕他接著說：「按到實在，這『國故學』三個字，還算是近來比較的頭腦清晰的人所發明的；有的稱『國學』，有的稱『舊學』，有的稱『國粹學』。在從前老輩嘴裏常常標榜的什麼『經史之學』，『文獻之學』，『漢學』，『宋學』；那班窮秀才，也要自附風雅，把那爛調的時文詩賦，也硬派在『國粹學』的門下。種種名目，搜羅起來，便成了今日所謂的『國故學』。」〔註11〕這是交待了「國故學」語詞的來源。但「國學」是什麼？「國故學」是什麼？仍然需要探究。老實說來，「我們中國，莫說沒有一種有統系的學問，

〔註7〕吳文祺：《重新估定國故學之價值》，載許嘯天編輯：《國故學討論集》第一集，群學社 1927 年版，上海書店 1991 年影印版，第 35 頁。

〔註8〕許嘯天編輯：《國故學討論集》，群學社 1927 年版，上海書店 1991 年影印版，《新序》第 1 頁。

〔註9〕許嘯天編輯：《國故學討論集》，群學社 1927 年版，上海書店 1991 年影印版，《國故學討論集新序》第 3 頁。

〔註10〕許嘯天編輯：《國故學討論集》，群學社 1927 年版，上海書店 1991 年影印版，《國故學討論集新序》第 3 頁。

〔註11〕許嘯天編輯：《國故學討論集》，群學社 1927 年版，上海書店 1991 年影印版，《國故學討論集新序》第 3～4 頁。

可憐連那學問的名詞也還不能成立！如今外面鬧的什麼國故學，國學，國粹學，這種不合邏輯的名詞，還是等於沒有名詞。況且立國在世界上，誰沒有一個國故？誰沒有一個歷史？便是誰沒有一個所謂國故學？誰沒有一個所謂經史之學？這國故經史，是不是算一種學問？……在我的見解，所謂學問者，須具有兩種條件：一種，是有統系有理知的方法；一種，是拿這個方法可以實現在人生，或是解決人生的困難，或是增加人生的幸福。」〔註 12〕從科學界的天文、地理、數、理、化、力等到哲學、文學等學問，都各有其獨立的名詞，都具有這兩大學術條件的效用。然而，「從沒像中國這樣籠統而無方法的國故學，可以在學術界上獨立一科的。倘然國故可以成功一種學術，那全地球上的各國，每一國都有他自己的國故；為什麼卻不聽得有英國故學，德國故學的名稱傳說呢？所以國故實在算不得是一種學問。我們中國的有國故學三字發見，正是宣告我們中國學術界程度的淺薄，知識的破產，而是一個毫無學問的國家。」〔註 13〕每一國都有自己的「國故」作為舊有的文化傳統或文明類型，有「國故」不足以形成對中國固有學術進行詬病的理由，只有研究「國故」的某些「國故學」，自有其侷限。

許嘯天主要辨析的，是「國故學」能不能作為一種有效用的學問的名稱。他還說：「翻過來說，中國的國故學，何嘗不是學問？中國的國故學，不但是中國的真學問，而且是全世界的真學問。」〔註 14〕像六經子史中，被視為哲學、文學的府庫，裏面就有最深、最高、最豐富的科學。他所說的國故學不是學問，是說「國故學不能成功一種學問的名詞」〔註 15〕。他還說：「那國故裏面，自有他的真學問在。倘然後代的學者，肯用一番苦功，加以整理，把一個囫圇的國故學，什麼政治學，政治史，社會學，社會史，文學，文學史，哲學，哲學史，以及一切工業農業數理格物，一樣一樣的整理出來，再一樣一樣的歸併在全世界的學術界裏，把這虛無縹渺學術上大恥辱的國故學名詞取銷；這樣一做，不但中國的學術界上平添了無限的光榮，而且在全世界的

〔註 12〕許嘯天編輯：《國故學討論集》，群學社 1927 年版，上海書店 1991 年影印版，《國故學討論集新序》第 5 頁。

〔註 13〕許嘯天編輯：《國故學討論集》，群學社 1927 年版，上海書店 1991 年影印版，《國故學討論集新序》第 6 頁。

〔註 14〕許嘯天編輯：《國故學討論集》，群學社 1927 年版，上海書店 1991 年影印版，《國故學討論集新序》第 6 頁。

〔註 15〕許嘯天編輯：《國故學討論集》，群學社 1927 年版，上海書店 1991 年影印版，《國故學討論集新序》第 7 頁。

學術上一定可以平添無上的助力。因為中國的文化，開闢在三千年以前，那六經全是中國文化的紀錄；再加周秦時期思想的發展，種種發明，種種經歷，都可以充得世界的導師，而與以無上的教訓。」〔註16〕

　　在許嘯天看來，「國故」就如果一個有待整理的原料寶庫。他說：「那國故，是各種物質的原料；科學，是從國故原料裏提出成分來製成的器皿。」〔註17〕從前沒能做好整理工夫，那真是中國學者的一種罪過。他說：「做中國學問，本來不是一件容易的事；只因不曾經過整理，不但使後代學者找不出一個頭緒來，便是找到了頭緒，好似走進了一座凌亂蕪雜的棧房裏面，都是零碎的不適用的多。好不容易，用披沙淘金的工夫，整理出一點切於實用的學問來；學者僅僅拿他看作一種陶情適性的玩物，既沒有公開的著作，也沒有澈底的研究。前者摸過一條黑衖，卻不肯把黑衖裏的走法告訴人，一任那後者再去費一番黑衖裏的工夫；因此，中國的學術界，常在這條循環線上來來往往的走，便永遠沒有進步，永遠沒有成功。」〔註18〕中國學者不能自甘於如此窘局，希望能「將中國的學術扶持出來，和世界的學術見面，非但見面，還要和世界的學術合併，使中國老前輩留下豐富而偉大的學術，使世界學術界得到一種偉大的幫助」〔註19〕。要下大工夫，努力將原有學術進行「精當而統系」的整理，並使其能「適於人生實用」。他編輯的《國故學討論集》，雖算不上在學術上的討論，但是卻有利於澄清國故學的門類，這是扶持國故學、「從舊的國故學裏面研究發明出新的科學」的第一步。〔註20〕

（二）國學：研究「國故」之學

　　既然「國故專講國家過去的文化」〔註21〕，而「國故」中有「國粹」和

〔註16〕許嘯天編輯：《國故學討論集》，群學社1927年版，上海書店1991年影印版，《國故學討論集新序》第7頁。

〔註17〕許嘯天編輯：《國故學討論集》，群學社1927年版，上海書店1991年影印版，《國故學討論集新序》第8頁。

〔註18〕許嘯天編輯：《國故學討論集》，群學社1927年版，上海書店1991年影印版，《國故學討論集新序》第9頁。

〔註19〕許嘯天編輯：《國故學討論集》，群學社1927年版，上海書店1991年影印版，《國故學討論集新序》第9頁。

〔註20〕許嘯天編輯：《國故學討論集》，群學社1927年版，上海書店1991年影印版，《國故學討論集新序》第10頁。

〔註21〕胡適：《「研究國故」的方法》，載胡適著、季羨林主編《胡適全集》第13卷，安徽教育出版社2003年版，第44頁。

「國渣」，那就需要有新的學術視野來對「國故」重新進行審視和判別。這種學問，胡適把它叫做「國故學」，可「縮寫」或「省稱」為「國學」。

胡適說：「『國學』在我們的心眼裏，只是『國故學』的縮寫。中國的一切過去的文化歷史，都是我們的『國故』；研究這一切過去的歷史文化的學問，就是『國故學』，省稱為『國學』。『國故』這個名詞，最為妥當；因為他是一個中立的名詞，不含褒貶的意義。『國故』包含『國粹』；但它又包含『國渣』。我們若不瞭解『國渣』，如何懂得『國粹』？所以我們要擴充國學的領域，包括上下三四千年的過去文化，打破一切的門戶成見：拿歷史的眼光來整統一切，認清了『國故學』的使命是整理中國一切文化歷史，便可以把一切狹陋的門戶之見都掃空了。」〔註22〕

國學研究的範圍不宜過窄，用胡適的話說，便是：「我們所謂『有歷史的眼光來擴大國學研究的範圍』，只是要我們大家認清國學是國故學，而國故學包括一切過去的文化歷史。歷史是多方面的：單記朝代興亡，固不是歷史；單有一宗一派，也不成歷史。過去種種，上自思想學術之大，下至一個字、一支山歌之細，都是歷史，都屬於國學研究的範圍。」〔註23〕範圍過窄，學術研究格局狹陋，這是三百年古學研究成績有限的主要原因。在打破經學狹隘固陋的門戶之後，還原各時代、人物、典籍等的「本來面目」，力圖做到「不誣古人」；再對他們的義理是非進行評判，力爭達到「不誤今人」。

國學的典籍眾多，總會有較大空間尚待發掘。有時或者會從「人棄我取」的選擇中實現國學研究的重大突破。這一方面的代表者，是謝國楨。謝國楨（字剛主，晚號瓜蒂庵主，1901～1982），祖籍江蘇常州，出生於河南安陽。謝老垂暮之年，以「瓜蒂庵」命名書齋，自言：「善本古籍，佳槧名抄，我自然是買不起，只能拾些人棄我取、零篇斷縑的東西，好比人家得到的都是些甘瓜珍品，我不過是撿些瓜蒂而已。……叫『瓜蒂庵』，名副其實而已。」〔註24〕謝老雖屬晚近的代表人物，但他的研究方法，卻係從接續前人學脈開闢出來的。研討它的方法，可以更好地理解20世紀前期的國學自覺。

〔註22〕胡適：《〈國學季刊〉發刊宣言》，載胡適著、季羨林主編《胡適全集》第2卷，安徽教育出版社2003年版，第7頁。

〔註23〕胡適：《〈國學季刊〉發刊宣言》，載胡適著、季羨林主編《胡適全集》第2卷，安徽教育出版社2003年版，第9頁。

〔註24〕謝國楨：《〈瓜蒂庵藏明清掌故叢刊〉序》，見《瓜蒂庵藏明清掌故叢刊》，上海古籍出版社1983年版。

胡適從國學的使命、方法、目的、方向等方面，建構起自己的宏闊的國學觀。他說：「國學的使命是使大家懂得中國過去的文化史；國學的方法是要用歷史的眼光來整理一切過去文化的歷史。國學的目的是要做成中國文化史。國學的系統的研究，要以此為歸宿。一切國學的研究，無論時代古今，無論問題大小，都要朝著這一個大方向走。只有這個目的可以整統一切材料；只有這個任務可以容納一切努力；只有這種眼光可以破除一切門戶畛域。」〔註25〕

對於國故中有「國渣」成份，吳稚暉等人有極盡嘲諷的抨擊。吳稚暉在《箴洋八股化的理學》一文中說：「這國故的臭東西，他本同小老婆、吸鴉片相依為命。小老婆吸鴉片，又同陞官發財相依為命。國學大盛，政治無不腐敗。因為孔孟老墨便是春秋戰國亂世的產物。非再把它丟在毛廁裏三十年，現今鼓吹成一個乾燥無味的物質文明，人家用機關槍打來，我也用機關槍對打，把中國站住，再整理什麼國故，毫不嫌遲。」吳稚暉還反對老少配，他說：年輕女孩嫁老頭，不是謀財，就是害命。

吳稚暉站在現代文明的立場上，指斥國故為「古董」，他說：「把中國站住了，再整理什麼國故，毫不嫌遲。什麼叫國故？與我們現在的世界有什麼相關？他不過是世界一種古董，應保存的罷了。」他為《民國日報》主編副刊《科學週報》時，這位年已六十的「老前鋒」就為週刊寫了大量生動幽默而又辭鋒犀利的「編輯話」。尤其是他為創刊所寫的「發刊語」，更是對他畢生熱情宣揚的科學主義作了言簡意賅的概括：「科學在世界文明各國皆有萌芽，文藝復興以後它的火焰在歐土忽熾，近百年來，更是火星迸發，光明四射。一切學術，十九都受它的洗禮。即如言奧遠的哲學，言情感的美學，甚至瞬息萬變的心理，瑣碎糾紛的社會，都一一立在科學的舞臺上，手攜手的向前走著。人們的思想，終容易疏忽，容易籠統，受著科學的訓練，對於環境的一切，都有秩序的去觀察整理；對於宇宙，也更有明確的瞭解；因此就能建設出適當的人生觀來。」

章太炎在信中批評吳稚暉以講國粹屬張之洞、講吏治屬曾國藩，那都是「門外語」，而吳之「惡言國粹」，不過是「利人之愚」而「掩己之失」。章太炎說：「張之洞以前，達官之講國粹者多矣。張之洞提倡國粹，亦非甚力。但

〔註25〕胡適：《〈國學季刊〉發刊宣言》，載胡適著、季羨林主編《胡適全集》第2卷，安徽教育出版社2003年版，第13頁。

今之大吏，半起白徒，故名獨歸於張之洞耳。」〔註26〕章太炎曾立意保存國粹，光復舊物。他在信中說：「吾輩但當保存國故，作秦代之伏生耳。」〔註27〕章太炎曾說：「民族革命，光復舊物之義，自船山、晚村以來，彰彰在人耳目。」〔註28〕他對國故的態度與立場，與吳稚暉有著根本的不同。

二、從「國故」論衡到「國學」概論

「五四」以前的傳統學術研究，有兩大最具代表的人物，巍然相對：一個是康有為，另一個是章太炎。如果說康有為代表經學研究的新階段，那麼，章太炎代表正統考證學派即古文派的新高度。

（一）「國學」講會與「小四庫」

章太炎一生中多次講國學，其中影響最大的有四次。前面已有略述，此處從另一個側面再詳述一下。

第一次是 1906 年的東京講學，主要成果由他自編撰而成，即《國學講習會略說》。1906 年 6 月，經「蘇報案」獲釋後，章太炎東渡日本，主持《民報》。9 月，他在《民報》第七號布告，發起「國學講習會」。10 月，他以《民報》社長的名義，在《民報》第八號上發布廣告曰：「本社為振起國學，發揚國光而設，間月發行講義，全年六冊。其內容共分六種：（一）諸子學，（二）文史學，（三）制度學，（四）內典學，（五）宋明理學，（六）中國歷史。」〔註29〕從其所出版的《國學講習會略說》的內容來看，除了《序》之外，只有論語言文字之學、文學論略、諸子學論略三章，可能是講習會前期的講義。

這次國學講習會定期講授，前後持續了四年，奠定了章太炎國學觀的基本框架，形成了章太炎國學講演的最核心內容。對章太炎的東京講學的情形，黃侃後來回憶說：「其授人國學也，以謂國不幸衰亡，學術不絕，民猶有所觀感，庶幾收碩果之效，有復陽之望。故勤勤懇懇，不憚其勞。」〔註30〕

〔註26〕 章太炎：《與吳稚暉（三通）》之一，載上海人民出版社編、馬勇整理：《章太炎全集·書信集》，上海人民出版社 2017 年版，第 310 頁。

〔註27〕 章太炎：《與黃侃（通）》之二十，載上海人民出版社編、馬勇整理：《章太炎全集·書信集》，上海人民出版社 2017 年版，第 293 頁。

〔註28〕 章太炎：《與吳稚暉（三通）》之二，載上海人民出版社編、馬勇整理：《章太炎全集·書信集》，上海人民出版社 2017 年版，第 311 頁。

〔註29〕 章炳麟：《國學振起社廣告》，載上海人民出版社編、馬勇整理《章太炎全集·太炎文錄補編》，上海人民出版社 2017 年版，第 256 頁。

〔註30〕 黃侃：《太炎先生行事記》，《制言》第四十一期，1937 年出版。

　　1908 年，章太炎論國學現狀說：「皇甫持正有言：『書字未識偏旁，高談穀、契；讀書未知句度，下視服、鄭。』今之言國粹者，多類是矣。」〔註31〕他還說：「百年以前，學者惟患瑣碎，今則不然，正患曼衍，不患微言大義之不明也。」〔註32〕他認為，讀鄭樵的《通志》、章學誠的《文史通義》等史論著述，當注重「明真偽」、「識條理」。

　　1909 年，章太炎在一封信中指出了國學研究的重點與方法。他認為，「歷史興地」是「懷舊之具」，然而欲「光復舊物」非旦暮之事，當「董理方言，令民葆愛舊貫，無忘故常，國雖芩落，必有與立」，實可「使國性不醨，後人收其效」。〔註33〕司馬遷、班固以下、唐代以前，「文章之雅馴，制度之明察，人物之高亮，誦之令人感慕無已」；周秦諸子，「趣以張皇幽眇，明效物情，民德所以振起，國性所以高尚」。〔註34〕為通解古籍，深達國學大旨，章太炎主張以《說文解字》《爾雅》為「根極」。所以，他說：「故僕國學以《說文》《爾雅》為根極，音均不通，則假借無由明。」〔註35〕由此而進，「若乃隨俗雅化，期使人粗知國學，則王氏《困學紀聞》（翁箋），顧氏《日知錄》，陳氏《東塾讀書記》，典章學術，皆已粗陳梗概，其於戎狄亂華，尤致意焉（王氏言此最痛切）。是則普教士民之術也。」〔註36〕

　　第二次是 1912 年的北京講學。1912 年馬裕藻、錢玄同等成立國學會，邀章太炎任會長。

　　第三次是 1922 年的上海講學。1922 年 4 月 1 日至 6 月 7 日在上海江蘇教育會講演《國學十講》〔註37〕。主要成果由弟子曹聚仁記錄整理，即《國

〔註31〕章太炎：《與人論國學（二通）》之一，載上海人民出版社編、馬勇整理：《章太炎全集·書信集》，上海人民出版社 2017 年版，第 304 頁。

〔註32〕章太炎：《與人論國學（二通）》之一，載上海人民出版社編、馬勇整理：《章太炎全集·書信集》，上海人民出版社 2017 年版，第 306 頁。

〔註33〕章太炎：《與鍾正楙（二通）》之二，載上海人民出版社編、馬勇整理：《章太炎全集·書信集》，上海人民出版社 2017 年版，第 302 頁。

〔註34〕章太炎：《與鍾正楙（二通）》之二，載上海人民出版社編、馬勇整理：《章太炎全集·書信集》，上海人民出版社 2017 年版，第 302 頁。

〔註35〕章太炎：《與鍾正楙（二通）》之二，載上海人民出版社編、馬勇整理：《章太炎全集·書信集》，上海人民出版社 2017 年版，第 302 頁。

〔註36〕章太炎：《與鍾正楙（二通）》之二，載上海人民出版社編、馬勇整理：《章太炎全集·書信集》，上海人民出版社 2017 年版，第 303 頁。

〔註37〕由曹聚仁記錄，取名《國學概論》，1929 年由上海泰東圖書局出版，今收《章太炎全集》之《演講集》分冊。章太炎一開頭但提到曾在東京和北京各講演

學概論》。

第四次是晚年的蘇州講學。1933 年 3 月 14 日在無錫國專講《國學之統宗》。1934 年，67 歲的章太炎，目睹日寇入侵，在蘇州創辦「章氏國學講習會」與《制言》半月刊，又講學四年。

總之，章太炎在日本東京、上海、北京、杭州、蘇州等地從事國學講習活動長達四十年，整理的成果，除前述二種外，還有《章氏星期講演會記錄》《章氏同學講習會講演記錄》《國故論衡》等。其中，《國故論衡》與《國學講習會略說》有重複。章氏的國學講演與國學著述影響了一大批人，他們後來也多成為卓然有成的學人。

另外，還要專門介紹一下湖南武陵人張文治編著的《國學治要》七編。1930 年 5 月，上海文明書局、中華書局發行了該書，共計約近三千篇，一百餘萬字，世稱「小四庫全書」。張文治依經、史、子、集四部分類之例，遴選歷朝各代最具經典性的典籍文獻，分別編撰成《經傳治要》《史書治要》《諸子治要》《理學治要》《古文治要》《詩詞治要》《書目治要》，共七篇八冊。他耗費十幾年心力，考察讀者需求，在《國學文錄》《群書治要》基礎上，去粗取精，捨棄難學的、不合時宜的、華麗空洞的內容，終成皇皇巨著《國學治要》。2012 年中國書店再版。2018 年，團結出版社還出版了《國學治要今譯》。

《國學治要》第一編為《經傳治要》，其中第一卷的《經傳十種》序，內容重要，故抄錄如次：

> 昔司馬氏為孔子世家贊曰：「中國言六藝者，折衷於夫子」。注者曰：「六藝即《易》《書》《詩》《禮》《樂》《春秋》，一稱六經。」蓋孔子憫道之不行，斯文將喪，乃退與弟子講貫，刪定舊典，以期垂教無窮，故其書永為我國簡冊之冠。
>
> 厥後，漢劉向父子，因校理群書，而作《七略》，即首列六藝，復以《論語》《孝經》《爾雅》數種附之。隋唐以後，諸史志皆易《七略》為四部，因更名六藝略為經部，宋代特升《孟子》於經，而《禮》與《春秋》儒者又各析之為三，傳之今日，世遂有十三經、十四經之名。
>
> 惟章實齋、龔定庵二子，則著論非之，謂孔子所刪定者，乃周

過一次國學，1922 年的這次是他第三次講國學。

官之舊典，其數僅六（案：《樂》不見成書，實惟五經），非孔子自名曰經，他書不得以肊〔臆〕增加。而今書所謂經者，大半本子、史、傳、記之書，強名曰經，殊違正名之義，其言信辨。

　　然吾謂天下之事，不可以一端盡，苟變而得宜，則亦不妨從眾。如今經部中之三傳、《禮記》《孝經》諸種，稽其微言大義，多足與六經相為表裏，縱使不名曰經，而已有經之實，為後世治經者所不能廢，故是編仍一體與孔子之六經，同加採錄，時亦參取章、龔之意，題其編曰經傳。傳者，釋經之作，輔經而行，是以編內所錄，不限於孔子之六經，而亦不出於後世論定諸經之外，共計經傳十種。其不錄者，若《爾雅》一書，以其訓詁繁碎，不便誦讀。《論語》《孟子》合《禮記》中之《大學》《中庸》二篇，自宋以來，通稱《四書》，其言簡括宏深，為經傳之錧鎋、百家之權衡者，又以其書家藏戶有，人多誦習，不容刪節，以免掛一漏萬，徒占篇幅耳！（案：經傳授受，至東漢時，古文今文之爭頗盛。今文謂《史記·儒林傳》所述之十四博士所治諸經，皆以漢世通行之隸書書成者。古文謂西漢末所出之經，如《毛詩》《左傳》《周官》、孔安國所傳《尚書》等種，皆以蝌蚪古文書成者。當哀、平時，劉歆奏立古文諸經於學官，光武時，復罷之。然其後大儒鄭玄等，皆尊習古文，遍注群經，故古之學大昌。今所傳十三經注疏本之注，惟《公羊傳》何注，自序其中多非常異義、可怪之論，如張三世、通三統、絀周王魯、受命改制諸說，論者謂其尚存西漢博士遺說之梗概。迨有清中葉以還，治經者復有厭棄古文，而好言《公羊傳》者，相與提倡今文學，甚至力詆西漢晚出之古文經傳，皆劉歆偽造，殆有一切罷斥之意。今姑勿深究其論證之確否，即如梅本《尚書》，後儒猶以其傳習已久，不能遽廢，況古文群經耶？故本編採錄經傳，於此等未定之論，皆不敢輕從，特附其說於此。）

上所錄文，中間夾雜按語，尤顯編者卓識。關於編纂旨趣，編者說：「吾國開明最古，學術廣博，然其大要載之簡冊，統於四部，是書分編，即依四部之名，稍加離析，所採諸書，亦皆四部名著。考之公論，百世不朽。大凡於經史諸子，皆以著述為主，而存其犖犖近古者各若干種，於理學詩文，皆以作者為綱，而舉其初祖大宗；名實相符者各若干家，每家每種之中，則溯本

窮源，以定取捨。如諸子理學，本以立意為宗，故惟取其述學之名篇；史書多錄大事，而兼存原書之體例；經傳則事理俱富，約包子史兩編；古文詩詞，雖以詞章為重，而浮靡無物之作，概不收及。書目一編，兼總諸學，既可辨識古今學術之流別，且關後學讀書之門徑，故以殿焉。至於歷史賢哲之作，其立言雖不專家，而舒文載實，名貴一世，多有助於學問者。若經傳等書之序論，與歷代各家論學論文之篇，或敘述源流，或辨別是非，或補苴缺漏，或參加考訂，今並博選精擇，分隸各篇，總期吾國歷史之學術文章，藉此以進窺堂奧。繁而不蕪，簡而不陋，以便好學之士，依類講求，旁推互覽，深造自得。昔吾先正有言曰：『守約以施博』，又曰：『溫故而知新』，此是書所由作也。雖然，刪述之事，夫何易言？古今文章總集，如蕭選姚纂之傳世者，彪炳一時，而論者猶有微詞，況是書囊括四部，提要鉤玄，編者孤陋寡聞，草創手定，其不被人指謫者幾希。惟冀當代鴻博，不吝示教，俾異日次第修正，則拜賜多矣。」又加按語道：「此書之名『治要』，凡幾經更改，其後讀唐魏徵之《群書治要》，見其採擷經傳子史之文，略存精華，以便誦讀，合以此書體例，頗為相近，於是其名遂定。惟魏氏之書，乃奉敕編撰，專備人君乙夜所披覽，關繫治道政教者，固為詳盡，而於一國學術之大體，斯文之精粹，以今時學者之所求斷之，仍多缺憾，故此書特擴充其範圍，選四部名著，斟酌繁簡，定為七編，庶足為現今高級中學教本之用，及一般有志國學者研讀之資。每編之中，又各析為數類，大抵其第一類所選，皆為國學之本質，必須熟讀深思。其餘各類，則多屬指導門徑之作，學者亦宜考覽。」數量雖大，正好為學者提供了較大的取擇空間。而且，「當代人文字、關係國學、便於討論者，不乏佳構，而此編一律未收，以他日亦當別為專編故也」。

（二）魯迅的「國粹」觀

清末民初，人們常說「保存國粹」。清末所談的「國粹」，多指需要光復的「舊物」，或是不應去掉的「辮子」。在魯迅看來，清末說這種話的人，除了愛國志士外，便是出洋遊歷的大官，「他們在這題目的背後，各各藏著別的意思」：志士說「保存國粹」，不過是「光復舊物」之意；大官說「保存國粹」，卻是叫留學生不要去剪辮子。〔註38〕國粹，或曰國故，內涵上既與中國傳統

〔註38〕魯迅：《隨感錄　三十五》，載王世家、止菴編《魯迅著譯編年全集》第 3 卷，人民出版社 2009 年版，第 86 頁。

文化幾乎重合，外延上便可作物質、制度、觀念諸層面的區分。

到了民國，魯迅認為，人們所談的「保存國粹」已是意義模糊。所謂「國粹」，若「照字面來看」，「必是一國獨有、他國所無的事物了」〔註39〕。但是，「獨有」的即是「特別」的，但「特別」不是「好」，既然「特別未必定是好，何以應該保存」？這就像一個人，「臉上長了個瘤，額上腫出一顆瘡，的確是與眾不同，顯出他特別的樣子，可以算他的『粹』。然而據我看來，還不如將這『粹』割去了，同別人一樣的好」。〔註40〕即使中國的國粹真是「特別而且好」，何以現在卻「糟到如此情形」，使得「新派搖頭，舊派也歎氣」呢？〔註41〕現在的「大恐懼」，許多人認為是「中國人」的「名目」要消滅，魯迅卻認為是「中國人」要從「世界人」中擠出。〔註42〕1922 年 4 月，周作人在《晨報》副刊上發表《思想界的傾向》，批評「國粹主義」，擔心它會走向全面復古。他說：「對於太炎先生的學問，我是極尊重的。但我覺得他在現在只適於專科的教授而不適於公眾的講演，否則，容易變為復古運動的本營，即使他的本意並非如此。我們要整理國故，也必須憑藉現代的新學說、新方法，才能有點成就。」

從文化心態上看，中國曾有自大、頑固的傾向；近代以來，又朝向自卑一落而下。魯迅說：「我想，我們中國本不是發生新主義的地方，也沒有容納新主義的處所，即使偶然有些外來思想，也立刻變了顏色，而且許多論者反要以此自豪。」〔註43〕魯迅以為，「不能革新的人種，也不能保古的」〔註44〕。在「協同生長」的世界，要費心費力地靠「相當的智識、道德、品格、思想」才能站穩腳跟，而「『國粹』多的國民，尤為勞力勞心，因為他『粹』

〔註39〕魯迅：《隨感錄　三十五》，載王世家、止菴編《魯迅著譯編年全集》第 3 卷，人民出版社 2009 年版，第 86 頁。

〔註40〕魯迅：《隨感錄　三十五》，載王世家、止菴編《魯迅著譯編年全集》第 3 卷，人民出版社 2009 年版，第 86 頁。

〔註41〕魯迅：《隨感錄　三十五》，載王世家、止菴編《魯迅著譯編年全集》第 3 卷，人民出版社 2009 年版，第 86～87 頁。

〔註42〕魯迅：《隨感錄　三十六》，載王世家、止菴編《魯迅著譯編年全集》第 3 卷，人民出版社 2009 年版，第 87 頁。

〔註43〕魯迅：《隨感錄　五十九「聖武」》，載王世家、止菴編《魯迅著譯編年全集》第 3 卷，人民出版社 2009 年版，第 181 頁。

〔註44〕魯迅：《忽然想到（六）》，載王世家、止菴編《魯迅著譯編年全集》第 6 卷，第 170 頁。

太多」〔註45〕，「粹」太多即太過「特別」，「太特別，便難與種種人協同生長，掙得地位」〔註46〕。

魯迅說：「現在也的確常常有人說，中國的文化好得很，應該保存。那證據，是外國人也常在讚美。」〔註47〕但是外國人的讚美中國文化，並非是在真正地尊重中國文化，不過是利用中國文化的一種花招。中國的文化，像外國人常說的禮儀、肴饌等，究竟和現在的民眾有甚麼關係、甚麼益處呢？實際上，中國的文化，都是「侍奉主子的文化」，是用很多人的痛苦換來的，「無論中國人，外國人，凡是稱讚中國文化的，都只是以主子自居的一部分」，而所謂的「保存舊文化」，不過是「要中國人永遠做侍奉主子的材料，苦下去，苦下去」罷了。〔註48〕

由自尊自大變到自卑自棄，形成了中國近代文化觀上的兩種偏頗。魯迅深刻地指出：「中國既以自尊大昭聞天下，善詆諆者，或謂之頑固；且將抱守殘闕，以底於滅亡。近世人士，稍稍耳新學之語，則亦引以為愧，翻然思變，言非同西方之理弗道，事非合西方之術弗行，掊擊舊物，惟恐不力，曰將以革前繆而圖富強也。」〔註49〕中國向來所有的「自大」，只是「合群的愛國的自大」，所以在「文化競爭」失敗之後，不能再見「振拔改進」。〔註50〕20世紀的中國，「內密既發，四鄰競集而迫拶，情狀自不能無所變遷」，但如何變呢？「夫安弱守雌，篤於舊習，固無以爭存於天下。第所以匡救之者，繆而失正，則雖日易故常，哭泣叫號之不已，於憂患又何補矣」？既不能因循舊習，徘徊不前，只能直面問題，積極應對。所以，「明哲之士」「必洞達世界之大勢，權衡校量，去其偏頗，得其神明，施之國中，翕合無間。外之既不後於世界之思潮，內之仍弗失固有之血脈，取今復古，別立新宗，人生意義，致之深

〔註45〕魯迅：《隨感錄　三十六》，載王世家、止菴編《魯迅著譯編年全集》第3卷，人民出版社2009年版，第87頁。

〔註46〕魯迅：《隨感錄　三十六》，載王世家、止菴編《魯迅著譯編年全集》第3卷，人民出版社2009年版，第88頁。

〔註47〕魯迅：《老調子已經唱完》，載王世家、止菴編《魯迅著譯編年全集》第8卷，人民出版社2009年版，第96頁。

〔註48〕魯迅：《老調子已經唱完》，載王世家、止菴編《魯迅著譯編年全集》第8卷，人民出版社2009年版，第97頁。

〔註49〕魯迅：《文化偏至論》，載王世家、止菴編《魯迅著譯編年全集》第1卷，人民出版社2009年版，第286頁。

〔註50〕魯迅：《隨感錄　三十八》，載王世家、止菴編《魯迅著譯編年全集》第3卷，人民出版社2009年版，第95頁。

遄，則國人之自覺至，個性張，沙聚之邦，由是轉為人國」，然後國家才能「雄厲無前，屹然獨見於天下」。〔註51〕

中國所缺的，是「對庸眾宣戰」的「獨異」的「個人的自大」，他們能造成新思想，能發展出政治上、宗教上、道德上的改革。然而，「先覺的人，歷來總被陰險的小人、昏庸的群眾迫壓、排擠、傾陷、放逐、殺戮」〔註52〕。那些「合群的自大」、「愛國的自大」，只是「黨同伐異」，向少數天才宣戰，「他們自己毫無特別才能，可以誇示於人，所以把這國拿來做個影子；他們把國裏的習慣制度抬得很高，讚美得了不得」，他們「蹲在影子裏張目搖舌」，生出復古、尊王、扶清滅洋的舉動。〔註53〕魯迅將這種「愛國自大家」的意見分為從完全自負、消極反抗到「以自己的醜惡驕人」共計五種。前面四種雖然荒謬，因有說大話、尋人破綻以自嘲的特點而顯得可笑，但總還有一種「好勝心」在，可覺其「情有可原」。第五種意見，乃是「以自己的醜惡驕人」的人，他們「精神上掉了鼻子」，「居心可怕」，令人「寒心」。因為「民族根性造成之後，無論好壞，改變都不容易」〔註54〕，這種由昏亂思想而遺傳的禍害，是一種需要醫治的「思想上的病」。魯迅提出的「療救方法」是「從現代起，立意改變」，「掃除了昏亂的心思，和助成昏亂的物事（儒道兩派的文書），再用了對症的藥，即使不能立刻奏效，也可把那病毒略略屬淡」，幾代之後，便會出現「轉機」。〔註55〕要看到，「喜歡暗夜的妖怪多，雖然能教暫時黯淡一點，光明卻總要來。有如天亮，遮掩不住。想遮掩白費氣力的。」〔註56〕

魯迅的《又是「古已有之」》開頭便講道：「太炎先生忽然在教育改進社年會的講壇上『勸治史學』以『保存國性』，真是慨乎言之。但他漏舉了一條

〔註51〕魯迅：《文化偏至論》，載王世家、止菴編《魯迅著譯編年全集》第1卷，人民出版社2009年版，第295頁。

〔註52〕魯迅：《寸鐵》，載王世家、止菴編《魯迅著譯編年全集》第3卷，人民出版社2009年版，第219頁。

〔註53〕魯迅：《隨感錄　三十八》，載王世家、止菴編《魯迅著譯編年全集》第3卷，人民出版社2009年版，第95頁。

〔註54〕魯迅：《隨感錄　三十八》，載王世家、止菴編《魯迅著譯編年全集》第3卷，人民出版社2009年版，第96頁。

〔註55〕魯迅：《隨感錄　三十八》，載王世家、止菴編《魯迅著譯編年全集》第3卷，人民出版社2009年版，第97頁。

〔註56〕魯迅：《寸鐵》，載王世家、止菴編《魯迅著譯編年全集》第3卷，人民出版社2009年版，第219頁。

益處，就是一治史學，就可以知道許多『古已有之』的事。」〔註57〕但「古已有之」的，或有記載而失真，或乾脆已佚。以眼睛形狀而論，「宋的《析骨分經》，相傳也據目驗，《說郛》中有之，我曾看過它，多是胡說，大約是假的」〔註58〕。一些所謂的國粹學家，不辨真假，他們所迷信的中醫中，不乏荒謬之處。其中便有魯迅所指出的，「月經精液可以延年，毛髮爪甲可以補血，大小便可以醫許多病，臂膊上的肉可以養親」〔註59〕。

在醫學方面，中國早有醫典，技術方面累積的多是不科學的胡說，缺乏科學精神。魯迅說：「做《內經》的不知道究竟是誰。對於人的肌肉，他確是看過，但似乎單是剝了皮略略一觀，沒有細考校，所以亂成一片，說是凡有肌肉都發源於手指和足趾。宋的《洗冤錄》說人骨，竟至於謂男女骨數不同；老仵作之談，也有不少胡說。然而直到現在，前者還是醫家的寶典，後者還是檢驗的南針：這可以算得天下奇事之一。」〔註60〕即如牙痛，在中國不知發端於何人，治牙痛的方子很多，但魯迅的親身經歷告訴他，「只有用細辛者稍有效，但也不過麻痹片刻，不是對症藥」；「至於拔牙的所謂『離骨散』，乃是理想之談，實際上並沒有」。直到「西法的牙醫一到，這才根本解決了；但在中國人手裏一再傳，又每每只學得鑲補而忘了去腐殺菌，仍復漸漸地靠不住起來」，可知雖然牙痛了二千年，中國還是「敷敷衍衍的不想一個好方法，別人想出來了，卻又不肯好好地學」，也可以算得另一件天下奇事了。〔註61〕魯迅後來還說：「自從盤古開闢天地以來，中國就未曾發明過一種止牙痛的好方法，現在雖然很有些什麼『西法鑲牙補眼』的了，但大概不過學了一點皮毛，連消毒去腐的粗淺道理也不明白。」〔註62〕他小時候即是「牙痛黨」之一，所住的小城並無牙醫，人們也想不到天下有所謂的「西法」，只有《驗方

〔註57〕 魯迅：《又是「古已有之」》，載王世家、止菴編《魯迅著譯編年全集》第5卷，人民出版社2009年版，第286頁。

〔註58〕 魯迅：《論照相之類》，載王世家、止菴編《魯迅著譯編年全集》第5卷，人民出版社2009年版，第378頁。

〔註59〕 魯迅：《論照相之類》，載王世家、止菴編《魯迅著譯編年全集》第5卷，人民出版社2009年版，第378頁。

〔註60〕 魯迅：《忽然想到（一）》，載王世家、止菴編《魯迅著譯編年全集》第6卷，人民出版社2009年版，第23～24頁。

〔註61〕 魯迅：《忽然想到（一）》，載王世家、止菴編《魯迅著譯編年全集》第6卷，人民出版社2009年版，第24頁。

〔註62〕 魯迅：《從鬍鬚說到牙齒》，載王世家、止菴編《魯迅著譯編年全集》第6卷，人民出版社2009年版，第407～408頁。

新編》是「唯一的救星」，然而試盡「驗方」卻都不驗。後來，有人告訴他一個「秘方」，讓他「擇日」將栗子風乾，然後日日食之，就會有「神效」。當時還有醫生說這個叫「牙損」，很是難治；有位長輩斥責他不自愛才會生這病，讓人不知所云。魯迅後來查看中醫書，才明白了。他說：「我後來也看看中國的醫藥書，忽而發見觸目驚心的學說了。它說，齒是屬於腎的，『牙損』的原因是『陰虧』。我這才頓然悟出先前的所以得到申斥的原因來，原來是它們在這裡這樣誣陷我。到現在，即使有人說中醫怎樣可靠，單方怎樣靈，我還都不信。自然，其中大半是因為他們耽誤了我的父親的病的緣故罷，但怕也很挾帶些切膚之痛的自己的私怨。」〔註63〕

　　1926 年秋，魯迅到廈門大學任教時，還專門談到中醫如何治父親的病。文中提到 S 城兩位名醫，所用的藥裏，就有蘆根、經霜三年的甘蔗，蟋蟀一對且要「原配」的。這些所謂的名醫的用藥根據，很是奇特。乾隆年間的葉天士（1667～1746）之所以在舊方中加了梧桐葉作藥引，就是「『醫者，意也。』其時是秋天，而梧桐先知秋氣。其先百藥不投，今以秋氣動之，以氣感氣」〔註64〕。紹興的中醫陳蓮河（即何廉臣，1860～1929），除了開出原配的蟋蟀外，還開了沒什麼人知道的「平地木」，「問藥店，問鄉下人，問賣草藥的，問老年人，問讀書人，問木匠，都只是搖搖頭。臨末才記起了那遠房的叔祖，愛種一點花木的老人，跑去一問，他果然知道。是生在山中樹下的一種小樹，能結紅子如小珊瑚珠的，普通都稱為『老弗大』」〔註65〕。然而他還有更奇的丸藥，即用打破的舊鼓皮做成的「敗鼓皮丸」，因為魯迅父親得的是水腫病，而「水腫一名鼓脹，一用打破的鼓皮自然就可以克伏他」；還有一種可以點在舌上的靈丹；如果藥還不見效，還可請人看看「冤愆」，找找前世的原因，因為「醫能醫病，不能醫命」。〔註66〕魯迅說：「凡國手，都能夠起死回生的，我們走過醫生的門前，常可以看見這樣的扁額。現在是讓步一點了，連醫生自己也說道：『西醫長於外科，中醫長於內科。』但是 S 城那時不但沒有西醫，並且誰也還

〔註63〕魯迅：《從鬍鬚說到牙齒》，載王世家、止菴編《魯迅著譯編年全集》第 6 卷，人民出版社 2009 年版，第 408 頁。

〔註64〕魯迅：《父親的病》，載王世家、止菴編《魯迅著譯編年全集》第 7 卷，人民出版社 2009 年版，第 293 頁。

〔註65〕魯迅：《父親的病》，載王世家、止菴編《魯迅著譯編年全集》第 7 卷，人民出版社 2009 年版，第 294 頁。

〔註66〕魯迅：《父親的病》，載王世家、止菴編《魯迅著譯編年全集》第 7 卷，人民出版社 2009 年版，第 294 頁。

沒有想到天下有所謂西醫，因此無論什麼，都只能由軒轅岐伯的嫡派門徒包辦。軒轅時候是巫醫不分的，所以直到現在，他的門徒就還見鬼，而且覺得『舌乃心之靈苗』。這就是中國人的『命』，連名醫也無從醫治的。」〔註67〕有些中醫，故作高深，所用藥引一個比一個獨特，再加上裝神弄鬼，然而終於沒能治好父親的病，這在魯迅印象起來，實在與庸醫誤人沒什麼兩樣。

1918 年 7 月 5 日，魯迅致信錢玄同，指斥「中國國粹」等於「放屁」，他批評當時的復古者欲編「國粹叢編」是「一群壞種」、「老小昏蟲」的「放屁」、「發昏」。魯迅在信中說：「中國國粹，雖然等於放屁，而一群壞種，要刊叢編，卻也毫不足怪。該壞種等，不過還想吃人，而竟奉賣過人肉的偵心探龍做祭酒，大有自覺之意。即此一層，已足令敝人刮目相看，而猗歟羞哉，尚在其次也。敝人當袁朝時，曾戴了冕帽（出無名氏語錄）獻爵於至聖先師的老太爺之前，閱歷已多，無論如何復古、如何國粹，都已不怕。但該壞種等之創刊屁志，係專對《新青年》而發，則略以為異，初不料《新青年》之於他們，竟如此其難過也。然既將刊之，則聽其刊之，且看其刊之，看其如何國法、如何粹法、如何發昏、如何放屁、如何做夢、如何探龍，亦一大快事也。國粹叢編萬歲！老小昏蟲萬歲！！」〔註68〕此時距發表《狂人日記》剛三月，信中再申不滿於極端復古派的「吃人」文化心理。同年 8 月，魯迅告訴好友許壽裳說：「《狂人日記》實為拙作……後以偶閱《通鑒》，乃悟中國人尚是食人民族，因成此篇。此種發見，關係甚大，而知者尚寥寥也。」〔註69〕

魯迅曾這樣說過：「二十四孝都是孝的極端，我所看的那些陰間的圖畫，才知道『孝』有如此之難，對於先前癡心妄想，想做孝子的計劃，完全絕望了。」魯迅對傳統文化進行如此尖銳地批判，恰恰是他打擊保守派，喚醒國人，完成思想啟蒙的一種手段。比如他對「學衡派」的犀利諷刺，話雖重了些，但不如此是打不下他們反對新文化的囂張氣焰的。正如魯迅《拿來主義》一文所說，我們既不能做盲目排外、故步自封的孱頭，也不能做畏縮不前、猶豫彷徨的懦夫，更不能做將西方精華與糟粕毫不客氣地照單全收的廢物，

〔註67〕 魯迅：《父親的病》，載王世家、止菴編《魯迅著譯編年全集》第 7 卷，人民
　　　　 出版社 2009 年版，第 294 頁。

〔註68〕 魯迅：《致錢玄同》，載王世家、止菴編《魯迅著譯編年全集》第 3 卷，人民
　　　　 出版社 2009 年版，第 48 頁。引者按：標點略改。

〔註69〕 魯迅：《致許壽裳》，載王世家、止菴編《魯迅著譯編年全集》第 3 卷，人民
　　　　 出版社 2009 年版，第 67 頁。

而是要開動腦筋，自己來佔有、去挑選。

第二節　國學闡微

　　對國故的反省與研究，始於國學自覺，又必然會在新的學術生態中向前推進。1920 年，胡適撰成《新思潮的意義》，認為「現在許多人自己不懂得國粹是什麼東西，卻偏要高談『保存國粹』」，言下之意是，如果要談國粹，必須有一個新方向。他的主張是，「用評判的態度」、「科學的精神」，對「舊有的學術思想」進行「積極」的「整理國故的工夫」。這樣才能分清哪些是「國粹」，哪些是「國渣」。〔註70〕對於「國故」，即使像「舊物」、「故紙堆」等，也需要經過艱難的整理、細密的排查和科學的研究，才能讓其負載的文化內涵彰顯出來。

一、究問「富礦」

　　中國學問就像一個富礦，蘊藏豐富。誠如梁啟超所言，即「中國學問界，是千年未開的礦穴，礦苗異常豐富，但非我們親自絞腦筋、絞汗水，卻開不出來」，所以讀中國書，「自然像披沙揀金，沙多金少。但我們若把他作原料看待，有時尋常人認為極無用的書籍和語句，也許有大功用」。〔註71〕基於此類的共識，近代知識人展開了對國學的深入闡釋。

（一）「用心去讀去看」

　　近代知識人究問國學富礦的活動，首先體現在他們穩健的文化心態上。章太炎曾指出，「往時見大學諸師，輒講經學、史學概論，弟子既未讀經史，聞講概論，亦如老嫗聽講《法華經》耳。」〔註72〕因為史「無暇卒讀」而「經書稍簡，諷誦非難」，所以他便打算仿傚顧炎武讀經會的做法，希望從讀經開始。早在 1909 年，章太炎致信《國粹學報》社，以為該社「本以存亡繼絕為宗」，如果「篤守舊說，弗能使光輝日新，則覽者不無思倦」。他與學生共倡

〔註70〕胡適：《新思潮的意義》，載胡適著、季羨林主編《胡適全集》第 1 卷，安徽教育出版社 2003 年版，第 699 頁。

〔註71〕梁啟超：《治國學雜話》，載梁啟超著，湯志鈞、湯仁澤編：《梁啟超全集·第十六集·演說二》，中國人民大學出版社 2018 年版，第 75 頁。

〔註72〕章太炎：《與錢玄同（五十九通）》之五十七，載上海人民出版社編、馬勇整理：《章太炎全集·書信集》，上海人民出版社 2017 年版，第 228 頁。

「以音韻、訓詁為基，以周、秦諸子為極，外亦兼講釋典」，其理由是：「蓋學問以語言為本質，故音韻、訓詁，其管籥也；以真理為歸宿，故周、秦諸子，其堂奧也。」〔註73〕在他看來，近世學術各有其偏，言漢學者，其病在「短拙」；欲復宋學者，失之「汗漫」，「惟有諸子能起近人之廢」。所以，他希望《國粹學報》力圖增進，「以為光大國學之原」。〔註74〕

章太炎有個說法，即「國學不易講」，「歷史不能講」。他說：「國學很不容易講，有的也實在不能講，必須自己用心去讀去看。即如歷史，本是不能講。古人已說『一部十七史從何處說起』，現在更有二十四史，不止十七史了。即《通鑒》等書似乎稍簡要一點，但還是不能講。如果只像說大書那般鋪排些事實，或講些事實夾些論斷，也沒甚意義。所以這些書都靠自己用心去看。我講國學，只能指示些門徑和矯正些近人易犯的毛病。」〔註75〕他1922的這次系列國學演講，為繼東京、北京講國學之後的第三次，共分十講，主要講國學的本體和治國學的方法，由曹聚仁記錄，1929年由上海泰東圖書局以《國學概論》為名出版。

在章太炎看來，用心之處，首從語言文字抓起。章太炎說：「今欲知國學，則不得不先知語言文字。」〔註76〕此處所謂的語言文字之學，古代稱小學，主要研究字形、音韻、訓詁，原為經學之附屬。關於語言文字的重要性，章太炎指出：「文辭之本，在乎文字，未有不識字而能為文者。加以不明訓詁，則無以理解古書，胸中積理，自爾匱乏，文辭何由深厚？」〔註77〕實際上，小學之用已「非專為通經之學，而為一切學問之單位之學」〔註78〕，亦有助於通諸子、史著、譯書及集類作品。

用心讀書，從基礎做起。章太炎以語言文字為基礎，胡適更以版本學為

〔註73〕 章太炎：《與〈國粹學報〉（六通）》之五十七，載上海人民出版社編、馬勇整理：《章太炎全集・書信集》，上海人民出版社2017年版，第328頁。

〔註74〕 章太炎：《與〈國粹學報〉（六通）》之五十七，載上海人民出版社編、馬勇整理：《章太炎全集・書信集》，上海人民出版社2017年版，第328頁。

〔註75〕 章太炎：《國學十講》，載上海人民出版社編、章念馳編訂：《章太炎全集・演講集》，上海人民出版社2015年版，第302頁。

〔註76〕 章太炎：《論語言文字之學》，載上海人民出版社編、章念馳編訂：《章太炎全集・演講集》，上海人民出版社2015年版，第13頁。

〔註77〕 章太炎：《論語言文字之學》，載上海人民出版社編、章念馳編訂：《章太炎全集・演講集》，上海人民出版社2015年版，第14頁。

〔註78〕 章太炎：《論語言文字之學》，載上海人民出版社編、章念馳編訂：《章太炎全集・演講集》，上海人民出版社2015年版，第15頁。

基礎。胡適主張，讀《四書》，「最好先看白文，或用朱熹集注本。」〔註79〕相比較而言，傳統從「小學」入手的勸說，「是學者裝門面的話，不是教育家引人入勝的法子」〔註80〕，不能為初學者提供有效幫助。胡適說：「音韻訓詁之學自身還不曾整理出個頭緒系統來，如何可作初學人的入手工夫？十幾年的經驗使我不能不承認音韻訓詁之學只可以作『學者』的工具，而不是『初學』的門徑。」〔註81〕「白文」即未經標點的待整理本，正好可以作為初學者的打磨對象。

梁啟超也認為，所讀之書，不能侷限於別人整理過的書。僅讀別人整理後的教科書，會令人「心思不細緻不刻入」，若「專門喜歡讀這類書的人，久而久之，會把自己創作的才能汩沒哩」。〔註82〕此即俗話所說的「吃別人嚼過的饃沒味道」。所以，要敢於啃硬骨頭，不要吃「現成飯」。梁啟超說：「中國書沒有整理過，十分難讀，這是人人公認的。但會做學問的人，深得趣味就在這一點。吃現成飯，是最沒有意思的事，是最沒有出息的人才喜歡的。」〔註83〕

從內容上看，正經正史中本沒有神話，王充《論衡》裏已看破那些怪誕至極的記載。「經史所載，雖在極小部分中還含神秘的意味，大體並沒神奇怪離的論調。」〔註84〕所以，章太炎認為在讀書時，要儘量釋疑。「古代史家敘太古的事，不能詳敘事實，往往只用幾句極混統的話做『考語』；這種考語原最容易言過其實。」〔註85〕日本博士質疑大禹治水之功，便不能夠輕信其言。

〔註79〕胡適：《一個最低限度的國學書目》，載胡適著、季羨林主編《胡適全集》第2卷，安徽教育出版社2003年版，第114～115頁。
〔註80〕胡適：《一個最低限度的國學書目》，載胡適著、季羨林主編《胡適全集》第2卷，安徽教育出版社2003年版，第112頁。
〔註81〕胡適：《一個最低限度的國學書目》，載胡適著、季羨林主編《胡適全集》第2卷，安徽教育出版社2003年版，第112～113頁。
〔註82〕梁啟超：《治國學雜話》，載梁啟超著，湯志鈞、湯仁澤編：《梁啟超全集·第十六集·演說二》，中國人民大學出版社2018年版，第74頁。
〔註83〕梁啟超：《治國學雜話》，載梁啟超著，湯志鈞、湯仁澤編：《梁啟超全集·第十六集·演說二》，中國人民大學出版社2018年版，第74頁。
〔註84〕章太炎：《國學十講》，載上海人民出版社編、章念馳編訂：《章太炎全集·演講集》，上海人民出版社2015年版，第303頁。
〔註85〕章太炎：《國學十講》，載上海人民出版社編、章念馳編訂：《章太炎全集·演講集》，上海人民出版社2015年版，第304頁。

　　中國重政治、輕宗教，老、孔都反對宗教。「中國自古即薄於宗教思想，此因中國人都重視政治……中國人多以全力著眼政治，所以對宗教很冷淡。」〔註86〕「宗教是須普及於一般人的」，古時只有人君能祭祀天地社稷。雖有考究祭祀的《禮記》，卻成書於漢代，未必可靠。〔註87〕經典諸子亦非宗教。六經皆史，經史本來平等，尊經之風實起於漢代。「後人於史以外，別立為經，推尊過甚，更有些近於宗教。實在周末還不如此，此風乃起於漢時。」〔註88〕

　　詩以言志，讀、寫詩，均須用心體味。感事詩與「打油詩」往往使用個人的「事實典故」，寄託詩往往使用許多歷史的、文學的、神話的或豔情的典故套語，都帶有獨特的意趣。關於新詩的方法，關鍵在於「詩體的解放」。胡適說：「詩須要用具體的做法，不可用抽象的說法。凡是好詩，都是具體的；越偏向具體的，越有詩意詩味。凡是好詩，都能使我們腦子裏發生一種——或許多種——明顯逼人的影像。這便是詩的具體性。」〔註89〕胡適以為，感事詩與寄託詩的共同弱點在於：「只有個中人能懂得，局外人便不能懂得。局外人若要懂得，還須請個人詳加注釋。」〔註90〕對於寄託詩，要求必須真能「言近而旨遠」，即「從文字表面上看來，寫的是一件人人可懂的平常實事；若再進一步，卻還可以尋出一個寄託的深意。」〔註91〕比如，像黃庭堅通過寫相思寄託宦意，辛棄疾由寫閨情而寄託時間之感時與身世之感。所以，「『言近』則越『近』（淺近）越好。『旨遠』則不妨深遠。言近，須要不倚賴寄託的遠旨也能獨立存在，有文學的價值。」〔註92〕如果本來意思淺近，卻用了許多不求人解的「僻典」，讓人不明白其所寄託之意，便成了「無意識七湊八湊的怪

〔註86〕章太炎：《國學十講》，載上海人民出版社編、章念馳編訂：《章太炎全集·演講集》，上海人民出版社 2015 年版，第 305 頁。

〔註87〕章太炎：《國學十講》，載上海人民出版社編、章念馳編訂：《章太炎全集·演講集》，上海人民出版社 2015 年版，第 306 頁。

〔註88〕章太炎：《國學十講》，載上海人民出版社編、章念馳編訂：《章太炎全集·演講集》，上海人民出版社 2015 年版，第 319 頁。

〔註89〕胡適：《談新詩》，載胡適著、季羨林主編《胡適全集》第 1 卷，安徽教育出版社 2003 年版，第 174 頁。

〔註90〕胡適：《讀沈尹默的舊詩詞》，載胡適著、季羨林主編《胡適全集》第 1 卷，安徽教育出版社 2003 年版，第 154 頁。

〔註91〕胡適：《讀沈尹默的舊詩詞》，載胡適著、季羨林主編《胡適全集》第 1 卷，安徽教育出版社 2003 年版，第 155 頁。

〔註92〕胡適：《讀沈尹默的舊詩詞》，載胡適著、季羨林主編《胡適全集》第 1 卷，安徽教育出版社 2003 年版，第 155 頁。

文字」，這種寄託詩在用辭上便成了「言遠而旨近」。〔註93〕胡適斷言：「這種詩不能獨立存在，在當時或有不得已的理由，在後世或有歷史上的價值，但在文學上卻不能有什麼價值。」〔註94〕

　　中國文學中的「套語」緣自文人思想情感表達的創造性選擇。胡適說：「我近來頗想到中國文學套語的心理學。有許多套語（竟可說一切套語）的緣起，都是極正當的。」〔註95〕他接著說，「凡文學最忌用抽象的字（虛的字），最宜用具體的字（實的字）」，初用具體的字最能引起一種「濃厚實在的意象」，這極合於心理作用的，「但是後來的人把這些字眼用得太爛熟了，便成了陳陳相因的套語。成了套語，便不能發生引起具體意象的作用了」〔註96〕。本著用具體的字以引起「具體的影像」的目的，胡適強調說：「須要使學者從根本上下手，學那用具體的字的手段。學者能用新的具體字，自然不要用那陳陳相因的套語了。」〔註97〕胡適的這一學習前人文章立意而不襲蹈前人辭句的主張，同唐代文豪韓愈「師其意不師其辭」的主張，在精神上是一致的。韓愈在《答劉正夫書》中說：「（來書問）曰：『古聖賢人所為書俱存，辭皆不同，宜何師？』必謹對曰：『師其意，不師其辭。』」〔註98〕後來，金代趙秉文在《答李天英書》中亦云：「淵明、樂天、高士之詩也，吾師其意，不師其辭。」

　　對於近人混用「經典」之誤，要用心辨識。章太炎說：「近代人因為佛經及耶教的《聖經》都是宗教，就把國學裏底『經』也混為一解，實是大誤。『佛經』『聖經』底那個『經』字，是後人翻譯時隨意引用，並不和『經』字原意相符。經字願意只是一經一緯的經，即是一根線，所謂經書只是一種線裝書罷了。明代有線裝書的名目，即別於那種一頁一頁散著的八股文墨卷，因為墨卷沒有保存的價值，別的就稱做線裝書了。古代記事書於簡，不及百名者

〔註93〕胡適：《讀沈尹默的舊詩詞》，載胡適著、季羨林主編《胡適全集》第 1 卷，安徽教育出版社 2003 年版，第 155 頁。
〔註94〕胡適：《讀沈尹默的舊詩詞》，載胡適著、季羨林主編《胡適全集》第 1 卷，安徽教育出版社 2003 年版，第 155 頁。
〔註95〕胡適：《讀沈尹默的舊詩詞》，載胡適著、季羨林主編《胡適全集》第 1 卷，安徽教育出版社 2003 年版，第 156 頁。
〔註96〕胡適：《讀沈尹默的舊詩詞》，載胡適著、季羨林主編《胡適全集》第 1 卷，安徽教育出版社 2003 年版，第 156 頁。
〔註97〕胡適：《讀沈尹默的舊詩詞》，載胡適著、季羨林主編《胡適全集》第 1 卷，安徽教育出版社 2003 年版，第 157 頁。
〔註98〕韓愈：《答劉正夫書》，載〔唐〕韓愈著，馬其昶校注，馬茂元整理：《韓昌黎文集校注》，上海：上海古籍出版社 2014 年版（2020 年重印），第 231 頁。

書於方，事多一簡不能盡，遂連數簡以記之，這連各簡的線，就是『經』。可見『經』不過是當代記述較多而常要翻閱的幾部書罷了，非但沒有含宗教的意味，就是漢時訓『經』為『常道』，也非本意。後世疑經是經天緯地之經，其實只言經而不言天，便已不是經天的意義了。」〔註99〕

在比較文明的視野中去讀書，便可獲得更多對東西方文明的複雜性認知。胡適就曾認為，如果成仙作佛的人生觀中，像「死生有命，疾病有命」、「淨土在西天，天堂在死後，人生不過浮雲幻夢，短修何妨達觀」、「且隨緣自在，無為最好，多事多殃」等荒謬的人生觀不打倒，那麼人的文明決不能實現。〔註100〕胡適說：「中國的儒家思想也未嘗不想做到一種『正德、利用、厚生』的文明。只可惜一班道士要無為，後來又添了一班和尚也要無為。無為是一條死路，萬走不上『正德、利用、厚生』的目的地去。」〔註101〕如果都講無為，「只好決心不要做人了，只好希望做神仙、做羅漢，成佛昇天。於是中國的文明便成了仙佛的文明。仙佛的文明就是不要做人而妄想成仙、成佛的文明，這種文明便不是人的文明。」〔註102〕他還說：「人的文明的特點就是特別圖謀人生的幸福。這個新文明的一個大原則就是先做到『利用、厚生』，然後再談別的問題。人的文明的第一要務是保衛人的生命。生命的保衛有兩大方面，一是個人的衛生，一是公共的衛生。」〔註103〕

1923年12月，錢基博在編著《國學必讀》時指出，「捨文學無以為通國學之郵矣」；書名不用「國文」而用「國學」，原因在於「國文不過國學之一，而國學可以賅國文言之也」。〔註104〕他將自己近三十年所讀的三千冊「鉅細

〔註99〕章太炎：《國學十講》，載上海人民出版社編、章念馳編訂：《章太炎全集·演講集》，上海人民出版社2015年版，第305頁。

〔註100〕胡適：《公共衛生與東西方文明》，載胡適著、季羨林主編《胡適全集》第22卷，安徽教育出版社2003年版，第246頁。

〔註101〕胡適：《公共衛生與東西方文明》，載胡適著、季羨林主編《胡適全集》第22卷，安徽教育出版社2003年版，第243頁。原文載於1935年1月12日《出版週刊》新111號上。

〔註102〕胡適：《公共衛生與東西方文明》，載胡適著、季羨林主編《胡適全集》第22卷，安徽教育出版社2003年版，第244頁。原文載於1935年1月12日《出版週刊》新111號上。

〔註103〕胡適：《公共衛生與東西方文明》，載胡適著、季羨林主編《胡適全集》第22卷，安徽教育出版社2003年版，第245頁。原文載於1935年1月12日《出版週刊》新111號上。

〔註104〕錢基博：《國學必讀》，江西教育出版社2018年版，《序言》第2頁。

字本」進行「提要鉤元」，編成《國學心讀》，以為它可以作為「我中國數千年國學作品之統計簿」〔註105〕。

雖然文、史常相關連甚至連用，章學誠的《文史通義》《文史校讎》又頗通行，但文學與史學終究不同，各有其特點。歷史不是小說傳奇，但歷史的書寫也應該取法「無韻之《離騷》」的《史記》筆法。後世的歷史因「辭采不豐美，描寫不入神」，使人認為歷史僅為「記實」，並進而懷疑文辭筆法均好的《史記》《漢書》。太史公作史，雖未親見，但能「擇雅去疑，慎之又慎」〔註106〕，據傳說寫出。史家雖不免「以成敗論人的習氣」〔註107〕，卻並非如小說那樣向壁虛構。梁啟超說：「史學最重科學精神，文學方面，除文學批評及散文的一部分，與史學的性質相同，注重科學精神外，其餘的純文學，都是超科學的，都是全靠想像力。所以史學家與文學家簡直是不可兼的。」〔註108〕他還結合自己的學問興趣說：「我也是一個於文史兩樣都有興趣的人，三十歲以前，常做文學的東西，近來才覺得我應該專攻史學，假如我將來於學術上稍有成就，一定在史學方面。」〔註109〕

這裡其實還有一個國學的文本經典範圍應該怎樣設置的問題。當年胡適開的國學書目中，就包括了《紅樓夢》《西遊記》《三國演義》，而梁啟超則將這些小說劃出國學類典籍範圍。劉夢溪認為，今天講國學的「文本經典」，也應該採取嚴格的界定，不僅小說不能劃入國學經典範圍，而且詩詞也應該予以排除。他說：「國學經典有其特殊的含義，真正的國學經典，主要是六經，連詩詞都不包括在內的。」〔註110〕然而，在與國學經典有很大程度「隔膜」或「距離」的今天，在我們重建傳統和文化傳承時，詩詞和小說卻又必須作為我們瞭解歷史文化、真正「體味」國學經典的一個重要途徑。

〔註105〕錢基博：《國學必讀》，江西教育出版社2018年版，《序言》第2頁。

〔註106〕章太炎：《國學十講》，載上海人民出版社編、章念馳編訂：《章太炎全集·演講集》，上海人民出版社2015年版，第306頁。

〔註107〕章太炎：《國學十講》，載上海人民出版社編、章念馳編訂：《章太炎全集·演講集》，上海人民出版社2015年版，第307頁。

〔註108〕梁啟超：《文史學家之性格及其預備》，載梁啟超著，湯志鈞、湯仁澤編：《梁啟超全集·第十六集》，中國人民大學出版社2018年版，第85頁。

〔註109〕梁啟超：《文史學家之性格及其預備》，載梁啟超著，湯志鈞、湯仁澤編：《梁啟超全集·第十六集》，中國人民大學出版社2018年版，第85頁。

〔註110〕劉夢溪著：《大師與傳統：中國文化與傳統40小講》，北京：中國青年出版社2007年版，第12頁。

（二）「用眼光來整理分析」

北大教授錢玄同（1887～1939），為章太炎弟子，精研小學，有「疑古玄同」之名。他認為，「一切『國故』，要研究它們，總以辨偽為第一步」，有了「辨偽的眼光」，才能有司馬遷、王充、劉知幾、顧炎武、崔述諸人的「特到的見識」。〔註111〕錢玄同主張，對於古書，「應該多用懷疑的態度去研究它們，斷不可無條件的信任它們，認它們為真古書，真事實，真典禮，真制度。與其過而信之也，寧過而疑之，這才是實事求是的治學精神」〔註112〕。1923年，顧頡剛在《讀書雜志》上發表《與錢玄同先生論古史書》，提出「層累地造成的中國古史」的觀點，以為中國「古史是層累地造成的，發生的次序和排列的系統恰是一個反背」，時代愈後，傳說中的古史期愈長，傳說中的中心人物愈放愈大；某一件事的真確狀況已不可知，但可以知道這一件事在傳說中的最早狀況。他為此提出推翻非信史的四項標準：（1）打破民族出於一元的觀念，（2）打破地域向來一統的觀念，（3）打破古史人化的觀念，（4）打破古代為黃金世界的觀念。這一「層累地造成的古史觀」，主張「用歷史演進的見解來觀察歷史上的傳說」，公然挑戰了上古史研究中神聖的三皇五帝系統。錢玄同最早站出來叫好，以為「真是精當絕倫」，「歡喜讚歎」之餘，他還鼓勵顧頡剛要善用此法，「常常考查，多多發明，廓清雲霧，斬盡葛藤，使後來學子不致再被一切偽史所蒙」。〔註113〕

魯迅赴京任職教育部期間，經常出入書肆，購書、讀書、抄書、校書、譯書、撰文，成為他日記中所載日常生活的最主要部分。1913年10月20日夜，魯迅校《嵇康集》畢，撰短跋繫之。他作跋的《嵇康集》，底本係明吳寬叢書堂鈔本，但訛脫較多，「經二三舊校，已可籀讀」。他還說：「校者一用墨筆，補闕及改字最多。然刪易任心，每每塗去佳字。舊跋謂出吳匏庵手，殆不然矣。二以朱校，一校新，頗謹慎不苟。第所是正，反據俗本。今於原字校佳及義得兩通者，仍依原鈔，用存其舊。其漫滅不可辨認者，則從校人，可惋惜也。細審此本，似與黃省曾所刻同出一祖。惟黃刻帥意妄改，此本遂得稍稍

〔註111〕錢玄同：《論今古文經學及〈辨偽叢書〉書》，載錢玄同著：《錢玄同文集》
　　　　　第四卷，中國人民大學出版社1999年版，第224頁。
〔註112〕錢玄同：《〈左氏春秋考證〉書後》，載錢玄同著：《錢玄同文集》第四卷，中
　　　　　國人民大學出版社1999年版，第304頁。
〔註113〕錢玄同：《答顧頡剛先生書》，載錢玄同著：《錢玄同文集》第四卷，中國人
　　　　　民大學出版社1999年版，第235頁。

勝之。然經朱墨校後，則又漸近黃刻。所幸校不甚密，故留遺佳字，尚復不少。中散遺文，世間已無更善於此者矣。」〔註114〕跋中言及版本流變、文獻校勘之法等，可見他取擇有度、精校謹從的學術態度。

　　魯迅深斥國粹家和道德家的「做戲」。對於外國人指謫中國的缺失，魯迅並不很反感，但若「想得太深，感得太敏」，卻不能不讓人失笑。〔註115〕就如報紙上所談，時有「真偽莫辨」，或有「巧妙的考證」。比如，有說吳佩孚大帥在宴席上發表高見，說「赤化」的始祖是蚩尤，因為「赤」、「蚩」同音，如此以來，蚩尤就是赤化之尤，此談令合座「歡然」。〔註116〕魯迅早年在東京時，看見《讀賣新聞》裏就有黃帝即亞伯拉罕的考據，因日本稱「油」為「阿蒲拉」（Abura），而油的顏色是「黃」的，所以「亞伯拉」就是「黃」；大概又因「帝」與「罕」形近，或與「可汗」音近，所以阿伯拉罕即油帝，油帝即黃帝。如此「彎曲」的「巧妙考證」，令人發笑。〔註117〕

　　魯迅主張中國人應該好好研究一下自己。魯迅說：「中國人總不肯研究自己。從小說來看民族性，也就是一個好題目。此外，則道士思想（不是道教，是方士）與歷史上大事的關係，在現今社會上的勢力；孔教徒怎樣使『聖道』變得和自己的無所不為相宜；戰國遊士說動人主的所謂『利』『害』是怎樣的，和現今的政客有無不同；中國從古到今有多少文字獄；歷來『流言』的製造散佈法和效驗等等……可以研究的新方面實在多。」〔註118〕人貴有自知之明，自知才能有創進的自覺。

　　然而，研究也不是如此隨意推進的。梁啟超的研究方法就是鈔錄或筆記，像清代趙翼撰《廿二史劄記》、陳澧著《東塾讀書記》那樣，「資料漸漸積得豐富，再用眼光來整理分析他，便成一篇名著」〔註119〕。邊讀邊思，並將出現

〔註114〕王世家、止菴編《魯迅著譯編年全集》第2卷，人民出版社2009年版，第183頁。
〔註115〕魯迅：《馬上支日記》（1926年7月4日），參王世家、止菴編《魯迅著譯編年全集》第7卷，第198頁。
〔註116〕魯迅：《馬上支日記》（1926年7月1日），參王世家、止菴編《魯迅著譯編年全集》第7卷，第191頁。
〔註117〕魯迅：《馬上支日記》（1926年7月1日），參王世家、止菴編《魯迅著譯編年全集》第7卷，第192頁。
〔註118〕魯迅：《馬上支日記》（1926年7月4日），參王世家、止菴編《魯迅著譯編年全集》第7卷，第200頁。
〔註119〕梁啟超：《治國學雜話》，載梁啟超著，湯志鈞、湯仁澤編：《梁啟超全集·第十六集·演說二》，中國人民大學出版社2018年版，第75頁。

的閃光點、靈感點滴記錄下，便會得到讀中國書的最真切的智慧與趣味。梁啟超說：「中國書未經整理，一讀便是一個悶頭棍，每每打斷趣味，這是壞處。逼著你披荊斬棘，尋路來走，或者走許多冤枉路。（只要走路，斷無冤枉；走錯了回頭，便是絕好教訓。）從甘苦閱歷中磨煉出智慧，得苦盡甘來的趣味，那智慧和趣味卻最真切，這是好處。」〔註 120〕

研讀國學典籍，要有長時段的眼光。范皕誨（1865～1939，名禕，字子美，號皕誨、麗誨、古懽）所著《二千五百年來之國學》，作為「世界學會國學小叢書」之一，1927 年在上海刊印。作者將民國十六年（1927）上推春秋周簡王十三年（前 573），並以此為考察「國學」的長時段。這個長時段是，包括孔子、老子，「中國的文化淵源，自然在這二千五百年前的更二千五百年。但是把遠古的文化，成為有系統的學問，吾們現在所能考見的，總在老子、孔子以後，可以說，有了老、孔，方有國學。老子《道德》五千言，在思想哲學方面，自然影響中國很多，關係中國很大，但總不及孔子的更多更大。這篇講二千五百年來的國學，就是從孔子講起，大概是沒甚差誤罷。」〔註 121〕莊子說孔子「繙十二經」，《史記》載孔子刪定六經，秦火之後殘損而有現代六經。「雖然這樣，這幾部經典，是中國一切學問的基本，那是無論如何不能否認的。所以從來講學的分類，第一類就是經」〔註 122〕。范氏的做法，就是將經類所包涵的學問與現代學問相對應，即：（1）《易經》對應宇宙哲學、性命哲學、倫理哲學、象數哲學；（2）《書經》對應歷史學、政治學、倫理哲學、性命哲學、宗教學、刑法學、天文學、地理學、金石甲骨學；（3）《詩經》對應文學、歷史學、政治學、倫理哲學、性命哲學、天文學、地理學、博物學、音樂學、聲韻學；（4）《禮》下轄《周禮》《儀禮》《大小戴記》，分別對應政治學、制度學、經濟學、工業學，商業學、農田學、兵制學、音樂學，算數學、倫理哲學、性命哲學、宗教學、醫學；（4）《春秋》下轄《左傳》《公羊》《穀梁》，分別對應歷史學、政治學、國際學、兵法學，宗教學、天文學、地理學、倫理哲學，性命哲學、文學。在范氏看來，「經乃一切學問之府庫，包羅萬象，無所不有」。「因為學問是一代一代積起來的，吾們是後代的人，當然吾們的

〔註 120〕梁啟超：《治國學雜話》，載梁啟超著，湯志鈞、湯仁澤編：《梁啟超全集·第十六集·演說二》，中國人民大學出版社 2018 年版，第 76 頁。
〔註 121〕范皕誨著：《二千五百年來之國學》，世界學會 1927 年版，第 1 頁。
〔註 122〕范皕誨著：《二千五百年來之國學》，世界學會 1927 年版，第 2 頁。

學問，不許為古經所限止。但是在孔門時代，所定的經典，已把各學彙集於各部書上，可以說沒有什麼缺憾了。這樣看來，五經是國學的代表，經學是國學的總會。後代無論那種學問，不能夠跳出經學範圍之外。世人謬以經學為迂疏的、空虛無物的，像煞孔子刪定六經，是一種沒關緊要，可以丟在字紙簏裏的著作，那是大錯而特錯了。」〔註123〕「古人讀經，一定把經中所有的學問，一項一項分開來人，像現代學校中科目一樣。」〔註124〕從《爾雅》各篇可與現代學科對應來看，「古代小學教育的科目，非常顯露。且如動植物學，古人無不從幼研究，能知其名字性質。所以《詩經》裏面的詩人，睹物起興，能夠隨便舉出做他作詩的資料。……現代吾們學校所有動植物學，大都販自歐美、日本，於中國所有的倒不能盡識了。《爾雅》一部書，更是生平不曾看到，就是看到，也不知他所指的是何物。自己國學荒蕪，反罵古人沒有學問」〔註125〕。

從「制度學」而言，舊名「禮學」，「不過用了禮字，似乎含有先聖先王的製作，萬世不刊的意思，就容易起人的懷疑」，「古代制度，果能配合古代的應用，但不一定適應現代。翻轉來說，也不一定決然不適合於現代」。〔註126〕「《禮記》所載吾人日用生活的規則，詳細周密，現代人所痛詆的吃人禮教，都在於此書，吾們倘然當作古代制度看，古今異宜，有什麼可怕呢？應存者存，應革者革，更有什麼大驚小怪呢？總之制度學一類，包羅宏富，於國學中最是精深博大的。清朝秦蕙田所做的《五禮通考》，極為完備，這部書是曾文正公所絕對佩服的。」〔註127〕范砢誨在結論中說：「吾中國不是沒有學問的國，那些學問，都是二千五百年來，吾們的祖祖宗宗，貽傳給吾們的寶產。惜乎子孫輩不長進，把來糟蹋了，拋棄在灰堆裏，卻心心念念羨慕別人家的富有，回轉頭來怨恨祖宗不留此家當，使他不勞而獲的享用。」〔註128〕

讀萬卷書，行萬里路，學問才會在新刺激下進入到新境界。莫斯科三天的遊歷觀感，給了胡適新的刺激和感想。他說：「我們這幾年在北京實在太舒服了，太懶惰了，太不認真了。……我想我們應該發憤振作一番，鼓起一點

〔註123〕范砢誨著：《二千五百年來之國學》，世界學會 1927 年版，第 4 頁。
〔註124〕范砢誨著：《二千五百年來之國學》，世界學會 1927 年版，第 5 頁。
〔註125〕范砢誨著：《二千五百年來之國學》，世界學會 1927 年版，第 6 頁。
〔註126〕范砢誨著：《二千五百年來之國學》，世界學會 1927 年版，第 19 頁。
〔註127〕范砢誨著：《二千五百年來之國學》，世界學會 1927 年版，第 20 頁。
〔註128〕范砢誨著：《二千五百年來之國學》，世界學會 1927 年版，第 30～31 頁。

精神來擔當大事，要嚴肅地做個人，認真地做點事，方才可以對得住我們現在的地位。」〔註129〕胡適還說：「我這回去國，獨自旅行，頗多反省的時間。我很感覺一種心理上的反動，於自己的精神上，一方面感覺 depression，一方面卻又不少新的興奮。究竟我回國九年來，幹了一些什麼！成績在何處？眼看見國家政治一天糟似一天，心裏著實難過。去國時的政治，比起我九年前回國時，真如同隔世了。我們固然可以自己卸責，說這都是前人種的惡因，於我們無關，話雖如此，我們種的新因卻在何處？滿地是『新文藝』的定期刊，滿地是淺薄無聊的文藝與政談，這就是種新因了嗎？幾個朋友辦了一年多的《努力》，又幾個朋友談了幾個月的反赤化，這又是種新因了嗎？」〔註130〕太過於求新，就容易丟掉老祖宗留下的好東西。

研究國學既要發掘它的歷史意義，也需要考慮到它的現實價值。那些「重視國學而頭腦冬烘的人」，不免「拘守通經致用的古話」，「以為當今之世，還是只要半部《論語》，就可以治天下（這是宋朝趙普的話），甚至於想考訂《周禮》，行之今日。這種思想當然也不合現實需要，不是我們所應保留的。」〔註131〕初步的國學研究不應該做局部的精深研究，而應該注重全面的涉獵與宏觀的概覽。國學研究不能與「國文」研究混同，因為「研究國文是研究閱讀及寫作本國文字的技術，只可以拿小部分的古人文字作參考」〔註132〕。國學研究與做古文或駢文不同，它需要宏觀視野與創新眼光，因為一代有一代的文學，不必刻意模仿。

二、國學「統宗」

近代國學意識勃興於當時世界範圍內的百家爭鳴，而蘊成浩博無比的成果。章太炎指出，中國學說有「汗漫之病」，「強相援引，妄為皮傅，愈調和者愈失其本真，愈附會者愈違其解故」，「惟周秦諸子，推跡古初，承受師法，各

〔註129〕胡適：《歐遊道中寄書》，載胡適著、季羨林主編《胡適全集》第 3 卷，安徽教育出版社 2003 年版，第 53 頁。

〔註130〕胡適：《歐遊道中寄書》，載胡適著、季羨林主編《胡適全集》第 3 卷，安徽教育出版社 2003 年版，第 53 頁。

〔註131〕曹伯韓：《國學常識》，北京：生活・讀書・新知三聯書店 2002 年 12 月版，第 16 頁。

〔註132〕曹伯韓：《國學常識》，北京：生活・讀書・新知三聯書店 2002 年 12 月版，第 15 頁。

為獨立，無援引攀附之事，雖同在一家者，猶且矜己自貴，不相通融。」〔註133〕可見，汗漫無統，乃古今同歎。

然而，「國學」究竟純是西方文明刺激後的全面回歸，還是在進一步的甄別下的部分精選？能不能對過去學術的「照單全收」？又如何推進融貫式的研究？基於這些問題，「國學」一詞，尚與「國粹」、「國故」等相牽連，甚至而有「國渣」之說。

（一）「國粹」有甄別義

實際上，舊的、故的，不一定都是不好的。儒家的大同理想與仁學精神，佛學的慈悲救世，雖然是舊有的文化，卻都是國學的重要源泉，人類高貴的文明成果。梁啟超說：「儒、佛都用許多的話來教人，想叫把精神方面的自縛，解放淨盡，頂天立地，成一個真正自由的人。這點，佛家弘發得更為深透，真可以說佛教是全世文化的最高產品，這話，東西人士，都不能否認。此後全世界受用於此的正多。」〔註134〕梁啟超曾對南京的同學說，他們「從不對於國學輕下批評」，這其實是很好的現象；有些人諷刺南京學生「守舊」，「但是只要舊的是好，守舊又何足病詬」〔註135〕。這是一種值得重視的清醒的高見。

顧名思義，「國粹」有甄別義，而與「國渣」相對，似乎可以視為「國學」最宜採取的立場；「國故」為古舊混雜的一般義。但在今天，這些詞尚需要先進行新詮，而後再行運用。誠如曹伯韓說：「國粹兩個字，似乎有點誇大中國學術乃完全精粹物的意思，又似乎有點選擇精粹部分而拋棄其他部分的意思，所以人們覺得不甚妥當，改稱國故。國故，就是本國文獻的意思。不論精粹不精粹，過去的文獻總是可寶貴的史料，都可包括在國故範圍裏面去，這樣看起來，國故這個名詞總算是公平而完備了。」〔註136〕

「國故」一詞的缺點，在於它「只能夠代表研究的對象，而不能代表研

〔註133〕章太炎：《論諸子學》，載上海人民出版社編、章念馳編訂：《章太炎全集·演講集》，上海人民出版社 2015 年版，第 48 頁。

〔註134〕梁啟超：《治國學的兩條大路》，載梁啟超著，湯志鈞、湯仁澤編：《梁啟超全集·第十六集·演說二》，中國人民大學出版社 2018 年版，第 49 頁。

〔註135〕梁啟超：《治國學的兩條大路》，載梁啟超著，湯志鈞、湯仁澤編：《梁啟超全集·第十六集·演說二》，中國人民大學出版社 2018 年版，第 49 頁。

〔註136〕曹伯韓：《國學常識》，北京：生活·讀書·新知三聯書店 2002 年 12 月版，第 1 頁。

究這種對象的學問，因此大家又想起用國故學的名稱來代替它，最後又簡化而稱為國學。」〔註137〕用「國學」來涵蓋中國固有的學問，似乎沒有充分考慮當代的學科分化與各國之間學術交融的實際情形，因此就顯得合理性不足：「因為學術沒有國界，當代各國都沒有特殊的國學，而我們所謂國學，從內容上看，也就是哲學、文學、史學等等的東西，都是可以作為世界學術的一部分的，而且事實上外國也已經有研究我國古代文化的人了，我們為什麼不採取世界公用的名稱，如中國史、中國文化史、中國哲學史、中國文學史等類的名詞呢？而且對於具有種種內容的學術，為什麼不加以個別的名稱而必須採用籠統的總名稱呢？」〔註138〕

　　學界使用「國學」多是因襲的結果，「為了依從習慣，並且因為中國各科學術還沒有整理清楚，和世界學術融合為一的緣故，只得仍舊採用國學這個名稱。」〔註139〕曹伯韓反對將國學與西學或科學對立起來，也是希望通過「採用世界學術上的新方法新工具來研究國學，並且也利用外國的材料」，提倡國學研究的世界眼光。他還說：「現在國學和世界一般學術還是沒有打成一片，浩如煙海的四庫典籍，只是一堆雜亂混合的歷史材料，亟待我們整理。我們固有的農、工、商、醫等等應用技術盡有其特長之點，亟待我們的科學工作者自己加以發掘。」〔註140〕這實際上仍從「國故」的角度理解國學，將國學視為亟待整理的「一堆雜亂混合的歷史材料」，並未充分認識國學一詞的多義性、國學研究的多維性、國學演變的系統化等特徵。這從其下文對國學的專門研究與基本知識的解釋上也可以看出。他說：「整理國故是專門研究的工作，必須分工進行，例如研究哲學的就整理哲學方面的材料，研究文學的就整理文學方面的材料，而且在哲學或文學裏面，還可以做進一步的專門研究，如專門研究一派的學說，或一個時期的作品。進行專門研究必須具備前提條件：一點為是在現代一般學術中早已選定了專攻的部門，而且有了相當的瞭解；

〔註137〕曹伯韓：《國學常識》，北京：生活・讀書・新知三聯書店 2002 年 12 月版，
　　　　　第 2 頁。
〔註138〕曹伯韓：《國學常識》，北京：生活・讀書・新知三聯書店 2002 年 12 月版，
　　　　　第 2 頁。
〔註139〕曹伯韓：《國學常識》，北京：生活・讀書・新知三聯書店 2002 年 12 月版，
　　　　　第 2 頁。
〔註140〕曹伯韓：《國學常識》，北京：生活・讀書・新知三聯書店 2002 年 12 月版，
　　　　　第 14 頁。

一點是對於國學的各方面有一個大致的認識。」〔註141〕

　　關於「國學的分科」，曾國藩曾有義理、考據、詞章的三大分類法，以及再加經濟的四分法。曹伯韓認為，三分類法獨重經史，以義理居首，以儒家為綱，諸子百家僅作為參考，完全是宋明以來儒家正統派的意見。其實，義理之學更當包括老學、墨學等；詞章之學還當包括詩、古文之外的賦、詞、曲、駢文；考據之學在經書分科外，再按問題性質分科，在考證學、小學、校讎學三大科別外再分出許多獨立部門，如小學中分出聲韻學、訓詁學、金石學、甲骨學等，校讎學分出目錄學、校勘學、版本學等。〔註142〕從學科比較而論，「義理之學大致和現代所謂哲學相同，所以有派別，無分科。考據之學和現代所倡社會科學相像，所以有分科，也有派別。可是因為研究的對象不是社會而是古書，所以考據之學的派別，不是從理論上分的，而是從古書的傳授系統上面分的。」〔註143〕

　　要盡量避免國學研究中的形式主義。「當今只看見確非易事的古籍翻印和少量的研究之作，至於國學在當今的確切涵義，國學在人文社會科學中的地位，國學對現實的意義，國學與西學的關係，國學研究的方法等等，則少有人論及。尤其是瞭解國學研究的方法，對於青年學子來說十分重要。」〔註144〕胡道靜認為，「研究國學要關注現實中國文化的走向，使國學精神與時代要求相適應。當今的要求就是建設有中國特色社會主義新文化。研究國學，不是發思古之幽情，而是為了社會主義新文化的建設。此外，研究國學不要人為地自我封閉，應該認真而不浮泛地吸取東西方其他民族文化的精華」〔註145〕。國學研究不能一哄而起，流於形式，失之膚淺。

　　從文義生成上看，早期「國粹」的詞義曾被解釋為「民族性」，或「民族精髓」。據鄭師渠《晚清國粹派》一書的考證，「國粹」一詞中文文本最早出於梁啟超的《中國史敘論》。梁文著於1901年。1976年，美國康奈爾大學的Martin Bernal教授撰成長文《劉師培與國粹運動》，指出「國粹」一詞早在1887年

〔註141〕曹伯韓：《國學常識》，北京：生活·讀書·新知三聯書店2002年12月版，第15頁。

〔註142〕曹伯韓：《國學常識》，北京：生活·讀書·新知三聯書店2002年12月版，第6頁。

〔註143〕曹伯韓：《國學常識》，北京：生活·讀書·新知三聯書店2002年12月版，第8頁。

〔註144〕胡道靜主編：《國學大師論國學·序》，東方出版中心1998年4月版。

〔註145〕胡道靜主編：《國學大師論國學·序》，東方出版中心1998年4月版。

就開始在日本普遍使用了。日本還出現了以維護國粹為職志的團體，國粹鬥士首推三宅雪嶺和志賀重昂，以為大和民族已有「自己獨立的國粹（nationality）」，而「從孕育、出世、成長到發揚，經過不斷地傳承與琢磨，它已經成為大和民族命脈相繫的傳國之寶」。〔註146〕他們已經將「國粹」解釋為日本特有的民族性了。

從語源學上看，日本人最早用「國粹」形容本國文化特色。然而，「國粹」一詞傳入中國後，因為發生了詞義變化，能不能再用來當作中國的無形或有形的精神，學界是有不同看法的。劉夢溪說：「日本明治維新時期以志賀為代表的本國主義者，是將『國粹』解釋為民族性的，或者他們更願視為一種無形的精神。如果把這樣的解釋移用到中國，我認為會發生困難。因為我們無法把中國或者中華民族的精神，用最簡潔的話語來加以概括。」〔註147〕他還指出，以前人們習慣用的「地大物博、人口眾多、吃苦耐勞」、「天行健，君子自強不息」、「中庸為大」、「和而不同」、「天人合一」等有根據的好詞，都不能代表中國的「國粹」。另外，從民族和文化的變遷來看，因為漢族與少數民族主客地位的更迭，各朝代的精神面貌不一，清朝更是「讓民族精神的託命人知識分子沒有了精神」，那些原來如「家族本位、家國一體」、「儒家思想是中國傳統社會的核心價值」、「三綱六紀是中國文化抽象理想的通性」等說法，都面臨新的質疑。「三綱五倫」在現代社會似已不能「發用」，作為我民族驕傲、榮譽、文化經典之源的偉大思想家，既是中國的也是整個人類的，「如果僅僅視為自己的『國粹』，不是太小氣了嗎」？〔註148〕

正是基於如上原因，劉夢溪主張用「國故」替代「國粹」。他說：「自太炎先生開始，中國早期談『國粹』的學人，已經悄悄把『國粹』的內涵，置換成與中國傳統更相吻合的內容。章太炎的語言文字、典章制度、人物事蹟『國粹』三項說，已經不能簡單用民族精神或中國的無形精神來範圍，與其稱這三項為『國粹』，不如叫『國故』更為恰當。」〔註149〕

〔註146〕轉引自劉夢溪：《國學概念的再檢討》，載氏著《大師與傳統：中國文化與傳統40小講》，北京：中國青年出版社2007年版，第13～14頁。

〔註147〕劉夢溪：《國學概念的再檢討》，載氏著《大師與傳統：中國文化與傳統40小講》，北京：中國青年出版社2007年版，第17頁。

〔註148〕劉夢溪：《國學概念的再檢討》，載氏著《大師與傳統：中國文化與傳統40小講》，北京：中國青年出版社2007年版，第17～18頁。

〔註149〕劉夢溪：《國學概念的再檢討》，載氏著《大師與傳統：中國文化與傳統40小講》，北京：中國青年出版社2007年版，第18頁。

　　許地山所著《國粹與國學》一書，原繫連載於 1945 年的《大公報》上的系列文章匯輯而成。他認為，「粹」非特有的事物，亦不必是久遠時代的遺風流俗，即使一個民族認為美麗的事物也不一定是「粹」。他認為，「一個民族所特有的事物不必是國粹。特有的事物無論是生理上的，或心理上的，或地理上的，只能顯示那民族底特點，可是這特點，說不定連自己也不歡喜它」〔註 150〕。那些從久遠時代所留下的遺風流俗，其實也經歷過千變萬化，「當我們說某種風俗是從遠古時代祖先已是如此做到如今底時候，我們只是在感情上覺得是如此，並非理智上真能證明其為必然，我們對於古代事物底愛護並不一定是為『保存國粹』，乃是為知識，為知道自己的過去，和激發我們對於民族底愛情。我們所知與所愛底不必是『粹』，有時甚且是『渣』」〔註 151〕。所以，「國粹」的標準應該很高，必須得在特別、久遠與美麗之上再加上其他的要素。他說：「我想來想去，只能假定說：一個民族在物質上、精神上與思想上對於人類，最少是本民族，有過重要的貢獻，而這種貢獻是繼續有功用，繼續在發展底，才可以被稱為國粹。」〔註 152〕他強調區分「粹」和「渣」，再把「粹」與學區別開來。用不雅馴的「渣」與「粹」相應，實際上與後來的拿同樣不雅馴的「糟粕」與「精華」相應，並沒有十分的不同。

　　「粹」的標準如此之高，難免會有「國粹有限」之歎。許地山說：「我們底國粹是很有限的，除了古人底書畫與雕刻、絲織品、紙、筷子、豆腐乃至精神上所寄託底神主等，恐怕不能再數出什麼來。但是在這些中間已有幾種是功用漸次喪失底了。像神主與絲織品是在趨向到沒落底時期，我們是沒法保存底。」〔註 153〕張君勱好幾次談起國粹問題，曾感歎中國人只會寫字作畫而已。對此，許地山說：「張先生是政論家，他是太息政治人才底缺乏，士大夫都以清談雅集相尚，好像大人物必得是大藝術家，以為這就是發揚國光，保存國粹。」〔註 154〕他還想到《國粹學報》所揭櫫的是自經典訓注或詩文字畫評論，乃至墓誌銘這些東西，「好像所萃底只是這些」。他敏銳地感覺到問題所在，即未能將「粹」與「學」弄清楚，把「國粹」當作「國學」。這班保存國粹與發揚國光的文學家及藝術家們，「不想在既有的成就上繼續努力，只會

〔註 150〕許地山編：《國粹與國學》，上海古籍出版社 2013 年版，第 104 頁。
〔註 151〕許地山編：《國粹與國學》，上海古籍出版社 2013 年版，第 105 頁。
〔註 152〕許地山編：《國粹與國學》，上海古籍出版社 2013 年版，第 106 頁。
〔註 153〕許地山編：《國粹與國學》，上海古籍出版社 2013 年版，第 106 頁。
〔註 154〕許地山編：《國粹與國學》，上海古籍出版社 2013 年版，第 106 頁。

做做假骨董」，「自詡為一國底優越成就都薈萃在自己身上」，這樣看來，那些「『文化人』底最大罪過，製造假骨董來欺己欺人是其中之一」。〔註155〕他因此主張，「我們應當規定『國粹』該是怎樣才能夠辨認那樣應當保存，那樣應當改進或放棄。凡無進步與失功用底帶『國』字頭底事物，我們都要下工夫做澄清底工作，把渣滓淘汰掉，才能見得到『粹』」。〔註156〕許地山還說：「要清除文化的渣滓不能以感情或意氣用事，須要用冷靜的頭腦去仔細評量我們民族底文化遺產。假如我們發現我們底文化是陳腐了，我們也不應當為它隱諱，愣說我們所有的一切都是優越的。好的固然要留，不好的就應當改進。翻造古人底遺物是極大的罪惡，如果我們認識這一點，才配談保存國粹。」〔註157〕現有以京劇、中醫、國畫為「三大國粹」的流行說法，有人主張加上中國工夫。「這樣看來，許地山也許說對了，是否活著還真的是構成『國粹』的一個要件」，那些僅作為遺產保存的甲骨文、青銅器、秦磚、漢簡、兵馬俑、宋版書、武則天墓等，真的沒有人叫它們「國粹」。〔註158〕

許地山所言的「國字頭」的事物中，有一種便被胡適戲稱為中國的「國戲」。胡適說：「英國的『國戲』是 Cricket，美國的國戲是 Baseball，日本的國戲是角抵。中國呢？中國的國戲是麻將。」〔註159〕他更是將麻將看作東方文明征服西洋的先鋒。因為麻將在傳入歐美時，早先幾年還出現過「麻將熱」。胡適說：「歐洲和美洲的社會裏，很有許多人學打麻將的；後來日本也傳染到了。有一個時期，麻將竟成了西洋社會裏最時髦的一種遊戲：俱樂部裏差不多桌桌都是麻將，書店裏出了許多研究麻將的小冊子，中國留學生沒有錢的可以靠教麻將吃飯掙錢。歐美人竟發了麻將狂熱了。誰也夢想不到東方文明征服西洋的先鋒隊卻是那一百三十六個麻將軍！」〔註160〕

當胡適遊歷歐美時，發現麻將熱已然降溫，問其原因，原來在於男子們的反對。胡適說：「這是我們意想得到的。西洋的勤勞奮鬥的民族決不會做麻

〔註155〕許地山編：《國粹與國學》，上海古籍出版社 2013 年版，第 107 頁。

〔註156〕許地山編：《國粹與國學》，上海古籍出版社 2013 年版，第 107 頁。

〔註157〕許地山編：《國粹與國學》，上海古籍出版社 2013 年版，第 108 頁。

〔註158〕劉夢溪：《國學概念的再檢討》，載氏著《大師與傳統：中國文化與傳統 40 小講》，北京：中國青年出版社 2007 年版，第 19 頁。

〔註159〕胡適：《漫遊的感想》，載胡適著、季羨林主編《胡適全集》第 3 卷，安徽教育出版社 2003 年版，第 47 頁。

〔註160〕胡適：《漫遊的感想》，載胡適著、季羨林主編《胡適全集》第 3 卷，安徽教育出版社 2003 年版，第 46 頁。

將的信徒，決不會受麻將的征服。麻將只是我們這種好閒愛蕩，不愛惜光陰的『精神文明』的中華民族的專利品。」〔註161〕長進的民族都惜陰勤苦，「只有咱們這種不長進的民族以『閒』為幸福，以『消閒』為急務，男人以打麻將為消閒，女人以打麻將為家常，老太婆以打麻將為下半生的大事業！」〔註162〕

關於麻將之害，胡適說：「從前的革新家說中國有三害：鴉片，八股，小腳。鴉片雖然沒有禁絕，總算是犯法的了。雖然還有做『洋八股』與更時髦的『黨八股』的，但八股的四書文是過去的了。小腳也差不多沒有了。只有這第四害，麻將，還是日興月盛，沒有一點衰歇的樣子，沒有人說它是可以亡國的大害。新近麻將先生居然大搖大擺地跑到西洋去招搖一次，幾乎做了鴉片與楊梅瘡的還敬禮物。但如今它仍舊縮回來了，仍舊回來做東方精神文明的國家的國粹，國戲！」〔註163〕麻將在胡適眼中已經成了中國特有的第四害。

（二）治國學方法：求真、求博、求通

治學當有所依循，要以六經為修己治人的「統宗」。章太炎說：「今欲改良社會，不宜單講理學，坐而言，要在起而能行。周、孔之道，不外修己治人，其要歸於六經，六經散漫，必以約持之道，為之統宗。」〔註164〕章太炎言其學術主張道：「求其精，不取其博也；求其真，不取其美也。雖一字之文，而考證或逾千字，要以內愜吾心，外合對境。」〔註165〕

桐城馬通伯（號其昶，1854～1929）主張讀《孝經》《大學》《中庸》三書。對此，章太炎以為「三書有不夠，有不必」〔註166〕：因《中庸》為「天學」而為修己治人所不必取；為救社會的極端腐敗，「首須崇尚氣節」，故另

〔註161〕胡適：《漫遊的感想》，載胡適著、季羨林主編《胡適全集》第3卷，安徽教育出版社2003年版，第46頁。
〔註162〕胡適：《漫遊的感想》，載胡適著、季羨林主編《胡適全集》第3卷，安徽教育出版社2003年版，第48頁。
〔註163〕胡適：《漫遊的感想》，載胡適著、季羨林主編《胡適全集》第3卷，安徽教育出版社2003年版，第48頁。
〔註164〕章太炎：《國學之統宗》，載上海人民出版社編、章念馳編訂：《章太炎全集·演講集》，上海人民出版社2015年版，第479頁。
〔註165〕章太炎：《與夢庵（二通）》之一，載上海人民出版社編、馬勇整理：《章太炎全集·書信集》，上海人民出版社2017年版，第324頁。
〔註166〕章太炎：《國學之統宗》，載上海人民出版社編、章念馳編訂：《章太炎全集·演講集》，上海人民出版社2015年版，第479頁。

外尚須注重《禮記》中專講氣節的《儒行》；為救國還須重視《儀禮》中的《喪服》，因「此事於人情厚薄，至有關係，中華之異於他族，亦即在此。」〔註 167〕章太炎總結說：「余以為今日而講國學，《孝經》《大學》《儒行》《喪服》，實萬流之匯歸也。不但坐而言，要在起而行矣。」〔註 168〕

如何在國學研究中達到「統宗」呢？梁啟超相關的思考或許更堪回味。

1923 年 1 月，梁啟超在演講中指出，國學研究主要有兩條大道：一是「文獻的學問」方面，用「客觀的科學方法」，即近人所講的「整理國故」；二是「德性的學問」方面，要用「內省的和躬行的方法」。〔註 169〕中國五千年文化產品，許多都用優美的文字記錄下來，具有寶貴的史料價值。他說：「我們家裏頭這些史料，算得世界第一個豐富礦穴。從前僅用土法開採，採不出什麼來；現在我們懂得西法了，從外國運來許多開礦機器了。這種機器是什麼？是科學方法。我們只要把這種方法運用得精密巧妙而且耐煩，自然會將這學術界無盡藏的富源開發出來，不獨對得起先人，而且可以替世界人類恢復許多公共產業。」〔註 170〕

梁啟超也曾把有系統之真智識叫科學，把可以教人求得有系統之真智識的方法叫科學精神。他說：「智識不但是求知道一件一件事物便了，還要知道這件事物和那件事物的關係，否則零頭斷片的智識全沒有用處。知道事物和事物相互關係，而因此推彼，得從所已知求出所未知，叫做有系統的智識。」〔註 171〕1923 年 1 月，梁啟超在南京東大國學研究所演講，提出研究國學的兩條大路：第一條是「應該用客觀的科學方法去研究」的「文獻的學問」，第二條是「應該用內省的和躬行的方法去研究」的「德性的學問」。〔註 172〕梁啟超說：「第一條路，便近人所講的『整理國故』這部分事業。這部分事業最

〔註 167〕章太炎：《國學之統宗》，載上海人民出版社編、章念馳編訂：《章太炎全集‧演講集》，上海人民出版社 2015 年版，第 480 頁。

〔註 168〕章太炎：《國學之統宗》，載上海人民出版社編、章念馳編訂：《章太炎全集‧演講集》，上海人民出版社 2015 年版，第 480 頁。

〔註 169〕梁啟超：《治國學的兩條大路》，載梁啟超著，湯志鈞、湯仁澤編：《梁啟超全集‧第十六集》，中國人民大學出版社 2018 年版，第 42 頁。

〔註 170〕梁啟超：《治國學的兩條大路》，載梁啟超著，湯志鈞、湯仁澤編：《梁啟超全集‧第十六集》，中國人民大學出版社 2018 年版，第 42～43 頁。

〔註 171〕梁啟超：《科學精神與東西文化》，載梁啟超著，湯志鈞、湯仁澤編：《梁啟超全集‧第十五集》，中國人民大學出版社 2018 年版，第 411 頁。

〔註 172〕梁啟超：《治國學的兩條大路》，載梁啟超著，湯志鈞、湯仁澤編：《梁啟超全集‧第十六集‧演說二》，中國人民大學出版社 2018 年版，第 42 頁。

浩博、最繁難而且最有趣的，便是歷史。」〔註173〕

　　除了史學，文獻的學問還包括文字學、社會狀態學、古典考釋學、藝術鑒評學等類別，每類都有無數的細目。梁啟超認為，要研究文獻的學問的這些細目，須遵循求真、求博、求通三個標準。在他看來，清學正統派的考證學工作，經學方面做得最多，史學、子學方面便差得遠，而佛學則完全沒有涉及。他說：「凡研究一種客觀的事實，須先要知道他『的確是如此』，才能判斷他為什麼如此。文獻部分的學問，多屬過去陳跡，以訛傳訛失其真相者甚多，我們總要用很謹嚴的態度，仔細別擇，把許多偽書和偽事剔去，把前人的誤解修正，才可以看出真面目來。」〔註174〕所以，在求真方面，要超越乾嘉諸老，開出一派「新考證學」來。

　　雖然章太炎不肯逾越漢代古文經學的範圍，遵依許慎的文字學方法，但他也敢於懷疑，大膽地批評流俗觀念。章太炎說：「對於古書沒有明白那一部是真，那一部是偽，容易使我們走入迷途，所以研究國學第一步要辨書籍底真偽。」〔註175〕「四部底中間，除了集部很少假的，其餘經、史、子三部都包含著很多的偽書，而以子部為尤多。」〔註176〕古籍辨偽，目的在於求真。

　　要做到求真，必須以「立誠」為前提。1921年，胡適為自己的《文存》作《序例》時說：「我自己現在回看我這十年來做的文章，覺得我總算不曾做過一篇潦草不用氣力的文章，總算不曾說過一句我自己不深信的話——只有這兩點可以減少我良心上的慚愧。」〔註177〕在這兩個「總算」中，用氣力做文章，是謂著述以「修辭」；說自己深信的話，是謂立言以「立誠」。胡適根據自己「年來思慮觀察所得」〔註178〕，批評文學腐敗、墮落，主張「文學革命」當從「不用典」、「不用陳套語」等「八事」入手，並在《文學改良芻議》一文

〔註173〕梁啟超：《治國學的兩條大路》，載梁啟超著，湯志鈞、湯仁澤編：《梁啟超全集·第十六集·演說二》，中國人民大學出版社2018年版，第42頁。

〔註174〕梁啟超：《治國學的兩條大路》，載梁啟超著，湯志鈞、湯仁澤編：《梁啟超全集·第十六集·演說二》，中國人民大學出版社2018年版，第44頁。

〔註175〕章太炎：《國學十講》，載上海人民出版社編、章念馳編訂：《章太炎全集·演講集》，上海人民出版社2015年版，第308頁。

〔註176〕章太炎：《國學十講》，載上海人民出版社編、章念馳編訂：《章太炎全集·演講集》，上海人民出版社2015年版，第308頁。

〔註177〕胡適：《〈胡適文存〉序例》，載胡適著、季羨林主編《胡適全集》第1卷，安徽教育出版社2003年版，目錄前《序例》第2頁。

〔註178〕胡適：《寄陳獨秀》，載胡適著、季羨林主編《胡適全集》第1卷，安徽教育出版社2003年版，第3頁。

中詳加闡釋。他說，針對文學改良的眾多談論，經過「再四研思，輔以友朋辯論」，加以「綜括所懷見解」，才做到了重釋文學改良八事。〔註179〕

　　章太炎主張做學問應先打好歷史學和語言學基礎，他指導學生姜亮夫（原名寅清，字亮夫，1902～1995）從讀杜佑《通典》而入史學。姜亮夫1926年考入清華國學研究院，他晚年談自己治學心得時說：「我是以人類文化學為獵場，以中國歷史為對象，用十分精力搜集資料，然後以原始的傳說，以語言學為基本武器，再以美國摩爾根的《古代社會》和法國毛利《史前人類》的一些可信據的結論為裁截的基礎，又時時與自然科學相協調，這是我做學問的秘訣，而抓住一個問題死咬住不放，是我的用力方法。」〔註180〕而姜亮夫本人也曾將自己的學術方法總結為「八不主義」。他說：「在我的學術研究中，有時用國外的方法及他們所得出的結論來解決中國人的問題，而不是用外國人的資料來解決中國人的問題。因此我研究學術的方法和觀點，嚴格說來是奉行『八不主義』，即不中不西、不古不今、不漢不唐、不心不物。所謂『不中不西』，即不是中國的，也有中國的；不是西洋的，也有西洋的；所謂『不古不今』，即不是完全古代的，也有古代的；不是完全現代的，也有現代的。『不漢不唐』：不完全根據漢代人的注釋，也不完全根據唐代人的注釋。『不心不物』：我既不是唯心主義者，也不是唯物主義者。」〔註181〕姜先生治學，「以掌握資料為第一事」，以做「綜合研究」的博雅為特點。

　　關於求博，梁啟超談到了求博的必要性及其條件。從必要性上看，對事物的真相的瞭解，「不能靠單文孤證便下武斷」，必須「將同類或有關係的事情網羅起來，貫串比較，愈多愈妙」，以大量的資料搜羅為前提。他說：「我們可以用統計的精神作大量觀察，我們可以先立出若干種『假定』，然後不斷的搜羅資料，來測驗這『假定』是否正確。」〔註182〕如果善用建立在大量觀察的假定之方，便真如韓愈所說：「牛溲馬勃，敗鼓之皮，兼收並蓄，待用無遺。」這樣，前人認為無用的資料，今天也可以進行廢物再利用。求博的兩個條件，

〔註179〕胡適：《文學改良芻議》，載胡適著、季羨林主編《胡適全集》第1卷，安徽教育出版社2003年版，第4頁。

〔註180〕劉躍進，江林昌：《姜亮夫先生及其楚辭研究》，《文學遺產》1998年第3期。

〔註181〕姜亮夫：《謝本師——學術研究方法的自我剖析》，《浙江學刊》2001年第4期。

〔註182〕梁啟超：《治國學的兩條大路》，載梁啟超著，湯志鈞、湯仁澤編：《梁啟超全集·第十六集·演說二》，中國人民大學出版社2018年版，第44頁。

可以用荀子「好一則博」、「以淺持博」二句來概括。梁啟超說：「我們要做博的工夫，只能擇一兩件專門之業為自己性情最近者做去，從極狹的範圍內生出極博來，否則件件要博，便連一件也博不成，這便是好一則博的道理。又滿屋散錢，穿不起來，雖多也是無用。資料越發豐富，則駕馭資料越發繁難，總須先求得個『一以貫之』的線索，才不至『博而寡要』，這便是以淺持博的道理。」〔註183〕

　　1925年，顧頡剛曾打算編寫《國學誌》。他在編《古史辨》第一冊時回顧說：「那幾年中讀書，很感受沒有學術史的痛苦，因此在我的野心中又發了一個弘願：要編纂《國學誌》，把《著述考》列為《志》的一種。當時定的計劃，《國學誌》共分七種：（1）仿《太平御覽》例，分類抄錄材料，為《學覽》；（2）仿《經世文編》例，分類抄錄成篇的文字，為《學術文抄》；（3）仿《宋元學案》例，編錄學者傳狀，節抄其主要的著述，為《學人傳》；（4）仿《經義考》例，詳列書籍的作者、存佚、序跋、評論，為《著述考》；（5）仿《群書治要》例，將各書中關於學術的話按書抄出，為《群書學錄》；（6）仿《北溪字義》例，將學術名詞詳釋其原義及變遷之義，為《學術名詞解詁》；（7）集合各史的紀傳、年表，以及各種學者年譜，為《學術年表》。這個計劃，在現在看來，依舊是很該有的工作，但已知道這是學術團體中的工作，應當有許多人分工做的，不是我一個人可以擔當的責任了。可是那時意氣高漲，哪裏有這等耐性去等待不知何年的他人去做：既已見到，便即動手。《學覽》的長編，每天立一題目，釘成一冊，有得即抄。《學術文抄》也雇人抄寫了百餘篇。《著述考》則清代方面較有成稿，《目錄書目》和《偽書疑書目》也集得了許多材料。」〔註184〕顧頡剛的計畫，可謂浩博。

　　國學研究的求博，或可從胡適等人的歌謠研究中的「比較研究法」中再獲得一些認識。

　　五四新文化運動時期，劉半農、錢玄同、沈兼士、周作人等熱衷於民俗與民間文學研究，從事徵集歌謠活動。1918年2月，成立了「北大歌謠徵集處」，面向全國公開徵集民歌。劉半農在《北京大學日刊》闢出「歌謠選」專

〔註183〕梁啟超：《治國學的兩條大路》，載梁啟超著，湯志鈞、湯仁澤編：《梁啟超全集・第十六集・演說二》，中國人民大學出版社2018年版，第44頁。

〔註184〕顧頡剛：《古史辨第一冊自序》，載氏著《顧頡剛全集》1，中華書局2010年版，第26頁。

欄，並為刊載的歌謠加注，在當時產生了積極影響，被人稱譽為「反帝反封建通俗宣傳的武器」。1920 年 10 月 12 日始，北京《晨報》專闢「歌謠」專欄，連續三個月刊載顧頡剛搜集的吳歌，還刊發了沈兼士、魏建功討論吳歌方言的文章。1922 年底，歌謠研究會創辦《歌謠週刊》。〔註 185〕

胡適以為，在研究歌謠時，可採用一種有趣的比較研究法。他說：「有許多歌謠是大同小異的。大同的地方是他們的本旨，在文學的術語上叫做『母題（motif）』。小異的地方是隨時隨地添上的枝葉細節。往往有一個『母題』，從北方直傳到南方，從江蘇直傳到四川，隨地加上許多『本地風光』；變到末了，幾乎句句變了，字字變了，然而我們試把這些歌謠比較著看，剝去枝葉，仍舊可以看出他們原來同出一個『母題』。這種研究法，叫做『比較研究法』。」〔註 186〕從結果上看，比較研究法可以看出以下三個方面：「一、某地的作者對於母題的見解之高低。二、某地的特殊的風俗、服飾、語言等等——所謂『本地風光』。三、作者的文學天才與技術。」〔註 187〕研究歌謠還要研究民俗學，研究民族心理學。胡適說：「要研究歌謠，不只要好的文學，——『真詩』——還要能知道民族的心理學。要研究民族心理學，萬不可不注意一切的民俗的書籍。所以我愛讀坊間的唱本兒、彈詞、小說，比較那大文學家的著作愛讀的多。我想本可以不必知道著者是誰，只要看他的內容取材於社會和影響於社會就得了。我們就從此努力研究『民俗學』（Folklore）罷！」〔註 188〕

最後，做學問要求通，就是要用銳利的眼光，既要看到「別門學問和這門學問的關係」，同時，「在本門中，也常要注意各方面相互之關係」。〔註 189〕在中西比較時的求通，常常要處理所謂的「舊瓶」與「新酒」的關係問題，以及新、舊名詞的關係問題。

蔣廷黻在《大公報》上刊發《新名詞，舊事情》，以為「近代的日本是拿

〔註 185〕轉引自王明德等著：《近代中國的學術傳承》，巴蜀書社 2010 年版，第 392～393 頁。

〔註 186〕胡適：《歌謠的比較的研究法的一個例》，載胡適著、季羨林主編《胡適全集》第 2 卷，安徽教育出版社 2003 年版，第 825 頁。

〔註 187〕胡適：《歌謠的比較的研究法的一個例》，載胡適著、季羨林主編《胡適全集》第 2 卷，安徽教育出版社 2003 年版，第 826 頁。

〔註 188〕胡適：《北京的平民文學》，載胡適著、季羨林主編《胡適全集》第 2 卷，安徽教育出版社 2003 年版，第 851 頁。

〔註 189〕梁啟超：《治國學的兩條大路》，載梁啟超著，湯志鈞、湯仁澤編：《梁啟超全集·第十六集·演說二》，中國人民大學出版社 2018 年版，第 45 頁。

舊名詞來幹新政治，近代的中國是拿新名詞來玩舊政治」。胡適說：「我們今日需要的是新政治，即是合適於今日中國的需要的政治。我們要學人家『幹新政治』，不必問他們用的是新的或舊的名詞。」〔註190〕如果是瓦瓶子，則「瓶底子不容易瀝乾淨，陳年老酒瀝積久了，新酒裝進去，也就沾其餘香，所以倒出來令人歎其味之美」。類似的情況還有，如「鴉片煙鬼愛用老煙斗，吸淡巴菰的老癮也愛用多年的老煙斗」，同用舊瓦瓶裝新酒同一道理。

反觀中國，用舊名詞的情況卻並非如此。胡適說：「可是二三十年前，咱們中國人也曾提出不少『復古』的標語。『共和』比『尊王廢藩』古的多了，據說是西曆紀元前八百多年就實行過十四年的『共和』；更推上去，還可以上溯堯舜的禪讓。『維新』、『革命』也都有古經的根據。祭天，祀孔，復辟，也都是道地的老牌子。孫中山先生也曾提出『王道』和忠孝仁愛等等老牌子。陳濟棠先生和鄒魯先生在廣東還正在提倡人人讀《孝經》哩！奇怪的很，這些『老牌子』怎麼也和『新名詞』一樣『無號召之力』呢？我想，大概咱們用裝新酒的，不是瓷瓦，不是玻璃，只是古猶太人的『舊皮袋』，所以恰恰應了猶太聖人說的『舊皮囊裝不得新酒』的古話。」〔註191〕西洋古話：「舊瓶不能裝新酒。」英文是「No man put the new wine into old bottles」。這句古話原出於《馬可福音》第二章第22節。如果將其譯成「沒有人把新酒裝在舊瓶子裏」，「好像一個字不錯，其實是大錯了。錯在那個『瓶子』上，因為這句話是猶太人的古話，猶太人裝酒是用山羊皮袋的。」〔註192〕《馬可福音》那一節原文的1823年的官話譯本為：「也沒有人把新酒裝在舊皮袋裏，恐怕酒把皮袋裂開，酒和皮袋就都壞了。只有把新酒裝在新皮袋裏。」1804年文言譯本用「舊革囊」譯 old bottles。

這就像後來學者在研究晚清思想時，主張最好採用馬克斯·韋伯「設想參與」的辦法一樣，在中西比較時，警惕某些「過度」的解讀甚至「誤讀」及

〔註190〕胡適：《「舊瓶不能裝新酒」嗎？》，載胡適著、季羨林主編《胡適全集》第22卷，安徽教育出版社2003年版，第31頁。原文載於1934年1月28日《獨立評論》第87號上。

〔註191〕胡適：《「舊瓶不能裝新酒」嗎？》，載胡適著、季羨林主編《胡適全集》第22卷，安徽教育出版社2003年版，第30頁。原文載於1934年1月28日《獨立評論》第87號上。

〔註192〕胡適：《「舊瓶不能裝新酒」嗎？》，載胡適著、季羨林主編《胡適全集》第22卷，安徽教育出版社2003年版，第28頁。原文載於1934年1月28日《獨立評論》第87號上。

誤用。應該謹慎使用「西方的衝擊」對個人思想形成的影響，因為這一概念可能會引起一種「有害」的看法，即「傳統的中國文化在與西方的衝突中是毫無活力的，只有在來自外部的刺激下才具有回應的能力」，如此以來，「可能會導致對傳統文化的複雜性和發展動力估計不足。強調外部影響，容易產生忽視中國傳統內涵的危險」〔註 193〕。

所謂的「設想參與」，也就是「設想自己處理儒家的文人學士的地位，弄清儒家思想作為富有活力的個人信仰在實踐中向他們提出的那些問題」〔註194〕，用歷史的眼光看待這些問題及其發展。「為了理解中國對西方的回應，必須對傳統固有的多樣性和內在發展動力有所認識。因為中國知識分子主要是根據從儒家傳統沿襲下來的那套獨特的關懷和問題，對晚清西方的衝擊作出回應的」〔註 195〕。

胡適在寫《中國哲學史大綱》時，有意運用特別的立場、方法，四十年後他仍認為有補益中國哲學史學科的作用。胡適說：「我這本書的特別立場是要抓住每一位哲人或每一個學派的『名學方法』（邏輯方法，即是知識思考的方法），認為這是哲學史的中心問題。」〔註196〕近世思想史中的程、朱、陸、王的爭論，無論是朱、王「格物」論之爭，還是朱陸之爭被界定為「尊德性」與「道問學」的分途，都可看作「名學方法的爭論」。胡適說：「科學初到中國的時候，沒有相當的譯名，當時的學者就譯做『格致』。格致就是『格物致知』的縮寫。《大學》裏有一句『致知在格物』，但沒有說明『格物』是什麼或是怎樣做。到了宋朝，一班哲學家都下過『格物』的解說，後來竟有六七十家不同的界說。」〔註197〕還說：「兩宋以來，『格物』兩個字就有幾十種不同的解釋，其實多數也還是方法上的不同。」〔註 198〕

〔註193〕〔美〕張灝著，崔志海、葛夫平譯：《梁啟超與中國思想的過渡（1890～1907）》，江蘇人民出版社 2005 年版，《前言》第 1 頁。

〔註194〕〔美〕張灝著，崔志海、葛夫平譯：《梁啟超與中國思想的過渡（1890～1907）》，江蘇人民出版社 2005 年版，《前言》第 2 頁。

〔註195〕〔美〕張灝著，崔志海、葛夫平譯：《梁啟超與中國思想的過渡（1890～1907）》，江蘇人民出版社 2005 年版，《前言》第 2 頁。

〔註196〕胡適：《〈中國古代哲學史〉臺北版自記》，載胡適著、季羨林主編《胡適全集》第 5 卷，安徽教育出版社 2003 年版，第 537 頁。

〔註197〕胡適：《格致與科學》，載胡適著、季羨林主編《胡適全集》第 8 卷，安徽教育出版社 2003 年版，第 80 頁。

〔註198〕胡適：《〈中國古代哲學史〉臺北版自記》，載胡適著、季羨林主編《胡適全集》第 5 卷，安徽教育出版社 2003 年版，第 538 頁。

他自許在方法上的開山之功說：「所以我這本哲學史在這個基本立場上，在當時頗有開山的作用。可惜後來寫中國哲學史的人，很少人能夠充分瞭解這個看法。」〔註199〕「這個看法根本就不承認司馬談把古代思想分作『六家』的辦法。……這樣推翻『六家』『九流』的舊說，而直接回到可靠的史料，依據史料重新尋出古代思想的淵源流變，這是我四十年前的一個目標。我的成績也許沒有做到我的期望，但這個治思想史的方法是在今天還值得學人的考慮的。」〔註200〕

求通的最高境界，是「坐集千古之智，而折衝其間」（方以智語），以學術為天下之「公器」（如梁啟超所強調）。時賢稱讚王國維學術的地位時說：「晚清以來困擾學者的古今、中西、新舊之辨，在王國維這裡得到了解決，這對中國現代學術的建立，無疑具有巨大的推動作用。」〔註201〕1911年，在《國學雜誌》創刊之際，王國維曾撰序文指出，「今之言學者，有新舊之爭，有中西之爭，有有用與無用之學之爭」，然而學問之事，無須分新舊、中西、有用無用。在他看來，古人兼知行論學，今人專言知；今人之學，雖有科學、史學、文學三大類，卻沒有「斠然」的「疆界」。

為什麼說「學無新舊」呢？他說：「夫天下之事物，科學上觀之與自史學上觀之，其立論各不同。自科學上觀之，則事物必盡其真，而道理必求其是。凡吾智之不能通而吾心之所不能安者，雖聖賢言之有所不信焉，雖聖賢行之有所不慊焉。何則？聖賢所以別真偽也，真偽非由聖賢出也；所以明是非也，是非非由聖賢立也。自史學上觀之，則不獨事理之真與是者足資研究而已，即今日所視為不真之學說、不是之制度風俗，必有所以成立之由，與其所以適於一時之故。其因存於邃古，而其果及於方來，故材料之足資參考者，雖至纖悉不敢棄焉。故物理學之歷史，謬說居其半焉；哲學之歷史，空想居其半焉；制度、風俗之歷史，弁髦居其半焉。而史學家弗棄也。此二學之異也。然治科學者，必有待於史學上之材料；而治史學者，亦不可無科學上之知識。今之君子，非一切蔑古，即一切尚古。蔑古者，出於科學上之見地，而不知有史學；尚古者，出於史學上之見地，而不知有科學。即為調停之說者，亦未能

〔註199〕胡適：《〈中國古代哲學史〉臺北版自記》，載胡適著、季羨林主編《胡適全集》第5卷，安徽教育出版社2003年版，第538頁。
〔註200〕胡適：《〈中國古代哲學史〉臺北版自記》，載胡適著、季羨林主編《胡適全集》第5卷，安徽教育出版社2003年版，第538頁。
〔註201〕王明德等著：《近代中國的學術傳承》，巴蜀書社2010年版，第429頁。

知取捨之所以然。此所以有古今新舊之說也。」〔註202〕

　　為什麼說「學無中西」呢？他說：「世界學問，不出科學、史學、文學，故中國之學，西國類皆有之；西國之學，我國亦類皆有之。所異者，廣狹、疏密耳。即從俗說，而姑存中學、西學之名，則夫慮西學之盛之妨中學，與慮中學之盛之妨西學者，均不根之說也。中國今日實無學之患，而非中學、西學偏重之患。京師號學問淵藪，而通達誠篤之舊學家，屈十指以計之，不能滿也。其治西學者，不過為羔雁禽犢之資，其能貫串精博，終身以之如舊學家者，更難舉其一二。風會否塞，習尚荒落，非一日矣。余謂中、西二學，盛則俱盛，衰則俱衰，風氣既開，互相推助。且居今日之世，講今日之學，未有西學不興，而中學能興者；亦未有中學不興，而西學能興者。」〔註203〕學問之間，是「一學既興，他學自從」的感發關係。既然「學問之事，本無中西」，那麼那些「鰓鰓焉慮二者之不能另立者」，就真是些「不知世界有學問事」之人了。〔註204〕

　　既然學不能、也不必分中西，做學問必須要有曠觀今古的情懷、博通高遠的視野。王國維說：「異日發明光大我國學術者，必在兼通世界學術之人，而不在一孔之陋儒，固可決也。」〔註205〕還說：「夫尊孔孟之道，莫若發明光大之，而發明光大之之道，又莫若兼究外國之學說。」〔註206〕陳寅恪有段名言道：「竊疑中國自今日以後，即使能忠實輸入北美或東歐之思想，其結局當亦等於玄奘唯識之學，在吾國思想史上，既不能居最高之地位，且亦終歸於歇絕者。其真能於思想上自成系統，有所創獲者，必須一方面吸收輸入外來

〔註202〕王國維：《國學叢刊序》，寫於1911年2月，原載於羅振玉創辦《國學叢刊》，後收入《觀堂集林》卷四。參謝維揚、房鑫亮主編，胡逢祥分卷主編《王國維全集》第14卷，浙江教育出版社2009年版，第130～131頁。本書引文，除非特殊需要，標點一般不完全遵守所參考文獻。

〔註203〕王國維：《國學叢刊序》，參謝維揚，房鑫亮主編；胡逢祥分卷主編：《王國維全集》第14卷，浙江教育出版社2009年版，第131頁。

〔註204〕王國維：《國學叢刊序》，參謝維揚，房鑫亮主編；胡逢祥分卷主編：《王國維全集》第14卷，浙江教育出版社2009年版，第132頁。

〔註205〕王國維：《奏定經學科大學文學科大學章程書後》，參謝維揚，房鑫亮主編；胡逢祥分卷主編：《王國維全集》第14卷，浙江教育出版社2009年版，第36頁。

〔註206〕王國維：《奏定經學科大學文學科大學章程書後》，參謝維揚，房鑫亮主編；胡逢祥分卷主編：《王國維全集》第14卷，浙江教育出版社2009年版，第38頁。

之學說，一方面不忘本民族之地位。此二種相反而適相成之態度，乃道教之真精神，新儒家之舊途徑，而二千年吾民族與他民族思想接觸史之所昭示者也。」〔註207〕至今讓我們回味無窮。

　　在王國維學術思想研究中，有明確的方法論意識，也突出了古今貫通的特點。在《古史新證》一文中，王國維創立了古文研討的「二重證據法」，即：「吾輩生於今日，幸於紙上之材料外，更得地下之新材料。由此種材料，我輩固得據以補紙上之材料，亦得證明古書之某部分全為實錄，即百家不雅訓之言，亦不無表示一面之事實。此二重證據法，惟在今日始得為之。雖古書之未得證明者，不能加以否定，而其已得證明者，不能不加以肯定，可以斷言也。」〔註208〕這種方法，試圖將傳世文獻與新出土的鍾鼎器物、簡帛等甲骨文、金文、篆隸等文獻相印證，使得傳世文獻能疑者釋疑、真偽自辨。

　　陳寅恪將王國維的治學方法與學術思想歸納為三條：第一，「取地下之實物與紙上之遺文互相釋證」，他的考古學及上古史之作，像《殷卜辭中所見先公先王考》及《鬼方昆吾玁狁考》等便屬於此種情況；第二，「取異族之故書與吾國之舊籍互相補正」，他的遼、金、元史事及邊疆地理的著述，像《蒙古考》及《元朝秘史之主因亦兒堅考》等便屬於此種情況；第三，「取外來之觀念，與固有之材料互相參證」，他的那些文藝批評及小說戲曲之作，比如《紅樓夢評論》《宋元戲曲考》和《唐宋大麯考》等便屬於此種情況。〔註209〕這三類著述，雖然學術性質有異同，所用方法也「不盡符會」，然而都「足以轉移一時之風氣，而示來者以軌則」。〔註210〕所以，他推測：「吾國他日文史考據之學，範圍縱廣，途徑縱多，恐亦無以遠出三類之外。此先生之書所以為吾國近代學術界最重要之產物也。」〔註211〕

　　知人論世，古今貫通，學問堂廡才能開豁，學思才會暢通。王國維曾說：

〔註207〕陳寅恪：《馮友蘭中國哲學史下冊審查報告》，載《陳寅恪集‧金明館叢稿二編》，生活‧讀書‧新知三聯書店 2015 年版，第 284～285 頁。
〔註208〕王國維：《古史新證》，參謝維揚，房鑫亮主編；章義和，王東分卷主編：《王國維全集》第 11 卷，浙江教育出版社 2009 年版，第 241～242 頁。
〔註209〕陳寅恪：《王靜安先生遺書序》，載《陳寅恪集‧金明館叢稿二編》，生活‧讀書‧新知三聯書店 2015 年版，第 247 頁。
〔註210〕陳寅恪：《王靜安先生遺書序》，載《陳寅恪集‧金明館叢稿二編》，生活‧讀書‧新知三聯書店 2015 年版，第 248 頁。
〔註211〕陳寅恪：《王靜安先生遺書序》，載《陳寅恪集‧金明館叢稿二編》，生活‧讀書‧新知三聯書店 2015 年版，第 248 頁。

「欲知古人，必先論其世；欲知後代，必先求諸古；欲知一國之文學，非知其國古今之情狀學術不可立也。」〔註 212〕梁啟超論王國維學術思想道：「先生之學，從弘大處立腳，而從精微處著力；具有科學的天才，而以極嚴正之學者的道德貫注而運用之。其少年喜譚哲學，尤酷嗜德意志人康德、叔本華、尼采之書，晚雖棄置不甚治，然於學術之整個不可分的理想，印刻甚深，故雖好從事於個別問題，為窄而深的研究，而常能從一問題與他問題之關係上，見出最適當之理解，絕無支離破碎、專己守殘之蔽。」〔註 213〕

1930 年，為馮友蘭《中國哲學史》的上冊寫審查報告時，陳寅恪提出對古人學說的研究，先要有「瞭解之同情」。他說：「吾人今日可依據之史料，僅為當時所遺存最小之一部，欲藉此殘餘斷片，以窺測其全部結構，必須備藝術家欣賞古代繪畫雕刻之眼光及精神，然後古人立說之用意與對象，始可以真瞭解。所謂真瞭解者，必神遊冥想，與立說之古人，處於同一境界，而對於其持論所以不得不如是之苦心孤詣，表一種之同情，始能批評其學說之是非得失，而無隔閡膚廓之論。否則數千年前之陳言舊說，與今日之情勢迥殊，何一不可以可笑可怪目之乎？」〔註 214〕所持之義，和章學誠在《文史通義》中《文德》篇所論相同，此即章氏所云：「凡為古文辭者，必敬以恕。臨文必敬，非修德之謂也。論古必恕，非寬容之謂也。敬非修德之謂者，氣攝而不縱，縱必不能中節也。恕非寬容之謂者，能為古人設身而處地也。」〔註 215〕他們的學術主張與精神氣象是內在相通的。

（三）國學著述體例

20 世紀 20 年代，吳文祺回顧當時國故研究時，以為或者籠統之至，或者誤解連連（如誤認整理國故只是整理中國文學，誤認國故就是國故學、整理國故就只是滿足整理者自己的求知欲），或者只是政治式地整理國故。他認為，「整理國故這種學門（問），就叫做國故學，國故是材料，國故學是一種科學。」

〔註 212〕王國維：《譯本琵琶記序》，參謝維揚，房鑫亮主編；胡逢祥分卷主編：《王國維全集》第 14 卷，浙江教育出版社 2009 年版，第 133 頁。

〔註 213〕梁啟超：《〈王靜安先生紀念號〉序》，載梁啟超著，湯志鈞、湯仁澤編：《梁啟超全集·第十四集》，中國人民大學出版社 2018 年版，第 334 頁。

〔註 214〕陳寅恪：《馮友蘭中國哲學史上冊審查報告》，載《陳寅恪集·金明館叢稿二編》，生活·讀書·新知三聯書店 2015 年版，第 279 頁。

〔註 215〕〔清〕章學誠撰，葉瑛校注《文史通義校注》，北京：中華書局 2014 年版，第 324 頁。

嚴格來講，國故學是超乎文學、哲學之外的一種科學，它包括考訂學、文字學、校勘學、訓詁學幾種。〔註216〕

　　顧頡剛曾指出：「清代的學風和以前各時代不同的地方，就是：以前必要把學問歸結於政治的應用，而清代學者則敢於脫離應用的束縛；以前總好規定崇奉的一尊，而清代學者為要回覆古代的各種家派，無意中把一尊的束縛也解除了。清末的古文家依然照了舊日的途徑而進行；今文家便因時勢的激盪而獨標新義，提出了孔子託古改制的問題做自己的託古改制的護符。這兩派衝突時，各各盡力揭破對方的弱點，使得觀戰的人消歇了信從家派的迷夢。同時，西洋的科學傳了進來，中國學者受了它的影響，對於治學的方法有了根本的覺悟，要把中國古今的學術整理清楚，認識它們的歷史的價值。」〔註217〕他還說：「整理國故的呼聲倡始於太炎先生，而上軌道的進行則發軔於適之先生的具體的計劃。」〔註218〕

　　章太炎的《訄書》《國故論衡》《國學概論》等，劉師培的《國學發微》《古政原始論》《中國歷史教科書》等，都屬於近代意義的國學著述。等到錢穆作《國學概論》時，其體例結構則完全拋棄了「四部」之限，重新構建起了一種以斷代學術的概要總結為核心的新「思想史」或「學術史」之模式。錢著第一章係「經學」，下共分7節。

　　曹聚仁1925年出版的《國故學大綱》（上卷），欲用科學方法研究國故，以成一系統性之知識。〔註219〕唐鉞著《國故新探》，1925年由上海的商務印書館出版。他在《小引》中說：「我是向實驗室中求知識的人，不是向線裝書中求知識的。但環境的勢力卻使我的求知欲不得不順著抵抗最小的線路以求滿足，不管我的情願不情願。」該書第一卷主要是論文學的，第二卷主要論訓詁學，第三卷是關於諸子學、史學。他還說：「國故這個名詞，不免廣泛；但除了他，我竟然找不到另一個名目可以略示本書所含題目的範圍的。」〔註220〕

〔註216〕吳文祺：《重新估定國故學之價值》，載許嘯天編輯：《國故學討論集》第一集，群學社1927年版，上海書店1991年影印版。

〔註217〕顧頡剛：《古史辨第一冊自序》，載氏著《顧頡剛全集》1，中華書局2010年版，第67～68頁。

〔註218〕顧頡剛：《古史辨第一冊自序》，載氏著《顧頡剛全集》1，中華書局2010年版，第68頁。

〔註219〕曹聚仁著：《國故學大綱》，上海：梁溪圖書館1925年版。

〔註220〕唐鉞：《國故新探》，上海：商務印書館1925年版。

1930 年 1 月，上海民智書局發行了洪北平編的《國學研究法》。該書供高中教學及大學參考之用。全書共四卷，第一卷談「國學方法論」、第二卷「經學通論」、第三卷「子學通論」、第四卷「史學通論」。在第一卷中，編者談到「國學之封域」時指出：「學術以天下為公，初無國界可守。此言取善之資則然耳。學不徒生，必有所因。民族殊則思想亦異，地域隔則政制不同。更歷年累世，相傳相承。自各有所長，豈一朝一夕之故哉？我國文化昌明之早，初冠萬邦。五千餘年，巍然獨存。西學東來，出與相衡，誠多謝短者。而趨新博異之士，乃欲盡棄所固有，以為與世相違，理宜之。守舊者怒目奮臂，起而與之爭。然察所執持，或拘拘文墨之間，以為道在於是。有以知其必敗也。愚謂國學之範至廣，凡域內固有之學，無間於心與物皆隸焉。即至方技藝術，有理可究，有法可守，有益於民者，亦得被此稱。固非詞章之士所能專也。至於遠西學術，足以參鏡。苟善用之，自今而後，國學昌明，必過於前。吾人誠有志於此，謂宜各擇性之所近，力之所能及者，始以整理，繼以發揮，共贊斯舉，務令國學之封域無不擴，真際無不明。而後是非短長，大顯於天下，虛言相競，甚無謂也。」〔註 221〕

關於國學類別，該書指出：「國學之封域所包至廣，宜析類別，取便觀省。往昔部次可考者，漢《七略》為始。凡六藝、諸子、詩賦、兵書、術數、方技六部。晉荀勖因《中經》著《新簿》分為四部。而兵書、術數，遂入於諸子，史籍離六藝而別立為部。阮孝緒作《七錄》，以兵歸子，而技術復在其外。及隋《經籍志》始以兵、醫、天文、曆數、五行，盡歸子部。於是經、史、子、集之名大定，後世仍用焉。茲非以商榷前人部署為主，短長得失且置不論。今所欲述者有二事焉。一則經子之名，慮難確守。為腹為目，旨趣各殊。二則探索前籍，嘗暫仍舊緒，以省凌亂之煩。若研尋之法既異，則所得者自與曩昔殊致。整理有術，即更為部署亦無不可者。要之，分類析觀，以便探討，與家法流別部次有殊。並行不悖，義相成焉。」〔註 222〕

在談「修國學之宗旨」時，作者說：「人生胡為而修學？人生修學意何所在乎？昔吾先正釋此問者，言人人殊。要其大歸，窮理以致用，成己而成人。荀子之美其身，朱子之誠其身，所以成己也。其道非一，或達天性（《法言》云『修性』，《白虎通》云『治性』，程子云『養性』），或益才慧（《說苑》云

〔註 221〕洪北平編：《國學研究法》，上海民智書局 1930 年 1 月版，第 2～3 頁。
〔註 222〕洪北平編：《國學研究法》，上海民智書局 1930 年 1 月版，第 3～4 頁。

『益才』，又云『廣明德慧』）、窮理（程子）、知道（《學記》）、以致於聖（《說苑》），斯為學鵠。《學記》之『化民』，程子之『致用』，『行道以利世』（《顏氏家訓》），所以成人也，要自成己始。夫人孰不愛其身，亦孰不思有以利人？然其治學，能持此義而赴之者蓋鮮。外騖觀聽之美，隨風波蕩，所志盡乎矜世。其有篤意於學者，終日孳孳苦不得祈向。或騖於博覽，而不思博之何所取。或勤於文詞，而不知文之何所用。修學而自知所以修之之宗旨為何，殆已。已而為知者，殆而已矣。吾思之，吾重思之。人生而求學，」〔註223〕學固所以益人。則無益於人生者，絕之無憂。書雖學之所寄，學固不盡於書，則誦讀所以求學之資，而非可即為學也。」

當時人競言新學，對此情形，他假設他人之問道：「今新學爭雄於域中，國人方以不類遠西為恥，廢閣舊籍，鬻為敗紙，時適然耳。汝竭區區之知，欲講以所聞，為治國學者津逮，亦有說乎？」他自答道：「學唯其是，無間中外。人各有心，盡其所能。方今國日衰頹，見陵東人。莘莘學子，奔走呼號。靜言思之，國為吾國，是則先哲之所留遺，何忍使之湮沒。昔人研精累世，吾儕生其後而不能為之發揮光大，為過已宏。安有盡棄所有以從人者？況於國學不肯致力，妄自菲薄，輒謝曰無有，其誰之過歟！至以學術大同為言，則趨詣真理，唯是之從。我國國學與異邦相較，誠有謝短者。然所自得，豈少也哉？是故誠欲愛國，宜知國學英華之所存。誠愛真理，亦宜知本國學術之精義。發懷舊之蓄念，以增國人愛國之心，闡明國學之精英，以與世人相見而共趨於真理，必將有事乎此矣。」〔註224〕

自章太炎、梁啟超以至馬衡、胡適、錢玄同等，近代國學工作經歷了「保存國粹」到「整理國故」的變化。經過回顧前段工作，黃毅民說：「究竟『國粹』如果僅當做一種古玩去保存，那還有什麼用處？同時，整理『國故』的人們，因為根據互異，眼光各殊，結果『公說公有理，婆說婆有理』，在整理者一方面，窮年累月以從事，而總是茫無頭緒；在國故一方面，不因整理而光明，反因整理而紛亂。我們以為疑古、考古的工作，易滋流弊，反不如以現代的科學眼光，從『國學』的實質上去留心檢討為妙。也可以說，在保存理事之後，現在應該加以研究了。」〔註225〕

〔註223〕洪北平編：《國學研究法》，上海民智書局1930年1月版，第4～5頁。
〔註224〕洪北平編：《國學研究法》，上海民智書局1930年1月版，第5頁。
〔註225〕黃毅民著：《國學叢論‧自序》，北平：燕友學社1935年版。

　　如何在原來分析的基礎進行綜合的研究呢？黃毅民說：「時至今日，所謂『有可亡的民族與國家，無可亡的文化』，中國文化的真價值與如何不可亡，中國文化需要怎樣的改造，以求適應時代，改變時代，與領導時代？這是我們目前極要解決的問題。然而遍讀章太炎的《國故論衡》，王易、錢穆等的《國學概論》，徐澄宇的《國學大綱》，與謝无量、曾毅、鄭振鐸諸氏的《文學史》，對於語言文字、文學、經學、史學、哲學、科學各部門；或深奧難懂，或條理不經，語焉未詳。都難以培養我們對國學的興味，以輔助我們步入國學的園地。」〔註226〕他決意從事分門別類的研究工作，「將文、史、哲等各列系統，加以清淺的尋味與評論」。該書的目標，即為高中生奠定國學基礎，分上、下兩冊。其中，上冊為語言文字學、文學史、經學等三編，下冊包括史學、哲學、科學等三編。燕大教授郭紹虞多方獎譽，代為題辭，以為「入門要籍」；顧頡剛代題封面，《晨報》社的張鐵笙尤多耳提面命，可見該書剛出時的影響。

　　1922年初，留美教授梅光迪、吳宓等人共同創辦了《學衡》。《學衡》諸君，「以繼承中國學統，發揚中國文化為己任」，以「論究學術，闡求真理，昌明國粹，融化新知，以中正之眼光，行批評之職事，無偏無黨，不激不隨」〔註227〕為職志，同當時北大的一些新文化人士進行論戰，被稱作「學衡派」。在談到雜誌的體裁與辦法時，雜誌的《簡章》是結合國學、西學、行文三點來談的。首先便突出了「國學」的特色，即對於「國學」，則「主以切實之工夫，為精確之研究，然後整理而條析之。明其源流，著其旨要，以見吾國文化有可與日月爭光之價值。而後來學者，得有研究之津梁、探索之正軌，不至望洋興歎，勞而無功，或盲肆攻擊，專圖毀棄，而自以為得也。」〔註228〕創刊號《弁言》還條列「四義」：「誦述中西先哲之精言以翼學」、「解析世宙名著之共性以郵思」、「籀繹之作必趨雅音以崇文」、「平心而言不事嫚罵以培俗」，以「揭櫫真理，不趨眾好」而「自勉勉人」。〔註229〕

　　雜誌「發刊詞」由柳詒徵撰寫。柳詒徵（字翼謀、希兆，號知非，晚號劬堂，1880～1956），江蘇丹徒（今鎮江）人。1902年曾隨繆荃孫前往日本考察近代教育。1922年，與梅光迪、吳宓創辦《學衡》，草擬《發刊詞》，連載《中

〔註226〕黃毅民著：《國學叢論‧自序》，北平：燕友學社1935年版。

〔註227〕《學衡》第一期《學衡雜誌簡章》，1922年1月。

〔註228〕《學衡》第一期《學衡雜誌簡章》，1922年1月。

〔註229〕《學衡》第一期《弁言》，1922年1月。

國文化史》，直到 1933 年 7 月停刊。1942 年，柳先生著《國史要義》，深闡「國史」十「要義」：史原、史權、史統、史聯、史德、史識、史義、史例、史術、史化。柳詒徵談史義，則道：「史之三要素，曰事、曰文、曰義。此自孔孟發之。孟子曰：其事則齊桓、晉文，其文則史。孔子曰：其義則丘竊取之矣。明史學所重者在義也。徒騖事蹟，或精究文辭，皆未得史學之究竟。」〔註230〕談史例則道：「夫史例、經例，皆本於禮。禮必準情度理，非可以意為之。故研究《春秋》時月日例，亦以人情事理推之而已。」〔註231〕其談史術則云：「（孔門）未嘗離家國天下而言學。惟其術本末始終，一貫相承，必自身心推暨事物，無所畸輕畸重。故空言心性，偏尚事功，亦不可謂非儒術，特非其全耳。其為學也，必先以博文，而終以約禮。」〔註232〕

　　《周官》釋史有言曰：「史掌官書以贊治。」作者以為此為中國史專有之義：「由贊治而有官書，由官書而有國史。視他國之史起於詩人，學者得之傳聞，述其軼事者不同。世謂吾民族富於政治性，觀吾史之特詳政治及史之起原，可以知其故矣。」〔註233〕他在書中提出「儒學即史學」，「言史一本於禮」，以為儒學與史學二者皆關乎政治，歸本於經世致用之旨。柳先生的治史與時局關切密切相關。他曾指出：「蓋晚清以來，積腐爆著，綜他人所詬病，與吾國人自省其闕失，幾若無文化可言。」〔註234〕研究歷史，既要求人類演進的「通則」，更要本國歷史「獨異於他國者」，「明吾民獨造之真際」。〔註235〕在拯救西方社會「物慾」之弊方面，中華人倫文化自有其優長之處。柳先生為此還專門提出研討中國文化的「西被」問題。〔註236〕

本章小結

　　作為中國傳統文化的精華，國學資源庫中含納遠勝「恒河沙數」的眾多有益營養。當今之世，正是「坐集千古之智，而折衝其間」的大用武之時。唐

〔註230〕柳詒徵著：《國史要義》，商務印書館 2011 年版，第 168 頁。
〔註231〕柳詒徵著：《國史要義》，商務印書館 2011 年版，第 218 頁。
〔註232〕柳詒徵著：《國史要義》，商務印書館 2011 年版，第 260 頁。
〔註233〕柳詒徵著：《國史要義》，商務印書館 2011 年版，第 2 頁。
〔註234〕柳詒徵：《中國文化史》1947 年再版「弁言」。
〔註235〕柳詒徵：《中國文化史》1947 年再版「弁言」，上海古籍出版社 2001 年版，卷首第 1 頁。
〔註236〕柳詒徵：《中國文化西被之商榷》，載《學衡》第 27 期，1924 年 3 月。

代史家劉知幾《史通》言「竹帛長存」，正是由於「著於竹帛」之「文章」的千古魅力。他說：「何者而稱不朽乎？蓋書名竹帛而已。向使世無竹帛，時闕史官，雖堯、舜之與桀、紂，伊、周之與莽、卓，夷、惠之與跖、蹻，商、冒之與曾、閔，但〔俱〕一從物化，墳土未乾，則善惡不分，妍媸永滅者矣。苟史官不絕，竹帛長存，則其人已亡，杳成空寂；而其事如在，皎同星漢。用使後之學者，坐披囊篋，而神交萬古；不出戶庭，而窮覽千載，見賢而思齊，見不肖而內自省。若乃《春秋》成而逆子懼，南史至而賊臣書，其記事載言也則如彼，其勸善懲惡也又如此。由斯而言，則史之為用，其利甚博，乃生人之急務，為國家之要道。有國有家者，其可缺之哉！」〔註237〕

　　在近代知識人的國學意識中，既有事實陳述的成份，也有價值判斷的因素。顧名思義，「國故」指中國固有的文化、思想、學術，它是一個歷史事實；「國粹」的本義，似帶有價值判斷、文化選擇的意味。隨著近代知識人國學意識中價值判斷的意味越來越濃重，終於促成其後各個歷史階段的「文化熱」、「國學熱」等局面。

〔註237〕劉知幾：《史通》卷十一《史官建置》，載〔唐〕劉知幾著；〔清〕浦起龍通釋；王煦華整理：《史通通釋》，上海古籍出版社 2009 年版，第 280～281 頁。

第五章　國魂重塑

　　近代國學意識的勃興，離不開中國知識人對作為中國傳統文化優秀部分的國學經典的親近。近代以來的中國歷史中發生了多次「文化熱」、「國學熱」，從其文化根源上看，這當與近代知識人對國學內涵的價值論斷密切相關。他們不少人將國學看作有根柢之學，將迴向國學，看成是回歸學術本根，回歸中華文化的精神原鄉。

　　晚清以降的這部分中國知識人，對歷史充滿了「溫情」，願對中華文化付出「瞭解之同情」，他們在「國史」與「國性」、民魂與「國魂」的探討中自覺承擔起「新命」。

第一節　「國史」意識

　　關於史學對於國族的重要性，清代思想家龔自珍有一段頗具代表性的表達，他說：「滅人之國，必先去其史；滅人之枋，敗人之綱紀，必先去其史；絕人之材，湮塞人之教，必先去其史；夷人之祖宗，必先去其史。」〔註1〕

　　近代以來，中國知識人還突出了國學研究中的「國史」意識，並與「國魂」塑造結合起來。從「國史」意識上看，有章太炎的「國粹在我」，王國維的「提倡最高之學術，國家最大之名譽」，等最為代表；從具體的著述上看，有柳詒徵的《國史要義》，錢穆的《國史大綱》，等最為代表。

〔註1〕龔自珍：《古史鉤沉二》，載〔清〕龔自珍著、劉麒子整理《龔自珍全集》，浙江古籍出版社 2014 年版，第 67～68 頁。

一、「史界革命」

1925 年，清華設立國學院。當時，「五四」新文化運動的餘續仍感染著全國，「打倒孔家店」的聲音仍不絕於耳，如何客觀而全面地分析評價傳統文化，便成為必須回應的問題。一些值得珍視的冷靜分析與清醒認識開始湧現。清華國學院的倡導者和導師們就認為新文化運動對傳統文化的否定過火了，他們「認識到時下的重要任務是要重建中國本位文化，尋找中國文化之魂」，在「大破」的時代「大立」。〔註2〕

陳嘉異曾撰文《東方文化與吾人之大任篇》，其中道：「東方文化一語，其內涵之意義，決非僅如國故之陳腐乾枯。精密言之，實含有中國民族之精神，或中國民族再興之新生命之義蘊。」〔註3〕

梁啟超說：「我們的祖宗遺予我們的文獻寶藏，誠然中心傲世界各國而無愧色，但是我們最特出之點，仍不在此，其學為何？即人生哲學是。」〔註4〕再來看西方人，他們所用的幾種方法，「僅能夠用之以研究人生以外的各種問題人，決不是這樣機械易懂的。歐洲人卻始終未澈悟到這一點，只盲目的往前做，結果造成了今日的煩悶，彷徨莫知所措」〔註5〕。

儒學專門研究「人之所以為道」，「仁」與「人」兩概念相函，因為「人者，通彼我而始得名，彼我通，乃得謂之仁」，「彼我相通，雖歷百世不變」。孔孟的精神「浸潤在國民腦中不少」，「無終食之間違仁」的躬行實踐精神「影響於國民性者至大」。要研究這「全世界唯一無二的至寶」，不能用科學的方法，而「要用內省的工夫，實行體驗，體驗而後，再為躬行實踐，養成了這副美妙的仁的人生觀，生趣盎然的向前進，無論研究什麼學問，管許是興致勃勃」。〔註6〕他說，我們中國文化「比世界各國並無遜色」，「那一般沉醉西風，說中國一無所有的人，自屬淺薄可笑」〔註7〕。

〔註2〕陳金田、張松智：《清華國學院的學術傳統 學無中西 崇尚理性》，《光明日報》2008 年 11 月 3 日。

〔註3〕轉引自柳詒徵：《中國文化史》，上海古籍出版社 2001 年版，第 969 頁。

〔註4〕梁啟超：《治國學的兩條大路》，載梁啟超著，湯志鈞、湯仁澤編：《梁啟超全集·第十六集·演說二》，中國人民大學出版社 2018 年版，第 45 頁。

〔註5〕梁啟超：《治國學的兩條大路》，載梁啟超著，湯志鈞、湯仁澤編：《梁啟超全集·第十六集·演說二》，中國人民大學出版社 2018 年版，第 46 頁。

〔註6〕梁啟超：《治國學的兩條大路》，載梁啟超著，湯志鈞、湯仁澤編：《梁啟超全集·第十六集·演說二》，中國人民大學出版社 2018 年版，第 48 頁。

〔註7〕梁啟超：《治國學的兩條大路》，載梁啟超著，湯志鈞、湯仁澤編：《梁啟超全

1925 年，魯迅覺得當時「彷彿久沒有所謂中華民國」，許多民國國民是「民國的敵人」，什麼都要「從新做過」，還表示說：「我希望有人好好地做一部民國的建國史給少年看，因為我覺得民國的來源，實在已經失傳了，雖然還只有十四年！」〔註 8〕他有種感覺，就是國民已經忘記了建立民國的「初心」，要喚醒「初心」，便需要重建國史。

魯迅讀《京報副刊》，知道有一種叫《國魂》的期刊，因上面有篇文章說起章士釗固然不好，然而反對章士釗的「學匪」們也應該打倒。《國魂》旬刊係主張國家主義的學人創辦的刊物，1925 年 12 月 30 日，姜華在上面發表《學匪與學閥》，假意先罵章士釗，卻意在煽動學生起來打倒反章士釗、楊蔭榆的所謂「學匪」即馬裕藻一派。魯迅又憎惡章士釗，便結合學界情況，談所謂的「國魂」問題。他便根據中國舊說，指出人有三魂六魄，或有七魄，國魂也應該有「三魂」，分別是官魂、匪魂與民魂。中國人的官癮深，行官勢、擺官腔、打官話，中國的國魂裏大概總有官魂和匪魂，人情之常是「受了官的恩惠時候則豔羨官僚，受了官的剝削時候便同情匪類」，學界裏承傳其靈魂舊道路者，是「學官」和「學匪」，都在應打倒之列，這來打倒它的是國魂的第三種，即「民魂」。〔註9〕魯迅說：「惟有民魂是值得寶貴的，惟有他發揚起來，中國才有真進步。但是，當此連學界也倒走舊路的時候，怎能輕易地發揮得出來呢？在烏煙瘴氣之中，有官之所謂『匪』和民之所謂匪；有官之所謂『民』和民之所謂『民』；有官以為『匪』而其實是真的國民，有官以為『民』而其實是衙役和馬弁。所以貌似『民魂』的，有時仍不免為『官魂』，這是鑒別魂靈者所應該十分注意的。」〔註 10〕

（一）「史界革命」與「國魂」塑造

中國傳統史學的古籍分類法，雖有四部分類法，但其缺陷也是非常明顯的。除了魯迅所指出的，即《四庫全書總目提要》「是現有較好的書籍之批評，但須注意其批評是欽定的」以外，它還要面對現代分科視野下的科學與否的

集・第十六集・演說二》，中國人民大學出版社 2018 年版，第 49 頁。

〔註 8〕魯迅：《忽然想到（三）》，原載《京報副刊》1925 年 2 月 14 日，現參王世家、止菴編《魯迅著譯編年全集》第 6 卷，第 53 頁。

〔註 9〕魯迅：《學界的三魂》，參王世家、止菴編《魯迅著譯編年全集》第 7 卷，第 18～20 頁。

〔註 10〕魯迅：《學界的三魂》，參王世家、止菴編《魯迅著譯編年全集》第 7 卷，第 20 頁。

質疑。以章太炎、胡適、柳詒徵為代表的近代中國學人，開始深度探索中國史學現代書寫的新範式。

1902～1905 年間，以章太炎、劉師培為代表的學人，高舉「史界革命」旗幟，批評舊史學，指斥醉心於歐化者的謬誤。

近代日本在「脫亞入歐」過程中，主動吸收西方文化，形成了與「國學」（日本自創的學問）、「漢學」（來自中國的學問）鼎立的「蘭學」（來自荷蘭文書籍的歐洲近代學問），而「蘭學」在 19 世紀 50～60 年代又進一步擴大為「洋學」（來自歐美的近代學問），日本借取外來文化及語彙的主要方向，便由傳統的中國轉向近代的歐美。〔註 11〕

1906 年，章太炎在東京演講中明確指出，提倡國粹，是為傳揚「漢種的歷史」。他說：「為甚提倡國粹？不是要人尊信孔教，只是要人愛惜我們漢種的歷史。這個歷史，是就廣義說的，其中可以分為三項：一是語言文字，二是典章制度，三是人物事蹟。」〔註 12〕章太炎以為，不懂得中國之長，便不能生愛國愛種之心。章太炎說：「近來有一種歐化主義的人，總說中國人比西洋人所差甚遠，所以自甘暴棄，說中國必定滅亡，黃種必定勦絕。因為他不曉得中國的長處，見得別無可愛，就把愛國愛種的心，一日衰薄一日。若他曉得，我想就是全無心肝的人，那愛國愛種的心，必定風發泉湧，不可遏抑的。」〔註 13〕也正是在這次演講中，他提出了「以國粹激動種性」的著名論斷。

在國內，白話文運動已經展開；在日本，有人提出成立漢字統一會，用簡化漢字通行於中、日、韓。章太炎以為此類做法不可取，便寫了《漢字統一會之荒陋》，指出中日兩國的不同，亦對張之洞代表中國任會長一舉表示不滿。

從文字與語言的關係上看，詩詞、歌劇、小說等是「用文字表出來的藝術」，其中「多少總含有幾分國民的性質」，「因為現在人類語言未能統一，無論何國的作家，總須用本國語言文字做工具，這副工具操練得不純熟，縱然有很豐富高妙的思想，也不能成為藝術的表現」。〔註 14〕所以，對於本國二千

〔註 11〕馮天瑜：《新語探源：中西日文化互動與近代漢字術語形成》，中華書局 2004 年版，第 318 頁。

〔註 12〕章太炎：《在東京留學生歡迎會上之演講》，載上海人民出版社編、章念馳編訂：《章太炎全集·演講集》，上海人民出版社 2015 年版，第 8 頁。

〔註 13〕章太炎：《在東京留學生歡迎會上之演講》，載上海人民出版社編、章念馳編訂：《章太炎全集·演講集》，上海人民出版社 2015 年版，第 8 頁。

〔註 14〕梁啟超：《情聖杜甫》，載梁啟超著，湯志鈞、湯仁澤編：《梁啟超全集·第十五集》，中國人民大學出版社 2018 年版，第 367 頁。

年來的名家作品，必須著實費工夫去賞會一番。

　　梁啟超將史學視為最博大最切要的學問，視為「國民之明鏡」、「愛國心之源泉」。〔註 15〕1901 年，梁啟超在《清議報》上發表《中國史敘論》；次年，在《新民叢報》上又發長文《新史學》。由於當時我國尚無國名，國人稱以「朝名」，以一姓稱朝代，是「污我國民」；外國人震旦、支那等假定，又皆是「誣我國民」，均不可取。要知道，「以夏、漢、唐等名吾史，則戾尊重國民之宗旨；以震旦、支那等名吾史，則失名從主人之公理；曰中國，曰中華，又未免自尊自大，貽譏旁觀」，所以，梁啟超是把深察中國史的「名實」問題當作「喚起精神之一法門」。〔註 16〕夏曾佑、章太炎、劉師培等人都參與進來，以西方近代史學理論為參照，全面清算舊史學，標誌著「史界革命」的崛起。

　　在梁啟超看來，新史學在體例創新、價值評判等方面，都超越了舊史學的寫作範式。舊史學家記載事實，近世史家必說明事實間的因果關係；舊史家「不過記述人間一二有權力者興亡隆替之事，雖名為史，實不過一人一家之譜牒」，然而近世史家卻「必探察人間全體之運動進步」，即「國民全部之經歷及其相互之關係」。〔註 17〕

　　在《新史學》中，梁啟超痛斥了舊史學的「四弊」，即「知有朝廷不知有國家」、「知有個人而不知有群體」、「知有陳跡而不知有今務」、「知有事實而不知有理想」；以上「四弊」又生出「二病」，即「能鋪敘而不能別裁」、「能因襲而不能創作」。所以，舊史學不過是「帝王將相家譜」、「相斫書」、「墓誌銘」、「蠟人院」。梁啟超的新史學，既主張和合客觀與主觀，歸納歷史事實演變的規律，歷史書寫應該「時時翻新」；更是將史學革命與救國聯繫起來。梁啟超以為，「今日欲提倡民族主義，使我四萬萬同胞強立於此優勝劣敗之世界乎？則本國史學一科，實為無老無幼、無男無女、無智無愚、無賢無不肖所皆當從事，視之為渴飲饑食，一刻不容緩者也！」〔註 18〕他還說：「史界革命不起，

〔註 15〕梁啟超：《新史學》，載梁啟超著，湯志鈞、湯仁澤編：《梁啟超全集·第二集·論著二》，中國人民大學出版社 2018 年版，第 497 頁。

〔註 16〕梁啟超：《中國史敘論》，載梁啟超著，湯志鈞、湯仁澤編：《梁啟超全集·第二集·論著二》，中國人民大學出版社 2018 年版，第 312 頁。

〔註 17〕梁啟超：《中國史敘論》，載梁啟超著，湯志鈞、湯仁澤編：《梁啟超全集·第二集·論著二》，中國人民大學出版社 2018 年版，第 310 頁。

〔註 18〕梁啟超：《新史學》，載梁啟超著，湯志鈞、湯仁澤編：《梁啟超全集·第二集·論著二》，中國人民大學出版社 2018 年版，第 501 頁。

則吾國遂不可救。悠悠萬事，惟此為大！」〔註19〕梁啟超用進化論觀照史學，力圖重構中國近代史脈絡，他的《清代學術概論》《中國近三百年學術史》，前者重「論」，後者偏「史」，都是這一努力的結晶。他的《五十年中國進化概論》，從器物、制度、文化三層面勾勒了 20 世紀 20 年代以前五十年間的歷史演進，成為具有範式意義的解讀框架。

關於中學國史教材中存在的問題，梁啟超也一一指出。他認為最顯著的缺點有三：一是窄化到全為政治史，二是專重朝代興亡及戰爭，不能說明政治趨勢之變遷，三是社會及文化事項的敘述太簡略而不聯貫。這些缺點會產生四大惡劣影響：

> 一、學生受國史教育完了之後，於先民之作業全不能得明確的印象，則對於祖國不能發生深厚的情愛。
>
> 二、所教授之史蹟與現代生活隔離太遠，致學生將學問與生活打成兩橛。
>
> 三、以數千年絕少變化之政治現象，其中且充滿以機詐黑暗，學生學之，徒增長保守性或其他惡德，與民治主義之教育適相背馳。
>
> 四、坐此諸因，令學生對於國史一科，不惟不能發生興味，而且有厭惡之傾向。〔註20〕

為了矯正這些缺點，「順應時代新要求」，他提出兩點主張，即以文化史代政治史、以縱斷史代橫斷史。他說：「歷史本為整個的，強分時代，如西洋舊史之分上古、中世、近世等，已屬無理。若如中國舊史以一姓興亡斷代為書，則無理更甚。」〔註21〕他的做法是將全史縱斷為年代、地理、民族、政治、社會及經濟、文化等六部。

說到史界革命，必然要延伸到「古史辨」學者群的探討，才能理清其發展歷程。

1926 年 4 月，顧頡剛主編的《古史辨》第一冊出版，一年之內就重印了 26 次。這引發了史學界「疑古」與「辨偽」思潮。此後直到 1941 年，《古史

〔註19〕梁啟超：《新史學》，載梁啟超著，湯志鈞、湯仁澤編：《梁啟超全集·第二集·論著二》，中國人民大學出版社 2018 年版，第 501 頁。

〔註20〕梁啟超：《中學國史教本改造案並目錄》，載梁啟超著，湯志鈞、湯仁澤編：《梁啟超全集·第十二集》，中國人民大學出版社 2018 年版，第 81 頁。

〔註21〕梁啟超：《中學國史教本改造案並目錄》，載梁啟超著，湯志鈞、湯仁澤編：《梁啟超全集·第十二集》，中國人民大學出版社 2018 年版，第 81 頁。

辨》共編出 7 冊，收入論文 350 多篇，造成廣泛影響。《古史辨》的作者群體，以胡適、錢玄同、顧頡剛、羅根澤、傅斯年等人為代表，以科學方法考辨古史，辨析古籍，在學界掀起了一股疑古思潮，儼然形成一個新的學術社群，史稱「古史辨」學派。他們的疑古辨偽也招致另外一些學者的質疑甚至反對，如劉掞藜、柳詒徵、胡堇人等人就撰文與古史辨學派展開論戰。

少年顧頡剛在家鄉讀書時，欽佩章太炎的學術與人格，曾託人從上海買回全部的《國粹學報》，悉數精讀了上面所載的章太炎文章。1913 年，顧頡剛考入北大預科。是年冬，章太炎在京舉辦國學講座，他便欣然前往旁聽。聽了章氏的演講，顧頡剛覺得章氏所言「既是淵博，又有系統，又有宗旨和批評」〔註22〕，而自己從來沒有碰見過這樣的令他佩服的教師。從此以後，他認識到學問的偉大，便堅定了學術企向。雖然章氏國學會講因太炎先生被捕而未持續，但已讓顧頡剛認清了學術路向。他開始感覺到，「學的範圍原比人生的範圍大得多」，要求得真知，脫除人生的束縛，「在應用上雖是該作有用與無用的區別，但在學問上只當問真不真，不當問用不用」，要明白「學問固然可以應用，但應用只是學問的自然的結果，而不是著手做學問時的目的」，「從此以後，我敢於大膽作無用的研究，不為一班人的勢利觀念所籠罩了」。〔註23〕有這一番覺悟，他視為「生命中最可紀念的」，還說將來如能在學問上有所建樹，這個覺悟「決是我成功的根源」，若「追求最有力的啟發，就在太炎先生攻擊今文家的『通經致用』上」。〔註24〕學問當問真不真，所以他「願意隨從太炎先生之風，用了看史書的眼光去認識六經，用了看哲人和學者的眼光去認識孔子。」〔註25〕

為了看今文經學家「如何壞法」，他便閱讀康有為的「兩考」，發現並非如章太炎所說的那樣可惡，反而覺得有些說法「極愜心饜理」，而他「對於長素先生這般敏銳的觀察力，不禁表示十分的敬意」〔註26〕。這樣，他從今文

〔註22〕顧頡剛：《古史辨第一冊自序》，載氏著《顧頡剛全集》1，中華書局 2010 年版，第 21 頁。

〔註23〕顧頡剛：《古史辨第一冊自序》，載氏著《顧頡剛全集》1，中華書局 2010 年版，第 22 頁。

〔註24〕顧頡剛：《古史辨第一冊自序》，載氏著《顧頡剛全集》1，中華書局 2010 年版，第 22 頁。

〔註25〕顧頡剛：《古史辨第一冊自序》，載氏著《顧頡剛全集》1，中華書局 2010 年版，第 21 頁。

〔註26〕顧頡剛：《古史辨第一冊自序》，載氏著《顧頡剛全集》1，中華書局 2010 年版，第 23 頁。

經學大家那裡開始接受了大膽懷疑的精神。他也因此發現章太炎批評今文經學並非為了學術論爭，「古文家的詆毀今文家大都不過為了黨爭，這種事情原是經師做的而不是學者做的」，因此，在沒有能力判斷是非之前，最後不要偏向某一家。〔註27〕

他在京師圖書館做了一二個月的偽書注解，雖然沒有做成，但「古今來造偽和辨偽的人物事蹟，倒弄得很清楚了，知道在現代以前，學術界上已經斷斷續續地起了多少次攻擊偽書的運動，只因從前人的信古的觀念太強，不是置之不理，便是用了強力去壓服它，因此若無其事而已。現在我們既知道辨偽的必要，正可接收了他們的遺產，就他們的腳步所終止的地方再走下去。因為這樣，我便想把前人的辨偽的成績算一個總帳」〔註28〕。

但今文經學家同樣有其弊端，「他們拿辨偽做手段，把改制做目的，是為運用政策而非研究學問」〔註29〕。顧頡剛說：「他們的政策，是：第一步先推翻了上古，然後第二步說孔子託古作《六經》以改制，更進而為第三步把自己的改制引援孔子為先例。因為他們的目的只在運用政策作自己的方便，所以雖是極鄙陋的讖緯也要假借了做自己的武器而不能丟去。因為他們把政策與學問混而為一，所以在學問上也就肯輕易地屈抑自己的理性於怪妄之說的下面。」〔註30〕顧頡剛指出，「我們辨偽，比從前人有一個好處：從前人必要拿自己放在一個家派裏才敢說話，我們則可以把自己的意思儘量發出，別人的長處擇善而從，不受家派的節制」，譬如《偽經考》《史記探源》等書，「黨爭是目的，辨偽是手段」，「這種辨偽，根本先錯了」，這是他們有一個今文學家的成見「橫梗胸中」，所以「硬擺架子」。〔註31〕

北大教授錢玄同曾多次對顧頡剛說：「應該用古文家的話來批評今文家，用今文家的話再來批評古文家，把他們的假面目一齊撕破，方好顯露出他們

〔註27〕顧頡剛：《古史辨第一冊自序》，載氏著《顧頡剛全集》1，中華書局2010年版，第23頁。

〔註28〕顧頡剛：《古史辨第一冊自序》，載氏著《顧頡剛全集》1，中華書局2010年版，第36～37頁。

〔註29〕顧頡剛：《古史辨第一冊自序》，載氏著《顧頡剛全集》1，中華書局2010年版，第37～38頁。

〔註30〕顧頡剛：《古史辨第一冊自序》，載氏著《顧頡剛全集》1，中華書局2010年版，第38頁。

〔註31〕顧頡剛：《論辨偽工作書》，載呂思勉、童書業編著《古史辨》一，上海古籍出版社1982年版，第26頁。

的真相。」〔註32〕顧頡剛正是從一個宏大的比較視野出發，奠定了學術的大格局。顧頡剛說：「古來諸學，大都崇經而黜子，崇儒而黜八家，以至今古文有爭，漢宋學有爭，此亦一是非，彼亦一是非。欲為調人，終為朋黨。蓋不明統系而爭，則爭之者無有底，解之者無可藉。」〔註33〕所以他欲學術旨趣，乃發願著《學覽》，「其義在博學明辨，故不以家派限」〔註34〕。

1920 年 11 月，胡適讓顧頡剛點校清人姚際恒的著作《古今偽書考》。姚氏此著將秦漢之際典籍的十之七八歸於偽書之列。顧頡剛遵囑點校了姚氏此著，還點校了崔述的《考信錄》，學術思路大開。他在《古今偽書考序》中說：「（姚際恒）敢於提出『古今偽書』一個名目，敢於把人們不敢疑的經書（《易傳》《孝經》《爾雅》等）一起放在偽書裏，使得初學者對著一大堆材料，茫無別擇，最易陷於輕信的時候，驟然聽到一個大聲的警告，知道故紙堆裏有無數記載不是真話，又有無數問題未經解決，則這本書實在具有發聾振聵的功效。所以這本書的價值，不在它的本身的研究成績，而在它所給予初學者的影響。」〔註35〕

從王國維身上，顧頡剛學到從實物著手的治史方法。「他的求真的精神，客觀的態度，豐富的材料，博洽的論辯，使我的眼界從此又開闊了許多，知道要建設真實的古史，只有從實物上著手，才是一條大路，我所從事的研究僅在破壞偽古史系統方面用力罷了。」史學研究的深入，既要有所「破」，更要有所「立」。「古史辨」學派的侷限，在於它可能造成僅「破」不「立」的偏向。顧頡剛的話中，已經透出他的這種自覺。

不僅有史學自覺，更有強烈的學術使命感。顧頡剛說：「我輩生於今日，其所擔之任務，乃經學之結束而史學之開創者。……如果我們不把這一星星之火焰傳衍下去，說不定我們的後人竟會因此而度著一個長期的黑暗生涯。」1934 年，顧頡剛與譚其驤創辦《禹貢》半月刊雜誌。1935 年，成立禹貢學會，制定《禹貢學會研究邊疆計劃書》，明確學會的目的在於「明辨疆域，昭告國人，神州版圖，不容強鄰侵略」，意圖為挽救民族危亡而盡心於邊疆地理、民

〔註32〕 王學典：《顧頡剛和他的弟子們》，山東畫報出版社 2000 年版，第 17 頁。
〔註33〕 顧頡剛：《古史辨第一冊自序》，載氏著《顧頡剛全集》1，中華書局 2010 年版，第 27 頁。
〔註34〕 顧頡剛：《古史辨第一冊自序》，載氏著《顧頡剛全集》1，中華書局 2010 年版，第 27 頁。
〔註35〕 顧頡剛：《古今偽書考序》，載氏著《顧頡剛全集》卷 7，中華書局 2010 年版，第 7 頁。

族史、歷史地理研究。他們輾轉於西北、西南，搞邊疆調查，創辦中國邊疆學會，創辦《邊疆》週刊。章太炎高足朱希祖，「於史實考證，則首重原始資料與實物證據」，並注重運用歸納、演繹和推理的近代科學方法，意圖「以歐美新史學，改造中國舊史學」。他將南明史研究作為「千秋之絕業」，著有《明季史料題跋》《中國史學通論》等。

馬敘倫以為，史乃群籍的總稱，故須「析史而萬其名」，以開拓史學疆域，實現「史學大同」。他說：「若是析史，則何必二十四史而為史？何必三通、六通、九通而史？更何必六經而為史宗？凡四庫之所有，四庫之未藏，通人著述，野叟感言，上如老莊墨翟之書，迄於《水滸》諸傳奇，而皆得名之為史，立一說成一理者，莫非史。若是觀史，中國之史亦夥矣，而史界始大同。」〔註36〕這一主張大大拓展了史料範圍，但若將史學無限放大，又會模糊史學同其他學科的疆界，無疑又會遭遇取消史學獨立性的理論誤區。

（二）「國史」與國魂

20 世紀人類遭遇了眾多繁難的文化困境，如價值系統的崩潰、意義結構的解體、自我意識的喪失、精神世界的危機。面對西方文化的強勢衝擊，悲觀失望者走向歷史虛無主義，固步自封者走向狹隘民族主義，穩健擔當者開始探討「國史」與國魂再造及其相關問題。

陳寅恪以為，學術要發展創新，「必須一方面吸收輸入外來學說，一方面不忘本來民族之地位」〔註37〕。外來學說，輸入之後，還要加以「吸收改造」，才能真正成就思想上的自成系統，真正有所創獲。陳寅恪曾自我剖析：「寅恪平生為不古不今之學，思想囿於咸豐、同治之世，議論近乎湘鄉、南皮之間。」〔註38〕陳寅恪序劉文典《〈莊子〉補正》，稱讚劉著表現了「天下之至慎」的學術風格。他說：「其著書之例，雖能確證其有所脫，然無書本可依者，則不之補。雖能確證其有所誤，然不詳其所以致誤之由者，亦不之正。」〔註39〕他為古人「發皇心曲，代下注腳」，甚至有「著書唯剩頌紅妝」之舉。以上種

〔註36〕馬敘倫：《史學大同說》，《政藝通報》，1903 年，第 16 號。

〔註37〕陳寅恪：《馮友蘭中國哲學史下冊審查報告》，載《陳寅恪集·金明館叢稿二編》，生活·讀書·新知三聯書店 2015 年版，第 284～285 頁。

〔註38〕陳寅恪：《馮友蘭中國哲學史下冊審查報告》，載《陳寅恪集·金明館叢稿二編》，生活·讀書·新知三聯書店 2015 年版，第 285 頁。

〔註39〕陳寅恪：《劉叔雅莊子補正序》，載《陳寅恪集·金明館叢稿二編》，生活·讀書·新知三聯書店 2015 年版，第 258 頁。

種，彰顯了近代部分知識人以文化負命人自任的責任意識與擔當精神。

　　陳寅恪主張史學研究應具「同情之理解」，一作「瞭解之同情」。他在《馮友蘭〈中國哲學史〉上冊審查報告》中說：「蓋古人著書立說，皆有所為而發。故其所處之環境，所受之背景，非完全明瞭，則其學說不易評論。」〔註40〕古人講知人論世，陳寅恪則進一步主張要明了古人所處環境與背景，以便正確評價其學說，而成其「瞭解之同情」。他從詩史互證的視角，用「今典」和「古典」的方法進行學術衡斷。《柳如是別傳》第一章《緣起》曰：「自來詁釋詩章，可別為二。一為考證本事，一為解釋辭句。質言之，前者乃考今典，即當時之事實。後者乃釋古典，即舊籍之出處。」〔註41〕他在《讀哀江南賦》中說：「解釋詞句，徵引故實，必有時代限斷。然時代劃分，於古典甚易，於『今典』則難。蓋所謂『今典』者，即作者當日之時事也。故須考知此事發生必在此作文之前，始可引之，以為解釋。否則雖似相合，而實不可能。此一難也。此事發生雖在作文之前，又須推得作者有聞見之可能。否則其時即已有此事，則作者無從取之以入其文。此二難也。」〔註42〕

　　1929年，陳寅恪撰《清華大學王觀堂先生紀念碑銘》，首次明確提出「獨立之精神，自由之思想」、「獨立自由之意志」的治學旨趣。1953年撰《論〈再生緣〉》，提出「無自由之思想，則無優美文學」的觀念。同年底，他口述《對科學院的答覆》，重申此意，「『思想而不自由，毋寧死耳。斯古今仁聖所同殉之精義，其豈庸鄙之敢望。』一切都是小事，惟此是大事。」在他看來，學術的興替，「實係吾民族精神上生死一大事者」。1954年，他在《柳如是別傳》的《緣起》中說：「雖然，披尋錢柳之篇什於殘闕毀禁之餘，往往窺見其孤懷遺恨，有可以令人感泣不能自己者焉。夫三戶亡秦之志，九章哀郢之辭，即發自當日之士大夫，猶應珍惜引申，以表彰我民族獨立之精神，自由之思想。」〔註43〕此處更是將「獨立之精神，自由之思想」提升到民族精神、士大夫氣

〔註40〕陳寅恪：《馮友蘭中國哲學史上冊審查報告》，載《陳寅恪集·金明館叢稿二編》，生活·讀書·新知三聯書店2015年版，第279頁。

〔註41〕陳寅恪：《陳寅恪集·柳如是別傳（上、中、下）》，生活·讀書·新知三聯書店2001年版，第7頁。

〔註42〕陳寅恪：《讀〈哀江南賦〉》，原載1941年昆明《清華學報》第十三卷第一期，現參《陳寅恪合集·史集·金明館叢稿初編》，南京：譯林出版社2020年版，第236頁。

〔註43〕陳寅恪：《陳寅恪集·柳如是別傳（上、中、下）》，生活·讀書·新知三聯書店2001年版，第4頁。

節的層面上來了。

不僅如此，他還強調指出史學對國族存亡的重要意義。他指出，中國大學的職責，在於要為「求本國學術之獨立」〔註44〕。近年學術研究雖取得了一些成就，但就像古人所謂的「慰情聊勝無」。看起來中國的史學、文學思想、藝術史等「幾於獨立」，其實不然。陳先生說：「近年中國古代及近代史料發見雖多，而具有統系與不涉傅會之整理，猶待今後之努力。」〔註45〕他還說：「昔元裕之、危太樸、錢受之、萬季野諸人，其品格之隆污，學術之歧異，不可以一概論；然其心意中有一共同觀念，即國可亡，而史不可滅。今日國雖幸存，而國史已失其正統，若起先民於地下，其感慨如何？」〔註46〕元人王鶚在一份奏摺中申說編修遼、金史的重要性道：「古有可亡之國，無可亡之史。兼前代史書，必代興者與修。蓋是非與奪，待後世而可公估也。」陳寅恪也指出，「國亡然能有史，則殷鑒不遠。從善去惡，國可再建。如無史，何所鑒戒？何所取法？華夏民族無從因襲，將不復存在矣」。古代官修史書，在王朝亡後的新朝進行，以存舊史為後世鑒借。與這種國史精神相呼應的，是錢穆的國史觀。

錢穆深闇「中國歷史精神」，「一生為故國招魂」。錢穆遺著《中國文化對人類未來可有之貢獻》中道：「以過去世界文化之興衰大略言之，西方文化一衰則不易再興，而中國文化則屢僕屢起，故能綿延數千年不斷。這可說，因於中國傳統文化精神，自古以來即能注意到不違背天，不違背自然，且又能與天命自然融合一體。我以為此下世界文化之歸趨，恐必將以中國傳統文化為宗主。」在《國史新論》再版序中，錢穆表達了守成創新的思想旨趣。他說：「故余之所論，每若守舊，而余持論之出發點，則實求維新。」〔註47〕

錢穆把各個民族歷史演進的差異，稱為「民族性」。他認為，中國民族以前養成了一種「自傲自大」的心理，幾乎以為是上天下地，惟我獨尊；最近因為「接觸到優越的異族文化」，便徹底改變了幾千年來形成的「夜郎自大」的

〔註44〕陳寅恪：《吾國學術之現狀及清華之職責》，載《陳寅恪集·金明館叢稿二編》，生活·讀書·新知三聯書店 2015 年版，第 361 頁。

〔註45〕陳寅恪：《吾國學術之現狀及清華之職責》，載《陳寅恪集·金明館叢稿二編》，生活·讀書·新知三聯書店 2015 年版，第 361 頁。

〔註46〕陳寅恪：《吾國學術之現狀及清華之職責》，載《陳寅恪集·金明館叢稿二編》，生活·讀書·新知三聯書店 2015 年版，第 361～362 頁。

〔註47〕錢穆著：《國史新論》，載錢賓四先生全集編委會整理：《錢賓四先生全集》第 30 冊，臺北：聯經 1998 年版，1988 年再版序。

舊心理，而有些「矯枉過正」。〔註48〕中國已往的歷史已經鑄成，但若將外國對歷史的看法和說法研究自己的歷史，便「總不免有看不準、說不通的所在」，「倘使抹殺了或不注意到我們自己的民族性，而把異民族、異文化的眼光或批評來繩切自己以往的歷史，則雖不能改換我們的歷史事實，而卻已改換了我們歷史事實的意味」，這便造成了一種「誤會與曲解」。〔註49〕錢穆說：「我們若用讀西洋史的眼光來讀中國史，不免要認中國史常是昏騰騰地老沒有長進，看不到如火如荼般的鬥爭，看不到劃界線的時期。然而中國史自有其和平合理的進展。」〔註50〕他還說：「國難深重已極，我並不想守舊頑固，故步自封。我們種種不如人，但願國人大家邁步競進。然而我們有志邁步前進，卻不必定需先蹧蹋了我們已往的歷史。對於已往歷史之誤解與曲說，對於我們之決心向前，並不有多大幫助，或竟至於有意外的損害。倘能真切瞭解中國史，對於指導中國民族之前進，該不至於全無用處。」〔註51〕

錢穆史學思想，乃意在培養歷史的溫情與敬意，激發民族深厚的歷史文化情感，振奮民族精神。他研討劉向、劉歆古文經，體現了以史證經；他的先秦諸子繫年研究，體現了以史證子；他的《中國文化史導論》等又體現了以史論文；他的《朱子新學案》體現了以史闡理。種種企向，均以國史為著眼點。

康有為則從鑄冶「國魂」的角度主張維護中國傳統的政治、教化、風俗。1913 年 7 月，他撰《中國顛危誤在全法歐美而盡棄國粹說》說：「凡為國者，必有以自立也。其自立之道，自其政治、教化、風俗，深入其人民之心，化成其神思，融洽其肌膚，鑄冶其群俗，久而固結，習而相忘，謂之國魂。」〔註52〕不過，康有為所謂的國魂，僅是孔子之道，比國粹派代表人物的理解還要窄。

〔註48〕錢穆著：《中國歷史與中國民族性》，載錢賓四先生全集編委會整理：《錢賓四先生全集》第 42 冊，臺北：聯經 1998 年版，第 103 頁。

〔註49〕錢穆著：《中國歷史與中國民族性》，載錢賓四先生全集編委會整理：《錢賓四先生全集》第 42 冊，臺北：聯經 1998 年版，第 104 頁。

〔註50〕錢穆著：《中國歷史與中國民族性》，載錢賓四先生全集編委會整理：《錢賓四先生全集》第 42 冊，臺北：聯經 1998 年版，第 109 頁。

〔註51〕錢穆著：《中國歷史與中國民族性》，載錢賓四先生全集編委會整理：《錢賓四先生全集》第 42 冊，臺北：聯經 1998 年版，第 112 頁。

〔註52〕康有為：《中國顛危誤在全法歐美而盡棄國粹說》，載康有為撰；姜義華，張榮華編校：《康有為全集》第十集，中國人民大學出版社 2007 年版，第 129 頁。

　　國粹派代表人物黃節（原名晦聞，字玉崑，號純熙，1873～1935），曾於1905 年在上海與章太炎、馬敍倫、鄧實等創立國學保存會，刊印《風雨樓叢書》，還創辦了《國粹學報》，宣傳排滿革命。1902 年，黃節撰《國粹保存主義》，對國粹說的淵源及主旨問題作了梳理。他說：「夫國粹者，國家特別之精神也。昔者日本維新，歐化主義浩浩滔天，乃於萬流澎湃之中，忽焉而生一大反動力焉，則國粹保存主義是也。」〔註 53〕黃節在《國粹學報‧敍》中稱：「海波沸騰，宇內士夫痛時事之日亟，以為中國之變，古未有其變，中國之學誠不足以救中國，於是醉心歐化，舉一事革一弊，至於風俗習慣之各不相侔者，靡不惟東西之學說是依，慨為吾國固奴隸之國，而學固奴隸之學也。嗚乎，不自主其國而奴隸於人之國，謂之國奴；不自主其學，而奴隸於人之學，謂之學奴。」

　　鄧實撰《國學講習記》，以為「國學」乃是「一國所有之學」，「有地而人生其上，因以成國焉，有其國者有其學。學也者，學其一國之學以為國用，而自治其一國也」。鄧實說：「是故，所貴乎民史者何？貴其能敍述一群人所以相觸接相交通相團結之道，一面以發明既往社會政治進化之原理，一面以啟導未來人類光華美滿之文明，使後之人食群之幸福，享群之公利。」〔註 54〕

　　翼天氏以為，史家天職當記錄國民群體的運動，「指點帝王官吏之罪惡」，但舊史家卻維護君權正統，壓抑了民氣，所以必須打破陳腐的舊史體系，恢復「我國自古以來血脈一統之龐壯國民顯獨不羈活潑自由之真面目」〔註 55〕，使中國睡獅驚醒，重振雄風。

　　章太炎（1869～1936）曾說：「夫國學，國立之源泉。吾聞處競爭之世，徒恃國學固不足以立國矣。而吾未聞國學不興而能自立者也。有國亡，國學不亡者；未有國學先亡，國仍立也。」章太炎以為，清廷「欲襃揚其祖考」，焚史隱惡，使史家作「浮虛之頌」，「卒使一家之史，捇焉以斬，遺美往惡，黯黮而同盡黮，亦無箅也哉！」〔註 56〕章太炎立意修民史、著《中國通史》以鼓民氣，「發明社會政治進化衰微之原理」，「以鼓舞民氣，啟導方來」。〔註 57〕他認識到，「今日治史，不專賴域中典籍」，要化用西學以改進纂史方法，西人的「心

〔註 53〕黃節：《國粹保存主義》，載《壬寅政藝叢書》「政學編」卷五。
〔註 54〕《史學通論》（四），《壬寅政藝通報》史學文編，卷 1。
〔註 55〕翼天氏：《中國歷史出世頌》，《政藝通報》1903 年第 9 號。
〔註 56〕章太炎：《訄書‧哀清史》。
〔註 57〕章太炎：《致梁啟超書》。

理、社會、宗教各論，發明天則，烝人所同，於作史尤為要領」〔註58〕。

二、「國粹」與「國性」

近代「國性」的認知，「國學」的自覺，一開始確實與「歐風美雨」的影響拆解不開。晚清國粹論者也是在反思「歐化」中提倡國學的。《國粹學報》創辦伊始，並不是專為同西來學術搞對抗，國粹論者的辦報宗旨不過是「保種、愛國、存學」。從文化心態上看，早期國粹論者是在平和、含容下回應中西文化碰撞所產生的問題的。「國粹」與「歐化」兩不相妨，提倡國粹，實「於歐學無新舊牴牾之慮。世衰道微，歐化灌注，自宜挹彼菁英，補我闕乏」，「達變之士方議溝通釋耶，合爐鎔鑄，豈猶謬襲成見，阻塞新機」。〔註59〕他們在迴向國粹時，也批評著保守，挹取著西學，容留了較大的文化空間，不斷強化著文化解讀的「國性」自覺意識。

（一）「經訓為國性所寄」

國性即國之所以立於天地之間的根據。張之洞《勸學篇》云：「世運之明晦，人才之盛衰，其表在政，其裏在學。」國學創新，關乎國運。國學典籍，是國學創新的文本依據，而《六經》是經學的「本經」，是國學的源頭。國學典籍浩博，是成就有「本」之學、著述信史的可靠保障。

為學須言之有理，言出有據，國學經典是「拿證據來」的重要文本依據。這是我們的寶貴的文化傳統。樓宇烈指出：「文化傳統和傳統文化是有聯繫、也有區別的。傳統文化是指文化的內容和樣式，如文學、藝術、醫學、哲學這些就屬於傳統文化的範疇。文化傳統則是指凝聚這些文化裏面形成我們民族的一種價值觀念、思想方法、生活樣式等等。文化傳統凝聚著一種精神，也可以說文化傳統是民族精神的體現。……只有在認同我們的文化傳統，把我們的文化傳統繼承下來、發展起來，才可能有我們的特色。」〔註60〕只有通過傳承創新，文化傳統才能將其民族特色更好地彰顯出來。這一認識的重要

〔註58〕章太炎：《訄書・哀清史》。

〔註59〕李世由：《〈國粹學報〉三週年祝詞》，《國粹學報》第 38 期，1907 年。

〔註60〕樓宇烈說：「所謂文化的主體意識就是對本國文化的認同，包括對它的尊重、保護、繼承、鑒別和發展等。在這個過程中，既不要盲目自尊自大，也不要妄自菲薄，只有堅持自己的主體性，才能有效地、有針對性地吸收外國文化的養料，來滋潤本國的文化、發展本國的文化。」參樓宇烈：《國學百年爭論的實質》，《光明日報》2007 年 1 月 11 日。

學脈，是晚清以降中國傳統知識人對於「國性」所寄的討論。

國學典籍，承載著中國文化傳統的價值追求、文化基因與遺傳密碼，包涵著中國哲人思想家最高貴、最精緻的心靈與智慧。王國維說：「國家與學術為存亡，天而未厭中國也，必不亡其學術；天不欲亡中國之學術，則於學術所寄之人，必因而篤之。」馬承堃在《國學摭譚》的序中指出：「文以載道，非道無以化成。學為國華，非華無以見質。今之知古，後之知今，何莫由斯，寧有二致？夫諷籀之而發幽情，宣究之以綿墜緒。前修往矣，後起者可不務乎！」〔註61〕國學的文本經典，是中國文化的典範，其中蘊涵著十分豐富的中華文化「密碼」。

中國文化之所以能傳承不斷，是由中國文字的特點所決定的。中國文字由具象性向抽象化、符號化演變成型，「文字的不間斷，形成了典籍的異常豐富。這是中華民族的文化生命之源，也是文化傳承的載體。因此，在重新檢討、建立傳統的今天，文本經典的閱讀是非常重要的。」〔註62〕

國學典籍中深蘊著的最重要、最核心的價值追求，便是中國先哲關心民族命運和國家前途的家國情懷。司馬遷說：「居今之世，志古之道，所以自鏡也，未必盡同。帝王者，各殊禮而異務，要以成功為統紀，豈可緄乎？」〔註63〕史學經世，是中國古代思想家的共識之一。顧炎武曾說：「引古籌今，亦吾儒經世之用。」〔註64〕梁啟超說：「生此國，為此民，享此學術思想之恩澤，則歌之舞之，發揮之光大之，繼長而增高之，吾輩之責也。」〔註65〕對於「博大而深賾」的中國學術思想與「燦爛而蓬勃」的外國學術思想，當「一一擷其實，咀其華，融會而貫通焉」〔註66〕。梁啟超認為，當時世界上只有歐美代表的「泰西文明」與中華代表的「泰東文明」兩個文明，20世紀是這兩大文

〔註61〕馬承堃：《國學摭譚》，載於《學衡》第一期，1922年1月。按，標點由引者所加。另，凡本書引文，類此者，不另出注。

〔註62〕劉夢溪著：《大師與傳統：中國文化與傳統40小講》，北京：中國青年出版社2007年版，第11頁。

〔註63〕〔漢〕司馬遷撰：《史記·高祖功臣侯者年表序》，載《史記》中華書局2013年版，第878頁。

〔註64〕顧炎武：《與人書八》，載《顧亭林詩文集》，中華書局1983年版，第93頁。

〔註65〕梁啟超：《論中國學術思想變遷之大勢》，載梁啟超著，湯志鈞、湯仁澤編：《梁啟超全集·第三集》，中國人民大學出版社2018年版，第16頁。

〔註66〕梁啟超：《論中國學術思想變遷之大勢》，載梁啟超著，湯志鈞、湯仁澤編：《梁啟超全集·第三集》，中國人民大學出版社2018年版，第16頁。

明的「結婚時代」。〔註67〕他不擔心外國學術思想不輸入，只擔心本國學術思想不能得到發明。他說：「凡一國之立於天地，必有其所以立之特質，欲自善其國者，不可不於此特質焉，淬厲之而增長之。」〔註68〕在「過渡時代蒼黃不接之餘」，必須弘揚本國文明的特質，才有助於「喚起同胞之愛國心」。否則，只是脫離了崇拜古人的奴隸性，又生出一種崇拜外人、蔑視本族的新的奴隸性，那就得不償失了。

（二）合國語、國教、國俗而見「國性」

梁啟超是從體用關係上來討論國性的。他說：「國性無具體可指也，亦不知其所自始也。人類共棲於地域中，緣血統之脈合，群交之漸瀰，共同利害之密切，言語思想之感通，積之不知其幾千百歲也。不知不識，而養成各種無形之信條，深入乎人心，其信條具有大威德。如物理學上之攝力，摶挽全國民而不使離析也；如化學上之化合力，鎔冶全國民使自為一體而示異於其他也。積之愈久，則其所被者愈廣，而其所篆者愈深。退焉自固壁壘而無使外力得侵，進焉發揮光大之以加於外，此國性之用也。就其具象的事項言之，（具體的不可指，具象的略可指。）則一曰國語，二曰國教，三曰國俗，三者合而國性彷彿可得見矣。」〔註69〕由於國性是在不知不覺中涵濡數百年才長養出來，所以只能「淬厲其良而助長之」而不可「創造」，只可「改良」而不可「蔑棄」的。

梁啟超指出，中國有五千年文明，國性養之既久，積累深厚，入人之深，自不待言，其中又必有至善至美而足以優勝於世界之上的。然而，今天的世界局勢對中國國性提出前所未有的挑戰。他說：「今也吾儕為外界所壓迫、所簸扇，而吾數千年傳來國性之基礎，岌岌乎若將搖落焉，此吾所為栗然懼也。（君主制非吾之國性，吾所謂基礎搖動者，不指此。次號更別論之。）一言蔽之，則全國離心力發動太劇，而向心力幾不足以相維。……及今匡救，猶可有為，過此以往，雖有善者，末如何之何矣。國人如以狂夫之言為可聽也，吾

〔註67〕梁啟超：《論中國學術思想變遷之大勢》，載梁啟超著，湯志鈞、湯仁澤編：《梁啟超全集‧第三集》，中國人民大學出版社2018年版，第18頁。

〔註68〕梁啟超：《論中國學術思想變遷之大勢》，載梁啟超著，湯志鈞、湯仁澤編：《梁啟超全集‧第三集》，中國人民大學出版社2018年版，第17頁。

〔註69〕梁啟超：《國性篇》，載梁啟超著，湯志鈞、湯仁澤編：《梁啟超全集‧第八集》，中國人民大學出版社2018年版，第400頁。

將更端以語吾國性之大本，而商榷助長改良之道也。」〔註70〕

梁啟超說：「當國性之衰落也，其國人對於本國之典章文物紀綱法度，乃至歷史上傳來之成績，無一不懷疑，無一不輕侮，甚則無一不厭棄；始焉少數人耳，繼則瀰漫於國中，及其橫流所極，欲求片詞只義以維繫全國之人心者而渺不可得。」〔註71〕這時，「公共信條」已經「失墜」了，個人對個人、對社會的行為規範已經喪失了，社會的綱維已失，國家淪亡也就不遠了。

1906年，章太炎在演講中指出，自己早年因為讀書而獲得了民族主義觀念的滋長。章太談說：「兄弟眇小的時候，因讀蔣氏《東華錄》，其中有戴名世、曾靜、查嗣庭諸人的案件，便就胸中發憤，覺得異種亂華，是我們心裡第一恨事。後來讀鄭所南、王船山兩先生的書，全是那些保衛漢種的話，民族思想漸漸發達。但兩先生的話，卻沒有甚麼學理。自從甲午以後，略看東西各國的書籍，才有學理收拾進來。」〔註72〕關於章太炎的種族革命思想的萌芽情形，弟子朱希祖有較詳細的記載：「余十一、二歲時，外祖父朱左卿授余讀經，偶讀蔣氏《東華錄》曾靜案，外祖謂『夷夏之防，同於君臣之義』。余問：『前人有談此語否？』外祖曰：『王船山、顧亭林已言之，尤以王氏之言為甚，謂歷代王國，無足輕重，惟南宋之亡，則衣冠文物，亦與之俱亡。』余曰：『明亡於清，反不如亡於李闖。』外祖曰：『今不必作此論，若果李闖得明天下，闖雖不善，其子孫未必皆不善，惟今不必作此論耳。』余之革命思想，伏根於此。依外祖之言觀之，可見種族革命思想原在漢人心中，惟隱而不顯耳。」〔註73〕

章太炎當時的這一種族革命觀念尚為狹隘的民族主義，他所說的是「逐滿獨立」的話，被人視為「瘋癲」、「叛逆」、「神經病」。當他聽見此類議論，非但不怒，反倒格外高興，理由是：「大凡非常可怪的議論，不是神經病人，斷不能想，就能想也不敢說。說了以後，遇著艱難困苦的時候，不是神經病人，斷不能百折不回，孤行己意。所以古來有大學問成大事業的，必得有神

〔註70〕梁啟超：《國性篇》，載梁啟超著，湯志鈞、湯仁澤編：《梁啟超全集·第八集》，中國人民大學出版社2018年版，第401頁。

〔註71〕梁啟超：《國性篇》，載梁啟超著，湯志鈞、湯仁澤編：《梁啟超全集·第八集》，中國人民大學出版社2018年版，第400頁。

〔註72〕章太炎：《在東京留學生歡迎會上之演講》，載上海人民出版社編、章念馳編訂：《章太炎全集·演講集》，上海人民出版社2015年版，第1頁。

〔註73〕朱希祖：《本師章太炎先生口授少年事蹟筆記》，載《制言》第25期《太炎先生紀念專號》。

經病才能做到。」〔註74〕不瘋則不狂，不狂則不能開創新局。

　　他在東京演講時，即提出兩件最重要的事：「第一，是有用宗教發起信心，增進國民的道德；第二，是用國粹激動種性，增進愛國的熱腸。」〔註75〕他所言的宗教，應該是佛教。通過比較孔教、基督教和佛教，他發現孔教有「使人不脫富貴利祿的思想」的大「污點」，不利於提倡民權；基督教在中國的遭遇不同於在西方，中國「實是崇拜西帝」而不是崇拜上帝，「最上一流，是藉此學些英文、法文，可以自命不凡；其次就是飢寒無告，要藉此混日子的；最下是憑仗教會的勢力，去魚肉鄉愚，陵轢同類」。佛教雖有些「雜質」，卻有非常高的品質：「佛教的理論，使上智人不能不信；佛教的戒律，使下愚人不能不信。通徹上下，這是最可用的。」他在《時務報》館工作的早期，受同門宋恕（1862～1910）影響，始知佛藏，讀《涅槃》《維摩詰起信論》《華嚴》《法華》等佛典。後因「蘇報案」入獄，仍讀《瑜伽師地論》。他既精研佛理，對佛教的作用便高置不移。他打算「用華嚴、法相二宗改良舊法」〔註76〕，認為「提倡佛教，為社會道德上起見，固是最要；為我們革命軍的道德上起見，亦是最要。總望諸君同發大願，勇猛無畏。我們所最熱心的事，就可以幹得起來了」〔註77〕。

　　章太炎「用國粹激動種性，增進愛國的熱腸」的觀念，也是早就萌生了。當他23歲時，父親章濬去世，他便承遺訓到杭州詁經精舍拜俞樾為師，由此打下堅實的漢學根底。杭州的高學治告訴他：「惠、戴以降，樸學之士，炳炳有行列矣。然行義無卓絕可稱者，方以程、朱，俔也。視兩漢諸經師，堅苦忍形，遁世而不悶者，終莫能逮。夫處陵夷之世，刻志典籍，而操行不衰，常為法式，斯所謂易直彌中，君子也。小子志之！」〔註78〕1914年1月，章太炎因「以大勳章作扇墜，臨總統府之門，大詬袁世凱之包藏禍心」，被袁世凱派

〔註74〕章太炎：《在東京留學生歡迎會上之演講》，載上海人民出版社編、章念馳編
　　　　訂：《章太炎全集・演講集》，上海人民出版社2015年版，第2頁。
〔註75〕章太炎：《在東京留學生歡迎會上之演講》，載上海人民出版社編、章念馳編
　　　　訂：《章太炎全集・演講集》，上海人民出版社2015年版，第4頁。
〔註76〕章太炎：《在東京留學生歡迎會上之演講》，載上海人民出版社編、章念馳編
　　　　訂：《章太炎全集・演講集》，上海人民出版社2015年版，第6頁。
〔註77〕章太炎：《在東京留學生歡迎會上之演講》，載上海人民出版社編、章念馳編
　　　　訂：《章太炎全集・演講集》，上海人民出版社2015年版，第8頁。
〔註78〕章太炎：《高先生傳》，載上海人民出版社編；徐復點校：《章太炎全集・太炎
　　　　文錄初編》，上海人民出版社2014年版，第216頁。

軟禁。5 月 23 日，章太炎致《家書》於湯國梨，決意絕食抗議，並云：「吾生二十三而孤，憤疾東胡，絕意考試，故得研精學術，忝為人師。中間遭離禍難，辛苦亦已至矣。不死於清廷購捕之時，而死於民國告成之後，又何言哉！吾死以後，中夏文化亦亡矣。」〔註79〕至 6 月初，「槁餓半月，僅食四餐」。章太炎對自己的學術修養十分自信，有一種「國粹在我」的文化負命人氣象。

當時已有部分卓越的知識人認識到，要從知曉本國最基本文獻上，建立國民的文化常識與現實擔當意識，建構民族的歷史記憶。梁啟超主張「學以救我中國」的「大教育」，認為經國之才必然是由「中西並習，政學兼進」的學校教育所培養而成的。首先，「凡每一國必有其國體之沿革存於歷史，必有其國俗之習慣存於人群，講經國之務者，不可不熟察也」；其次，像群學、國家學、行政學、資生學、財政學、哲學等西方學校所教的致用之學，「凡有志於政治者，皆不可不從事焉」。〔註80〕

魯迅主張在懷古中創新，他說：「夫國民發展，功雖有在於懷古，然其懷也，思理朗然，如鑒明鏡，時時上徵，時時反顧，時時進光明之長途，時時念輝煌之舊有，故其新者日新，而其古亦不死。若不知所以然，漫誇耀以自悅，則長夜之始，即在斯時。」〔註81〕在歷舉前賢「耿光」時，要有自覺自識，「欲揚宗邦之真大，首在審己，亦必知人，比較既周，爰生自覺。自覺之聲發，每響必中於人心，清晰昭明，不同凡響」，所以，「國民精神之發揚，與世界識見之廣博有所屬」。〔註82〕讀不讀外國書，與講不講外國語，是不同的。同樣，講不講某種語言，與是不是做以此種語言為母語的國民，這也是根本不同的兩個問題。魯迅說：「漢人總是漢人，獨立的時候是國民，覆亡之後就是『亡國奴』，無論說的是那一種話。因為國的存亡是在政權，不在語言文字的。美國用英文，並非英國的隸屬；瑞士用德法文，也不被兩國所瓜分；比國用法文，沒有請法國人做皇帝。滿洲人是『讀漢文』的，但革命以前，是我們的征服者，以後，即五族共和，和我們共存同在，何嘗變了漢人。但正因為

〔註79〕章太炎：《與湯國梨（一○○通）》之四十，載上海人民出版社編；馬勇整理：《章太炎全集‧書信集》，上海人民出版社 2017 年版，第 694 頁。

〔註80〕梁啟超：《愛國論》，載梁啟超著，湯志鈞、湯仁澤編：《梁啟超全集‧第一集》，中國人民大學出版社 2018 年版，第 694 頁。

〔註81〕魯迅：《摩羅詩力說》，載王世家、止菴編《魯迅著譯編年全集》第 1 卷，人民出版社 2009 年版，第 248～249 頁。

〔註82〕魯迅：《摩羅詩力說》，載王世家、止菴編《魯迅著譯編年全集》第 1 卷，人民出版社 2009 年版，第 249 頁。

『讀漢文』，傳染上了『僵屍的樂觀』，所以不能如蒙古人那樣，來踐踏一通之後就跑回去，只好和漢人一同恭候別族的進來，使他同化了。但假如進來的又像蒙古人那樣，豈不又折了很大的資本麼？」〔註83〕

梁啟超說：「我們做宇宙間一個人，同時又做國家底下一個國民。做人要有做人的常識，做國民要有做國民的常識。曉得本國文獻，便是國民常識的主要部分。我們祖宗曾經做過什麼事，所做的事留下好的壞的影響給我們的共有多少，這是和我們現在將來的命運關係最切之問題。……我們所提倡的國學，什有九屬於這個範圍。」〔註84〕他指出，白話文通行的今天，不妨專作白話文，卻不能專看白話書。從文明成果積澱上看，「現在留傳下來最有價值的書，百分中之九十九是用文言寫的」；從知識人的內在要求看，「我們最少要有自由翻讀的能力，才配做一國中之智識階級」；單是從文學上看，「文言文自有文言文之美，既屬中國人，不容對於幾千年的好作品一點不能領略」；從應用上看，當時文言文在公私應用上還很占勢力，「縱使不必人人會做，最少也要人人會看」；從文言文的實際普及情況來看，「截至今日止，白話文做得好的人，大率都是文言文有相當的根柢」。總之，「為自己文章技術進步起見」，古書不可不讀。〔註85〕

本民族的歷史記憶非常重要，遺忘歷史很大程度上意味著背叛歷史。魯迅說：「我們都不大有記性。這也無怪，人生苦痛的事太多了，尤其是在中國，記性好的，大概都被厚重的苦痛壓死了；只有記性壞的，適者生存，還能欣然活著。但我們究竟還是有一點記憶，回想起來，怎樣的『今是昨非』呵，怎樣的『口是心非』呵，怎樣的『今日之我與昨日之我』呵。……我想，大話不宜講得太早，否則，倘有記性，將來想到時會臉紅。或者還是知道自己之不甚可靠者，倒較為可靠罷。」〔註86〕

歷史上「古訓所築成的高牆」，將人們各個分離，使大家不能心心相印。魯迅說：「這就是我們古代的聰明人，即所謂聖賢，將人們分為十等，說是高

〔註83〕魯迅：《報〈奇哉所謂……〉》，載王世家、止菴編《魯迅著譯編年全集》第6卷，第115頁。

〔註84〕梁啟超：《讀書法講義》，載梁啟超著，湯志鈞、湯仁澤編：《梁啟超全集·第十四集》，中國人民大學出版社2018年版，第443頁。

〔註85〕梁啟超：《讀書法講義》，載梁啟超著，湯志鈞、湯仁澤編：《梁啟超全集·第十四集》，中國人民大學出版社2018年版，第444頁。

〔註86〕魯迅：《導師》，載王世家、止菴編《魯迅著譯編年全集》第6卷，人民出版社2009年版，第218～219頁。

下各不相同。其名目現在雖然不用了，但那鬼魂卻依然存在，並且，變本加厲，連一個人的身體也有了等差，使手對於足也不免視為下等的異類。造化生人，已經非常巧妙，使一個人不會感到別人的肉體上的痛苦了，我們的聖人和聖人之徒卻又補了造化之缺，並且使人們不再會感到別人的精神上的痛苦。」〔註87〕許多人不敢講話，甚至「連想也不敢想」，「現在我們所能聽到的不過是幾個聖人之徒的意見和道理，為了他們自己；至於百姓，卻就默默的生長，萎黃，枯死了，像壓在大石底下的草一樣」〔註88〕。這段沉悶的歷史已經過了四千年，現在也難以「畫出這樣沉默的國民的魂靈來」，「我們究竟還是未經革新的古國的人民」，仍然各不相通。魯迅說：「我雖然竭力想摸索人們的魂靈，但時時總自憾有些隔膜。在將來，圍在高牆裏面的一切人眾，該會自己覺醒，走出，都來開口的罷，而現在還少見，所以我也只得依了自己的覺察，孤寂地姑且將這些寫出，作為在我的眼裏所經過的中國的人生。」〔註89〕

　　陳垣（字援庵，號勵耘，1880～1971），廣東新會人。他主張治學「必須有新發見，或新解釋，方於人有用」。陳垣先生歸納出了考證史學的「校法四例」，即對校、本校、他校、理校四種校勘方法。以史源學視野讀趙翼、司馬光的史著。開設「清代史學考證法」時，他要求研究生查對《日知錄》所論史事。他以為《十駕齋養新錄》是清代學術第一，優於《日知錄》。1928 年為紀念錢大昕誕生 200 週年，陳垣作《史諱舉例》，1933 年冬天倉促成書。1958 年科學出版社重印此書時，陳先生親囑劉乃和（1918～1998）一一核查引文原文。〔註90〕抗戰期間，陳先生閉門著書，如《明季滇黔佛教考》（1940）、《南宋初河北新道教考》（1941）、《通鑒胡注表微》（1945）等，都是以精湛之筆發大義之言。其中，12 萬言的《明季滇黔佛教考》，「以明季政治說明明季宗教，義精而詞嚴，於民風國勢盛衰消長之故，未嘗不三致意焉。其書雖論明季事，

〔註87〕魯迅：《俄文譯本〈阿Ｑ正傳〉序及著者自敘傳略》，載王世家、止菴編《魯迅著譯編年全集》第 6 卷，人民出版社 2009 年版，第 234 頁。

〔註88〕魯迅：《俄文譯本〈阿Ｑ正傳〉序及著者自敘傳略》，載王世家、止菴編《魯迅著譯編年全集》第 6 卷，人民出版社 2009 年版，第 234 頁。

〔註89〕魯迅：《俄文譯本〈阿Ｑ正傳〉序及著者自敘傳略》，載王世家、止菴編《魯迅著譯編年全集》第 6 卷，人民出版社 2009 年版，第 234 頁。

〔註90〕劉乃和為陳先生女弟子，1979 年任歷史文獻研究會第一任會長，1985 年任北師大陳垣研究室第一任室主任，1989 年起任《歷史文獻研究》主編，兼任全國婦聯婦女運動歷史資料編委會委員，著有《勵耘承學錄》《歷史文獻研究論叢》《陳垣年譜》《陳垣評傳》等。

實不專為明事而作，慨乎其有餘味，是以當蠻夷猾夏之際，士大夫寓西南者，見之莫不矜為秘本。」〔註91〕陳寅恪為此書作序，稱此書有史料與體制的多方面創新，可見其「搜羅之勤，聞見之博，識斷之精，體制之善」的特點。陳垣的學生孫楷第還贊兩位陳先生都是艱難困苦，不忘著述，志有所在，足堪為範。孫楷第說：「觀寅恪先生之南馳蒼梧瘴海，未作窮愁之志，猶能出其所長，考訂遺編。援庵先生之索居燕市，猶甘寂寞著書，名篇大文，日出不已。則知學者之安時守道，哀樂不足縈其心，無時無地不可著書明矣。今人不能自修，往往諉之於時，以為吾非不願著作也，奈時勢不允何。嗚呼！士君子亦在自致耳，孰謂時勢能困人哉！」〔註92〕

　　《南宋初河北新道教考》出版後，孫楷第於1947年2月15日在天津《益世報・圖書週刊》發表書評，稱是書開創了道教史，書中展示了「真積力久」、「心解神契」、「詮敘有方」、「議論之正」的修史之功力，「真積力久是學，心解神契是識，詮敘有方是才。議論正則德也」〔註93〕。孫先生尤其闡發了著史者的情懷，似有「讀書種子不絕，則國脈不斷」的遺意。孫楷第在書評中屢次突出此意：「《道藏》為一大叢書，能寢饋於斯，雖伏處山谷，十世不仕，讀書種子不至於絕。為國家留讀書種子，此先生之志也。……凡強梁者欲亡人之國，非但亡其土地而已，必亡其文字，亡其歷史，最後亡其種性。留讀書種子，所以存中國人心，亦所以存中國也。……故道莫大於不仕，義莫重於讀書，德莫大於留讀書種子。以不仕而讀書自律，以不仕而讀書教人，此先生之主張也。嗚呼，先生之意深矣！」〔註94〕可見陳垣先生仍是以史事論今世，以宋事言今事。陳先生「賃廡而居，舌耕而食，蕭然一老儒」，也能與處於艱窘的學生「以道義相慰藉，以談文為樂事」。孫楷第還贊「先生之風既高，其為是書，又大有關於名教」。〔註95〕他以為陳先生本著與1940年出版的《明

〔註91〕孫楷第：《評南宋初河北新道教考》，載氏著《滄州後集》，中華書局2009年版，第254頁。

〔註92〕孫楷第：《評明季滇黔佛教考》，載氏著《滄州後集》，中華書局2009年版，第253頁。原載1940年《昆明日報・圖書季刊》。

〔註93〕孫楷第：《評南宋初河北新道教考》，載氏著《滄州後集》，中華書局2009年版，第261頁。

〔註94〕孫楷第：《評南宋初河北新道教考》，載氏著《滄州後集》，中華書局2009年版，第262頁。

〔註95〕孫楷第：《評南宋初河北新道教考》，載氏著《滄州後集》，中華書局2009年版，第265頁。

季滇黔佛教考》的著述宗旨相同，都在於提醒國人的家國認同感。他說：「是時國家西狩五年矣。居河朔而言滇黔，則滇黔為正朔所在，河朔人固日望河朔之同滇黔也。居滇黔而言河朔，則河朔為中國之河朔，河朔人為中國人；士之久居河朔，不得已南下寓滇黔者，固日望復為河朔人也。而無知之人事變後居河朔者，或忘河朔為中國之河朔，甚至忘其為中國人。先生憫之，因復撰此《南宋初河北新道教考》一書，使知南宋初河北人固未嘗忘宋，未嘗忘其為中國人，其逃而之三教者皆是也，何今人不如古人乎？以宋事言今事，此先生著書之旨。」〔註96〕

在「世界東方化」面臨「絕地」之際，「凡秉用東方化的國民，若日本、暹羅、印度、安南、緬甸、高麗之類，不是改從西方化，便為西方化所強據。改了可以圖存，不改立就覆亡」。〔註97〕所以，必須探討東方化能不能復興的問題。梁漱溟說：「我想但使中國民族不至絕亡，他一定會對於這新化、故化有一番解決，有一番成就。又恰好這東方化的中堅，孔化是本地出產，佛化是為他獨得。倘然東方化不值一錢固不必論，萬一有些參酌之處，那材料不於中國而誰求。材料齊備，問題逼來，似乎應當有成，這是我的觀察。」〔註98〕他自言二十歲以後，思想輒入佛家一路，曾矢志不移，「萬牛莫挽」，不想時局催逼，他便「決定擱置向來要作佛家生活的念頭，而來作孔家的生活」。〔註99〕他還說：「無論西洋人從來生活的猥瑣狹劣，東方人的荒謬糊塗，都一言以蔽之，可以說他們都未曾嘗過人生的真味，我應當把我看到的孔子人生貢獻給他們嗎！」〔註100〕西洋的人生態度導致他們精神上受傷、生活上吃苦，現在處於「毛病百出，苦痛萬狀」的情形。西方文化以「意欲向前」為根本精神，西洋生活是「直覺運用理智」的，近世又太盛太強，「而從他那向前的路一味向外追求，完全拋荒了自己，喪失了精神；外面生活富麗，內裏生活卻貧乏至於零！」〔註101〕他們處於如此困境中，只有生命派的哲學才是他們「惟一的救星」。因為生命派的哲學有「把破碎的宇宙融成一整體的氣魄」，它的

〔註96〕孫楷第：《評南宋初河北新道教考》，載氏著《滄州後集》，中華書局2009年版，第254頁。

〔註97〕梁漱溟：《東西文化及其哲學》，商務印書館2010年版，第249頁。

〔註98〕梁漱溟：《東西文化及其哲學》，商務印書館2010年版，第259頁。

〔註99〕梁漱溟：《東西文化及其哲學》，商務印書館2010年版，第240頁。

〔註100〕梁漱溟：《東西文化及其哲學》，商務印書館2010年版，第241頁。

〔註101〕梁漱溟：《東西文化及其哲學》，商務印書館2010年版，第197～198頁。

方法可以「解脫了逼狹嚴酷，恢復了情趣活氣，把適才化為物質的宇宙復化為精神的宇宙」。〔註102〕人類文化變革的方向，應該是不斷從西洋態度向中國態度轉變，而世界未來的文化可能就是中國文化的復興。

　　章太炎的思想跨度大，對頑固、洋務、維新、革命均有內在觀察與外在超越的一面。他主張學習歷史文化，汲取歷史智慧，發揚祖德，鞏固國本。他的《訄書》已初步闡發國粹救國思想。章太炎在《檢論》中加入「六藝論」，在《訂孔》中進一步尊孔，轉向建設性的「國學」，這種轉向本來就超越了「革命」與「保守」政治立場的二元對立。他學習西方自然科學、社會學，堅持歷史進化論，又與後三派精神一致。

　　魯迅稱章太炎是「有學問的革命家」，此定位確乎可參。因為他主張開啟民智，持激進的改良主張，比洋務、維新派更徹底，比資產階級革命派更多一份重民的傳統關懷。作為古文經學的中堅人物，章太炎的舊學修為甚深，與頑固派文化傾向相近。1906年，章太炎在東京秀光社出版《國學講習會略說》，該書的《國學講習會序》指出：「夫國學者，國家所以成立之源泉也。吾聞處競爭之世，徒恃國學固不足以立國矣，而吾未聞國學不興而國能自立者也。吾聞有國亡而國學不亡者矣，而吾未聞國學先亡而國仍立者也。故今日國學之無人興起，即將影響於國家之存滅，是不亦視前世為尤岌岌乎？」〔註103〕還說：「真新學者，未有不能與國學相挈合者也。國學之不知，未有可與言愛國者也。知國學者，未有能詆為無用者也。作《訄書》之章氏者，即餘杭太炎先生也。先生為國學界之泰斗，凡能讀先生書者，無不知之。」〔註104〕他學問博深，尤以諸子學、音韻學、史學研究最為精深。他試圖通過復興諸子學來提倡文化多元論，以實現傳統學術與現代的接榫。〔註105〕

第二節　「國性」與民魂

　　近代以來，縈繞在知識人國學意識中的核心點，在於如何用國學塑造國

〔註102〕梁漱溟：《東西文化及其哲學》，商務印書館2010年版，第198頁。
〔註103〕章太炎著，楊佩昌整理：《章太炎：國學的精要》，北京：中國畫報出版社2010年版，第192～193頁。
〔註104〕章太炎著，楊佩昌整理：《章太炎：國學的精要》，北京：中國畫報出版社2010年版，第195頁。
〔註105〕劉夢溪：《中國現代學術要略》，生活·讀書·新知三聯書店2008年版，第65頁。

族精神，挺立民族精神。

許守微在《論國粹無阻於歐化》一文中指出：「國粹者，一國精神之所寄也，其為學，本之歷史，因乎政俗，齊乎人心之所同，而實為立國之根本源泉也。是故國粹存則其國存，國粹亡則其國亡，此非余一人之私言也。……是故國粹以精神而存，服左衽之服，無害其國粹也；歐化以物質而昌，行曾史之行，無害其歐化也。」〔註106〕他將「國學興亡」與「國家命運」聯繫了起來，以為言國粹「非謂姝姝守一漢宋之家法以自小也」。當時國粹學派強調「國學即國魂」，像鄧實在發起國學保存會時所擔心「文武之道，今夜盡矣」，乃發憤保存國粹，其心意是相通的。而且，早期國粹論者並不完全排拒歐化，以為「國粹也者，助歐化而愈彰，非敵歐化以自防」。

一、「種性」：國族精神

冷靜而深刻的詩人，是民族覺醒的引領者，只有直面現實，省視國民性，才能有所改變。其中，尤以魯迅「哀其不幸，怒其不爭」式的國民性批判為代表。

（一）國民性批判

在《摩羅詩力說》中，魯迅評論英國詩人拜倫時，說詩人面對不覺悟的英國同胞，其態度是：「懷抱不平，突突上發，則倨傲縱逸，不恤人言，破壞復仇，無所顧忌，而義俠之性，亦即伏此烈火之中，重獨立而愛自由，苟奴隸立其前，必哀悲而疾視，哀悲所以哀其不幸，疾視所以怒其不爭」〔註107〕。到了 20 世紀 20 年代末，魯迅看到的文學家是這樣的，他們往往「特別畏懼黑暗，掩藏黑暗」，「但市民卻毫不客氣，自己表現了。那小巧的機靈和這厚重的麻木相撞，便使革命文學家不敢正視社會現象，變成婆婆媽媽，歡迎喜鵲，憎厭梟鳴，只檢一點吉祥之兆來陶醉自己，於是就算超出了時代。」〔註108〕

國性與國家政治體制密切相關，又與國民性互相糾纏在一起。魯迅認為，「中國人無感染性，他國思潮，甚難移殖；將來之亂，亦仍是中國式之亂，非

〔註106〕許守微：《論國粹無阻於歐化》，載《國粹學報》第 9 期，1905 年。
〔註107〕魯迅：《摩羅詩力說》，參王世家、止菴編《魯迅著譯編年全集》第 1 卷，第 260 頁。
〔註108〕魯迅：《太平歌訣》，參王世家、止菴編《魯迅著譯編年全集》第 9 卷，第 200 頁。

俄國式之亂也」，不必擔心俄國思潮傳染中國。〔註 109〕魯迅深刻地看到暴政與暴民的共生關係：「暴君治下的臣民，大抵比暴君更暴；暴君的暴政，時常還不能饜足暴君治下的臣民的欲望。」〔註 110〕從觀念形態上看，有政治制度不良，必有社會風氣不正，風俗、文藝與政治歷來都是可以相互詮釋的。魯迅分析道：「暴君的臣民，只願暴政暴在他人的頭上，他去看著高興，拿『殘酷』做娛樂，拿『他人的苦』做賞玩，做慰安。」「自己的本領只是『幸免』」，並且「從『幸免』裏又選出犧牲，供給暴君治下的臣民的渴血的欲望，但誰也不明白。死的說『阿呀』，活的高興著。」〔註 111〕魯迅剖析的深刻之處，還在於他有一種冷峻堅毅的眼光，並選擇獨特的視角，讓讀者代入旁觀者心態，沉痛感受時代的荒誕，深切體會各種流行的悖論。

對於普通民眾的麻木不仁、無聊圍觀，魯迅筆下多予以無情揭破與辛辣鞭撻。比如，據當日的《申報》載，湘省破獲共產黨省委會，30 多人被判處死刑，黃花節斬決 8 名，執行當日，「全城男女往觀者，終日人山人海，擁擠不通。加以共魁郭亮之首級，又懸之司門口示眾，往觀者更眾。司門口八角亭一帶，交通為之斷絕。計南門一帶民眾，則看郭亮首級後，又赴教育會看女屍」，場面壯觀，其情令人感歎。魯迅從這種高妙的「強有力的文學」字句，讀出了「圍觀」者的麻木，甚至可以想像出圍觀男女「臉上都表現著或者正在神往，或者已經滿足的神情」〔註 112〕。他說：「我們中國現在（現在！不是超時代的）民眾，其實還不很管什麼黨，只要看『頭』和『女屍』。只要有，無論誰的都有人看，拳匪之亂，清末黨獄，民二，去年和今年，在這短短的二十年中，我已經目睹或耳聞了好幾次了。」〔註 113〕

早在留學日本時，魯迅就萌生了對於那些無聊看客的批判意識。當時看影片中有個中國人行將被殺，而「一樣是強壯的體格，而顯出麻木的神情」

〔註 109〕 魯迅：《致宋崇義》，載王世家、止菴編《魯迅著譯編年全集》第 3 卷，人民出版社 2009 年版，第 425 頁。

〔註 110〕 魯迅：《隨感錄　六十五　暴君的臣民》，載王世家、止菴編《魯迅著譯編年全集》第 3 卷，人民出版社 2009 年版，第 202 頁。

〔註 111〕 魯迅：《隨感錄　六十五　暴君的臣民》，載王世家、止菴編《魯迅著譯編年全集》第 3 卷，人民出版社 2009 年版，第 203 頁。

〔註 112〕 魯迅：《鏟共大觀》，參王世家、止菴編《魯迅著譯編年全集》第 9 卷，第 201 頁。

〔註 113〕 魯迅：《鏟共大觀》，參王世家、止菴編《魯迅著譯編年全集》第 9 卷，第 202 頁。

的中國人，卻在「鑑賞這示眾的盛舉」，令多年後的魯迅感歎說：「凡是愚弱的國民，即使體格如何健全，如何茁壯，也只能做毫無意義的示眾的材料和看客，病死多少是不必以為不幸的。」〔註114〕

魯迅就在自己《野草》英譯本的序中指出，「因為憎惡社會上旁觀者之多」，才做了《復仇》。〔註115〕《復仇》中的一男一女，裸身持刀，對立於曠野中，「將要擁抱，將要殺戮」〔註116〕，無聊的路人竟紛紛奔聚而往，拼命地伸長脖子，以為必有事件，「要鑑賞這擁抱或殺戮」〔註117〕，以慰其無聊。然而二人卻毫無動作，偏不讓好奇的路人賞鑒，以致無聊人仍然無聊，「覺得喉舌乾燥，脖子也乏了」，他們「面面相覷，慢慢走散」，「乾枯到失去了生趣」。〔註118〕最後，「於是只剩下廣漠的曠野，而他們倆在其間裸著全身，捏著利刃，乾枯地立著；以死人似的眼光，賞鑒這路人們的乾枯，無血的大戮，而永遠沉浸於生命的飛揚的極致的大歡喜中。」〔註119〕

在魯迅看來，「群眾，——尤其是中國的，——永遠是戲劇的看客。犧牲上場，如果顯得慷慨，他們就看了悲壯劇；如果顯得觳觫，他們就看了滑稽劇」〔註120〕。

看客的醜態，魯迅曾給予入木三分地刻畫。就像北京的羊肉鋪前的看客，經常有幾個人「張著嘴看剝羊」，那情景「彷彿頗愉快」，而「人的犧牲能給與他們的益處，也不過如此」，而且「事後走不幾步，他們並這一點愉快也就忘卻了」。〔註121〕《阿Q正傳》中的阿Q，以為「殺革命黨」，那是「好

〔註114〕魯迅：《〈吶喊〉自序》，載王世家、止菴編《魯迅著譯編年全集》第4卷，人民出版社2009年版，第650頁。

〔註115〕魯迅：《〈野草〉英文譯本序》，載王世家、止菴編《魯迅著譯編年全集》第13卷，人民出版社2009年版，第348頁。

〔註116〕魯迅：《復仇》，載王世家、止菴編《魯迅著譯編年全集》第5卷，人民出版社2009年版，第434頁。

〔註117〕魯迅：《復仇》，載王世家、止菴編《魯迅著譯編年全集》第5卷，人民出版社2009年版，第435頁。

〔註118〕魯迅：《復仇》，載王世家、止菴編《魯迅著譯編年全集》第5卷，人民出版社2009年版，第435頁。

〔註119〕魯迅：《復仇》，載王世家、止菴編《魯迅著譯編年全集》第5卷，人民出版社2009年版，第435頁。

〔註120〕魯迅：《娜拉走後怎樣》，載王世家、止菴編《魯迅著譯編年全集》第5卷，人民出版社2009年版，第240頁。

〔註121〕魯迅：《娜拉走後怎樣》，載王世家、止菴編《魯迅著譯編年全集》第5卷，人民出版社2009年版，第240～241頁。

看好看」的，聽他講的人，「伸長脖子聽得出神」。〔註122〕後來，阿Q被胡塗地槍斃時，路上圍觀的場面火爆，「前面是一班背著洋炮的兵們和團丁，兩旁是許多張著嘴的看客」，到了法場，左右「全跟著馬蟻似的人」。〔註123〕然而這些圍觀者，「他們多半不滿足，以為槍斃並無殺頭這般好看；而且那是怎樣的一個可笑的死囚呵，遊了那麼久的街，竟沒有唱一句戲：他們白跟一趟了」。〔註124〕

《社戲》中也描寫了一群戲場外的看客，有十幾個人不過是等在戲院外面「昂著頭看戲目」，而且「別有一堆人站著並不看什麼」，魯迅推測他們大概不過是想看「散戲之後出來的女人們」。〔註125〕《示眾》中的「看客」，為了圍觀被示眾的人，剎時間也就「圍滿了大半圈」，「待到增加了禿頭的老頭子之後，空缺已經不多，而立刻又被一個赤膊的紅鼻子胖大漢補滿了。這胖子過於橫闊，佔了兩人的地位，所以續到的便只能屈在第二層，從前面的兩個脖子之間伸進腦袋去」〔註126〕。後面又刻畫了圍觀者無聊的細節。〔註127〕《藥》中的看客，為了看殺人，在「秋天的後半夜」早起，無聊地圍觀，麻木而又冷漠。前往購買「人血饅頭」的華老栓，只聽「一陣腳步聲響，一眨眼，已經擁過了一大簇人。那三三兩兩的人，也忽然合作一堆，潮一般向前趕；將到丁字街口，便突然立住，簇成一個半圓」；隨後，「老栓也向那邊看，卻只見一堆人的後背；頸項都伸得很長，彷彿許多鴨，被無形的手捏住了的，向上提著。靜了一會，似乎有點聲音，便又動搖起來，轟的一聲，都向後退；一直散到老栓立著的地方，幾乎將他擠倒了」。〔註128〕這裡所描繪的是一幅「街

〔註122〕 魯迅：《阿Q正傳》，載王世家、止菴編《魯迅著譯編年全集》第4卷，人民出版社2009年版，第348頁。

〔註123〕 魯迅：《阿Q正傳》，載王世家、止菴編《魯迅著譯編年全集》第4卷，人民出版社2009年版，第361頁。

〔註124〕 魯迅：《阿Q正傳》，載王世家、止菴編《魯迅著譯編年全集》第4卷，人民出版社2009年版，第362頁。

〔註125〕 魯迅：《社戲》，載王世家、止菴編《魯迅著譯編年全集》第4卷，人民出版社2009年版，第616頁。

〔註126〕 魯迅：《示眾》，載王世家、止菴編《魯迅著譯編年全集》第6卷，人民出版社2009年版，第131～132頁。

〔註127〕 魯迅：《示眾》，載王世家、止菴編《魯迅著譯編年全集》第6卷，人民出版社2009年版，第131～132頁。

〔註128〕 魯迅：《藥》，載王世家、止菴編《魯迅著譯編年全集》第3卷，人民出版社2009年版，第164頁。

頭圍觀的眾生相」。

魯迅說：「對於這樣的群眾沒有法，只好使他們無戲可看倒是療救，正無需乎震駭一時的犧牲，不如深沉的韌性的戰鬥。」〔註129〕他還說：「可惜中國太難改變了，即使搬動一張桌子，改裝一個火爐，幾乎也要血；而且即使有了血，也未必一定能搬動，能改裝。不是很大的鞭子打在背上，中國自己是不肯動彈的。我想這鞭子總要來，好壞是別一問題，然而總要打到的。但是從那裡來，怎麼地來，我也是不能確切地知道。」〔註130〕

古人似乎多永久滿足於「古已有之」的時代，魯迅生活的時代，幾乎一切人都對現狀不滿。「但看國學家的崇奉國粹，文學家的讚歎固有文明，道學家的熱心復古，可見於現狀都已不滿了，然而我們究竟正向著那一條路走呢？」〔註131〕不堪的現實，令人不滿，然而不滿中卻蘊藏著轉機的可能。魯迅說：「不滿是向上的車輪，能夠載著不自滿的人類，向人道前進。」「多有不自滿的人的種族，永遠前進，永遠有希望。」「多有只知責人不知反省的人的種族，禍哉禍哉！」〔註132〕魯迅還說：「中國現在的人心中，不平和憤恨的分子太多了。不平還是改造的引線，但必須先改造了自己，再改造社會，改造世界；萬不可單是不平。至於憤恨，卻幾乎全無用處。」〔註133〕因此，不能由於不滿而恨恨不已，要細思而後悔悟，而後起而改造，才不致於自暴自棄，無所作為。

1925年4月，魯迅創辦《莽原》，就是針對當時欠佳的文壇。當日文壇做詩及小說者尚有其人，然而「最缺少的是『文明批評』和『社會批評』，我之以《莽原》起哄，大半也就為得想引出些新的這樣的批評者來，雖在割去敝舌之後，也還有人說話，繼續撕去舊社會的假面」〔註134〕。

〔註129〕 魯迅：《娜拉走後怎樣》，載王世家、止菴編《魯迅著譯編年全集》第5卷，人民出版社2009年版，第241頁。

〔註130〕 魯迅：《娜拉走後怎樣》，載王世家、止菴編《魯迅著譯編年全集》第5卷，人民出版社2009年版，第241頁。

〔註131〕 魯迅：《燈下漫筆》，載王世家、止菴編《魯迅著譯編年全集》第6卷，第194頁。

〔註132〕 魯迅：《隨感錄　六十一　不滿》，載王世家、止菴編《魯迅著譯編年全集》第3卷，人民出版社2009年版，第199頁。

〔註133〕 魯迅：《隨感錄　六十二　恨恨而死》，載王世家、止菴編《魯迅著譯編年全集》第3卷，人民出版社2009年版，第200頁。

〔註134〕 魯迅：《致許廣平》（1925年4月28日信），載王世家、止菴編《魯迅著譯編年全集》第6卷，第191頁。

　　所以，「必須敢於正視，這才可望敢想，敢說，敢作，敢當」〔註135〕，可惜中國人最缺乏這種敢於正視的勇氣。面對問題，人們「先既不敢，後便不能，再後，就自然不視，不見了」，社會上不過多些無聊的圍觀，「然而由本身的矛盾或社會的缺陷所生的苦痛，雖不正視，卻要身受的」。〔註136〕

　　文學是社會生活的集中反映，因此文學創作者必須直面現實，「中國的文人，對於人生，——至少是對於社會現象，向來就多沒有正視的勇氣」。〔註137〕魯迅說：「文人究竟是敏感人物，從他們的作品上看來，有些人確也早已感到不滿，可是一到快要顯露缺陷的危機一發之際，他們總即刻連說『並無其事』，同時便閉上了眼睛。這閉著的眼睛便看見一切圓滿，當前的苦痛不過是『天之將降大任於是人也，必先苦其心志，勞其筋骨，餓其體膚，空乏其身，行拂亂其所為。』於是無問題，無缺陷，無不平，也就無解決，無改革，無反抗。因為凡事總要『團圓』，正無須我們焦躁；放心喝茶，睡覺大吉。再說費話，就有『不合時宜』之咎，免不了要受大學教授的糾正了。」〔註138〕閉眼不見，其心不煩，這是一種自欺欺人之舉。

　　中國的文人，採用了「欺」和「瞞」的方法，「萬事閉眼睛，聊以自欺，而且欺人」〔註139〕，而且也能在文學作品尋求「團圓」式的心理滿足。魯迅說：「文藝是國民精神所發的火花，同時也是引導國民精神的前途的燈火。這是互為因果的，正如麻油從芝麻榨出，但以浸芝麻，就使它更油。倘以油為上，就不必說；否則，當參入別的東西，或水或鹼去。中國人向來因為不敢正視人生，只好瞞和騙，由此也生出瞞和騙的文藝來，由這文藝，更令中國人更深地陷入瞞和騙的大澤中，甚而至於已經自己不覺得。」〔註140〕

　　魯迅從中國文學創作中出現的追求「大團圓結局」現象，看到了中國的

〔註135〕魯迅：《論睜了眼看》，載王世家、止菴編《魯迅著譯編年全集》第 6 卷，第 314 頁。

〔註136〕魯迅：《論睜了眼看》，載王世家、止菴編《魯迅著譯編年全集》第 6 卷，第 315 頁。

〔註137〕魯迅：《論睜了眼看》，載王世家、止菴編《魯迅著譯編年全集》第 6 卷，第 314 頁。

〔註138〕魯迅：《論睜了眼看》，載王世家、止菴編《魯迅著譯編年全集》第 6 卷，第 315 頁。

〔註139〕魯迅：《論睜了眼看》，載王世家、止菴編《魯迅著譯編年全集》第 6 卷，第 315 頁。

〔註140〕魯迅：《論睜了眼看》，載王世家、止菴編《魯迅著譯編年全集》第 6 卷，第 317 頁。

國民性問題。他說：「這因為中國人底心理，是喜歡團圓的，所以必至於如此，大概人生現實底缺陷，中國人也很知道，但不願意說出來；因為一說出來，就要發生『怎樣補救這缺點』的問題，或者免不了要煩悶，要改良，事情就麻煩了。而中國人不大喜歡麻煩和煩悶，現在倘在小說裏敘了人生底缺陷，便要使讀者感著不快。所以，凡是歷史上不團圓的，在小說裏往往給他團圓；沒有報應的，給他報應，互相騙騙。——這實在是關於國民性底問題。」〔註141〕

魯迅說：「中國人的不敢正視各方面，用瞞和騙，造出奇妙的逃路來，而自以為正路。在這路上，就證明著國民性的怯弱，懶惰，而又巧滑。一天一天的滿足著，即一天一天的墮落著，但卻又覺得日見其光榮。在事實上，亡國一次，即添加幾個殉難的忠臣，後來每不想光復舊物，而只去讚美那幾個忠臣；遭劫一次，即造成一群不辱的烈女，事過之後，也每每不思懲凶，自衛，卻只顧歌詠那一群烈女。彷彿亡國遭劫的事，反而給中國人發揮『兩間正氣』的機會，增高價值，即在此一舉，應該一任其至，不足憂悲似的。自然，此上也無可為，因為我們已經借死人獲得最上的光榮了。」〔註142〕

梁啟超看到，人心風俗之竇敗，與中國人對中國前途的認識偏差有關。造成當時民氣衰頹社會現象的原因，「推厥所由則中國必亡一語使然耳」，「凡人之氣，頹之甚易，振之甚難。群客滿座，一人欠伸。隨之，不轉瞬而零落散去矣」；既然「我國今日民氣，沮喪已至此極，何堪更有此種無責任之言，洋洋盈耳也」。〔註143〕要走出此沮喪至極之境，必須創立新途。近代知識人便將其期待的目光投向國民器度的提升上了。

（二）「大國民器度」

個人雖卑微，也不能「頹然自放以擲此至可貴之歲月」，應該肩負起責任。梁啟超歎息道：「嗚呼！我國民亦知我國今日所以瀕於亡者，皆由全國人民過去業力之所造成乎？自造惡業者，必自受惡報，無人能為我解之，惟更自造善業則可以解之，而苟能更自造善業，則善報之至必如響，亦無人能我尼之

〔註141〕 魯迅：《中國小說的歷史的變遷》，載王世家、止菴編《魯迅著譯編年全集》第5卷，人民出版社2009年版，第258頁。

〔註142〕 魯迅：《論睜了眼看》，載王世家、止菴編《魯迅著譯編年全集》第6卷，第317頁。

〔註143〕 梁啟超：《中國前途之希望與國民責任》，載梁啟超著，湯志鈞、湯仁澤編：《梁啟超全集·第八集》，中國人民大學出版社2018年版，第241頁。

也。」〔註144〕國民應該「以國事為事」，既不能將國家政務當作謀取一己富貴利祿的工具，也不要潔身自好、不圖進取。

魯迅則提議俠客、勇士做「神聖的勞作」，才子、名士多譯幾頁有用的新書，各展其長。他說：「我們改良點自己，保全些別人；想些互助的方法，收了互害的局面罷！」〔註145〕全體國民互助互愛，自覺擔當，便可能成就大國民器度。何謂大國民器度？梁啟超有個說法道：「平恕待人，而刻厲求己，此則大國民器度也已。」〔註146〕要全力獎勵國貨，同時，也不能盲目排斥洋貨。

梁啟超從國土面積、人口、語言文字、古書、文明傳承方面，肯定了中華民族的優越性。他說：「立於五洲中之最大洲，而為其洲中之最大國者誰乎？我中華也。人口居全地球三分之一者誰乎？我中華也。四千餘年之歷史未嘗一中斷者誰乎？我中華也。我中華有四百兆人公用之語言、文字，世界莫能及。我中華有三十世紀前傳來之古書，世界莫能及。西人稱世界文明之祖國有五：曰中華，曰印度，曰安息，曰埃及，曰墨西哥。然彼四地者，其國亡，其文明與之俱亡。」〔註147〕中華文明不僅巍然屹立於世界文明之林，而且前景廣闊：「我中華者，屹然獨立，繼繼繩繩，增長光大，以迄今日，此後且將匯萬流而劑之，合一爐而冶之。於戲，美哉我國！於戲，偉大哉我國民！」〔註148〕

在梁啟超看來，國有三等，第一等「以文明表著」，受人「尊敬」，美國為代表，「其教化政治，卓然冠絕於環球，其聲明文物，爛然震眩於耳目，一切舉動，悉循公理，不必誇耀威力，而鄰國莫不愛之、重之」；第二等「以武力雄視」，令人「畏懾」，以俄國為代表，教化政治、聲明文物均遜第一等國一籌，挾強兵鞭笞群雄，橫絕地球；第三等「文明、武力皆無足道」，遭人「輕侮」，以埃及、印度、越南、朝鮮為代表，「苶然不足以自立，坐聽他人之蹴踏

〔註144〕梁啟超：《國家運命論》，載梁啟超著，湯志鈞、湯仁澤編：《梁啟超全集·第七集》，中國人民大學出版社 2018 年版，第 212 頁。

〔註145〕魯迅：《隨感錄　六十四　有無相通》，載王世家、止菴編《魯迅著譯編年全集》第 3 卷，人民出版社 2009 年版，第 202 頁。

〔註146〕梁啟超：《國民淺訓》，載梁啟超著，湯志鈞、湯仁澤編：《梁啟超全集·第九集》，中國人民大學出版社 2018 年版，第 482 頁。

〔註147〕梁啟超：《論中國學術思想變遷之大勢》，載梁啟超著，湯志鈞、湯仁澤編：《梁啟超全集·第三集》，中國人民大學出版社 2018 年版，第 15 頁。

〔註148〕梁啟超：《論中國學術思想變遷之大勢》，載梁啟超著，湯志鈞、湯仁澤編：《梁啟超全集·第三集》，中國人民大學出版社 2018 年版，第 16 頁。

操縱，有他動而無自動，其在世界，若存若亡」。〔註149〕從中華文明的歷史地位來看，無論是文明還是武力，均曾十分輝煌。梁啟超說：「中國者，文明之鼻祖也，其開化遠在希臘、羅馬之先。二千年來，制度文物，燦然熠爚於大地，微特東洋諸國之浴我文化而已。歐洲近世物質進化，所謂羅盤針、火藥、印刷之三大發明，亦莫非傳自支那，丐東來之餘瀝。中國文明之早，固世界所公認矣。至於武功之震鑠，則隋唐之征高麗，元之伐日本，明之討越南，兵力皆遠伸於國外。甚者二千年前，漢武帝鑿通西域，略新疆、青海諸地，絕大漠，逾天山，越帕米爾高原，度小亞細亞而威力直達於地中海之東岸。讀支那人種之侵略史，東西人所不能不色然以驚者也。」〔註150〕然而，數百年來，中華文明日見退化，「五口通商而後，武力且不足以攘外，老大帝國之醜聲，囂然不絕於吾耳。昔之浴我文化者，今乃詆為野蠻半化矣；昔之懾我強盛者，今乃詆為東方病夫矣。乃者翦藩屬，割要港，議瓜分，奪主權，曩之侮以空言者，今且侮以實事，肆意凌辱，咄咄逼人」，中國「昔日之名譽光榮一旦掃地以盡」，已從第一等國「隤然墮落」到第三等了。〔註151〕字裡行間，滿是拳拳的愛國之心。

　　愛國心與近代國家、民族觀念的形成密切相關。梁啟超就以為，民族主義實際上就是「近世國家之原動力」〔註152〕。他說：「自中古以前，（羅馬解紐以前。）歐洲之政治家，常視其國為天下，所謂世界的國家（Worldly State）是也。以誤用此理想故，故愛國心不盛，而真正強固之國家不能立焉。（按：吾中國人愛國心之弱，其病源大半坐是，而歐人前此亦所不能免也。）近四百年來，民族主義日漸發生，日漸強達，遂至磅礴鬱積，為近世史之中心點，順茲者興，逆茲者亡。」〔註153〕

　　從國民品格方面看，中國國民品格缺點多，首先便是外國人所詆毀的愛

〔註149〕梁啟超：《論中國國民之品格》，載梁啟超著，湯志鈞、湯仁澤編：《梁啟超全集·第四集》，中國人民大學出版社 2018 年版，第 174 頁。

〔註150〕梁啟超：《論中國國民之品格》，載梁啟超著，湯志鈞、湯仁澤編：《梁啟超全集·第四集》，中國人民大學出版社 2018 年版，第 174 頁。

〔註151〕梁啟超：《論中國國民之品格》，載梁啟超著，湯志鈞、湯仁澤編：《梁啟超全集·第四集》，中國人民大學出版社 2018 年版，第 175 頁。

〔註152〕梁啟超：《論民族競爭之大勢》，載梁啟超著，湯志鈞、湯仁澤編：《梁啟超全集·第二集》，中國人民大學出版社 2018 年版，第 693 頁。

〔註153〕梁啟超：《論民族競爭之大勢》，載梁啟超著，湯志鈞、湯仁澤編：《梁啟超全集·第二集》，中國人民大學出版社 2018 年版，第 692 頁。

國心的薄弱，「我國國民，習為奴隸於專制政體之下，視國家為帝王之私產，非吾儕所與有」〔註154〕。另外，中國國民還有獨立性柔脆、公共心缺乏、自治力欠闕等缺點。梁啟超認為，「國」為身家之「託屬」，愛國即自愛；而愛國心、獨立性、公共心、自治力四方面，都是「人道必不可缺之德」，是「國家之元氣」，是成就國民品格的重要因素。所以，在他看來，要成就「偉大國民」，必須「培養公德，摩厲政才，煎劣下之根性，涵遠大之思想，自克自修，以斬合於人格」。〔註155〕

他回顧當時的國體之由來，得之不易，而要守之不失，責任非輕。他說：「當袁世凱謀竊帝位之時，就是藉口於中國人民程度不宜共和，故藉此以行篡逆。夫民國成立四年以來，實未嘗一日行共和，宜與不宜，本自無從判斷。雖然，從今以後，我國民真要抖擻精神，立穩共和基業，免致為滿洲人及袁世凱所笑。夫共和必與立憲相緣，而立憲政治所以能維持，專賴全國人民皆關心國事，皆盡力國事，尤須常識日漸增加，公德日漸發達。」〔註156〕

梁啟超說：「凡一國之能立於世界，必有其國民獨具之特質，上自道德、法律，下至風俗、習慣、文學、美術，皆有一種獨立之精神，祖父傳之，子孫繼之，然後群乃結，國乃成，斯實民族主義之根柢源泉也。我同胞能千年立國於亞洲大陸，必其所具特質有宏大、高尚、完美，犖然異於群族者，吾人所當保存之而勿失墜也。」〔註157〕國民精神的保任、發達之法，在於「濯之拭之，發其光晶；鍛之煉之，成其體段；培之濬之，厚其本原；繼長增高，日徵月邁」〔註158〕，淬厲固有，日新其舊。

在梁啟超看來，國家觀念起於國民的覺醒。「夫國民之不以國事為事也，且以國家政務為一己富貴利祿之具也，此正招亡之惡業，而我國民前此造之已久者也。疇昔不自知其將亡，斯無責焉，今亦既知之矣，不務其道，乃從而

〔註154〕梁啟超：《論中國國民之品格》，載梁啟超著，湯志鈞、湯仁澤編：《梁啟超全集·第四集》，中國人民大學出版社2018年版，第175頁。
〔註155〕梁啟超：《論中國國民之品格》，載梁啟超著，湯志鈞、湯仁澤編：《梁啟超全集·第四集》，中國人民大學出版社2018年版，第177頁。
〔註156〕梁啟超：《國民淺訓》，載梁啟超著，湯志鈞、湯仁澤編：《梁啟超全集·第九集》，中國人民大學出版社2018年版，第469頁。
〔註157〕梁啟超：《新民說》，載梁啟超著，湯志鈞、湯仁澤編：《梁啟超全集·第二集》，中國人民大學出版社2018年版，第533頁。
〔註158〕梁啟超：《新民說》，載梁啟超著，湯志鈞、湯仁澤編：《梁啟超全集·第二集》，中國人民大學出版社2018年版，第533頁。

傅益之，是以前此所造之惡業為未成熟，而更助之長也」〔註159〕。他還說：「凡國之起，未有不起於家族者。故西人政治家之言曰：國字者，家族二字之大書也。君者，家長、族長也。民者，其家族之子弟也。」〔註160〕國與家族不可分，國與民也是一而二、二而一地密切關聯著，「國也者，積民而成。國之有民，猶身之有四肢、五臟、筋脈、血輪也」〔註161〕，「國者何？積民而成也。……民權興則國權立，民權滅則國權亡……言愛國，必自興民權始」〔註162〕，「國民者，個人之集合體也。人人有高尚之德操，合之即國民完粹之品格」〔註163〕，「國者，積民而成體者也。國能保其獨立之威嚴，必其國民先富於獨立之性質」〔註164〕。

梁啟超積民成國說，大概是承繼了其師康有為的觀點。因為康有為曾說：「夫國所與立，積民為之，民者分國之小己也。」〔註165〕梁啟超更看到了「國」「民」相依的關係，他說：「嗚呼，國之存亡，種種盛衰，雖曰天命，豈非人事哉？彼東西之國何以浡然日興，我支那何以荼然日危？彼其國民以國為己之國，以國事為己事，以國權為己權，以國恥為己恥，以國榮為己榮。我之國民以國為君相之國，其事、其權、其榮、其恥皆視為度外之事。嗚呼！不有民，何有國？不有國，何有民？民與國，一而二、二而一者也。今我民不以國為己之國，人人不自有其國，斯國亡矣。國亡而人權亡，而人道之苦將不可問矣。」〔註166〕

梁啟超將決定物、人、國之存亡的無形無聲的力量稱為「元氣」。元氣是

〔註159〕 梁啟超：《國家運命論》，載梁啟超著，湯志鈞、湯仁澤編：《梁啟超全集·第七集》，中國人民大學出版社2018年版，第212頁。

〔註160〕 梁啟超：《愛國論》，載梁啟超著，湯志鈞、湯仁澤編：《梁啟超全集·第一集》，中國人民大學出版社2018年版，第695頁。

〔註161〕 梁啟超：《新民說》，載梁啟超著，湯志鈞、湯仁澤編：《梁啟超全集·第二集》，中國人民大學出版社2018年版，第528頁。

〔註162〕 梁啟超：《愛國論》，載梁啟超著，湯志鈞、湯仁澤編：《梁啟超全集·第一集》，中國人民大學出版社2018年版，第697頁。

〔註163〕 梁啟超：《論中國國民之品格》，載梁啟超著，湯志鈞、湯仁澤編：《梁啟超全集·第四集》，中國人民大學出版社2018年版，第177頁。

〔註164〕 梁啟超：《論獨立》，載梁啟超著，湯志鈞、湯仁澤編：《梁啟超全集·第四集》，中國人民大學出版社2018年版，第187～188頁。

〔註165〕 康有為：《中國顛危誤在全法歐美而盡棄國粹說》，載康有為撰；姜義華，張榮華編校：《康有為全集》第十集，中國人民大學出版社2007年版，第130頁。

〔註166〕 梁啟超：《愛國論》，載梁啟超著，湯志鈞、湯仁澤編：《梁啟超全集·第一集》，中國人民大學出版社2018年版，第694頁。

文明的精神。他說：「文明者，有形質焉，有精神焉，求形質之文明易，求精神之文明難。精神既具，則形質自生；精神不存，則形質無附。然則真文明者，只有精神而已。」〔註167〕他還說：「所謂精神者何？即國民之元氣是矣。」〔註168〕「國所與立者何？曰：民而已。民所以立者何？曰：氣而已。」〔註169〕國民元氣是一種「精神之精神」，非一朝一夕所可致，非一人一家所可成，非政府之力所能強逼，也非宗門之教所能勸導，必須以精神相感召。

　　梁啟超以為，要興起國民元氣，首先應當培養獨立之性。他說：「人而不能獨立，時曰奴隸，於民法上不認為公民。國而不能獨立，時曰附庸，於公法上不認為公國。」〔註170〕還說：「無獨立性者，毀滅世界之毒藥也。」〔註171〕他歎息於「仰人之庇」、有「奴隸根性」的中國人何其多，致使中國四萬萬「皆仰庇於他人之人，是名雖四萬萬，實則無一人也。以全國之大而至於無一人，天下可痛之事孰過此也」？〔註172〕他撫今追昔，深切喟歎道：「嗚呼！吾不知我中國此種畜性、奴性，何時始能剗除之而化易之也？……此根性不破，雖有國，不得謂之有人；雖有人，不得謂之有國。」〔註173〕

　　近世列強的政策，由世界主義變為民族主義，再由民族主義變成民族帝國主義，向全世界延伸其殘酷的殖民政略。梁啟超看到，「今日之競爭，不在腕力而在腦力，不在沙場而在市場。彼列國之所以相對者姑勿論，至其所施於中國者，則以殖民政略為本營，以鐵路政略為游擊隊，以傳教政略為偵探隊，而一以工商政略為中堅也」〔註174〕。

〔註167〕梁啟超：《國民十大元氣論》，載梁啟超著，湯志鈞、湯仁澤編：《梁啟超全集・第二集》，中國人民大學出版社2018年版，第217頁。

〔註168〕梁啟超：《國民十大元氣論》，載梁啟超著，湯志鈞、湯仁澤編：《梁啟超全集・第二集》，中國人民大學出版社2018年版，第218頁。

〔註169〕梁啟超：《國民十大元氣論》，載梁啟超著，湯志鈞、湯仁澤編：《梁啟超全集・第二集》，中國人民大學出版社2018年版，第218頁。

〔註170〕梁啟超：《國民十大元氣論》，載梁啟超著，湯志鈞、湯仁澤編：《梁啟超全集・第二集》，中國人民大學出版社2018年版，第218頁。

〔註171〕梁啟超：《國民十大元氣論》，載梁啟超著，湯志鈞、湯仁澤編：《梁啟超全集・第二集》，中國人民大學出版社2018年版，第219頁。

〔註172〕梁啟超：《國民十大元氣論》，載梁啟超著，湯志鈞、湯仁澤編：《梁啟超全集・第二集》，中國人民大學出版社2018年版，第220頁。

〔註173〕梁啟超：《國民十大元氣論》，載梁啟超著，湯志鈞、湯仁澤編：《梁啟超全集・第二集》，中國人民大學出版社2018年版，第220頁。

〔註174〕梁啟超：《論民族競爭之大勢》，載梁啟超著，湯志鈞、湯仁澤編：《梁啟超全集・第二集》，中國人民大學出版社2018年版，第705頁。

由於西方殖民掠奪，國民必須勇於追求民族自立。梁啟超認為，「商戰」之可畏更甚於「兵戰」，「平準競爭之起，由民族之膨脹也；而民族之所以能膨脹，罔不由民族主義、國家主義而來。故未有政治界不能自立之民族，而於平準界能稱雄者」。〔註175〕所以，「今日欲救中國，無他術焉，亦先建設一民族主義之國家而已」〔註176〕。他說：「蓋我國民事事都不讓人，獨有視國家事當作閒是閒非不願多管之一念，實在莫大病根，此病根不除，國家終無振興之日。國家不振，而欲身家安全發達，此必不可得之數也。」〔註177〕梁啟超認為，「非將國家整理起來，身家更無安全發達之望」，因為許多事情，雖「為我等身家所託命，但除卻國家之力，我等便有三頭六臂，自己，卻是幹辦不來」。〔註178〕總之，「國家即我命根」，國民對此當有相當的自覺。

二、「舊邦」與「新命」

中國周秦諸子自持學說，獨立自貴，像稷下諸先生那樣，「各著書言治亂之事，以干世主」。〔註179〕儒家秉承詩教傳統，早已蘊發了「周雖舊邦，其命維新」的理想。馮友蘭晚年集聯「闡舊邦以輔新命，極高明而道中庸」，懸掛在三松堂書房，高度濃縮了他一生的學術活動的主要方面和他所希望達到的精神境界。以上三例，涵蓋了古今知識人的時代關切與文化理想。

時代「逼」出問題，問題牽引知識人的努力。西方強勢文明進攻，包括顯性的軍事打擊、科技威懾，以及隱性的政治壓制、文化睥睨，「逼」出中華民族先進分子的內生力量，激起民族自救的自覺意識和行動。

（一）「科學破產」之後

西方列強曾以科技實力橫絕一時，也對中國造成極大衝擊。胡適說：「近三十年來，有一個名詞在國內幾乎做到了無上尊嚴的地位；無論懂與不懂的

〔註175〕梁啟超：《論民族競爭之大勢》，載梁啟超著，湯志鈞、湯仁澤編：《梁啟超全集·第二集》，中國人民大學出版社 2018 年版，第 711 頁。

〔註176〕梁啟超：《論民族競爭之大勢》，載梁啟超著，湯志鈞、湯仁澤編：《梁啟超全集·第二集》，中國人民大學出版社 2018 年版，第 711～712 頁。

〔註177〕梁啟超：《國民淺訓》，載梁啟超著，湯志鈞、湯仁澤編：《梁啟超全集·第九集》，中國人民大學出版社 2018 年版，第 468 頁。

〔註178〕梁啟超：《國民淺訓》，載梁啟超著，湯志鈞、湯仁澤編：《梁啟超全集·第九集》，中國人民大學出版社 2018 年版，第 467 頁。

〔註179〕〔漢〕司馬遷：《史記》卷七十四《孟子荀卿列傳第十四》，中華書局 1982 年版（2006 年重印），第 2346 頁。

人，無論守舊和維新的人，都不敢公然對他表示輕視或戲侮的態度。那名詞就是『科學』。這樣幾乎全國一致的崇信，究竟有無價值，那是另一問題。我們至少可以說，自從中國講變法維新以來，沒有一個自命為新人物的人敢公然詆謗『科學』的，直到民國八九年間梁任公先生發表他的《歐遊心影錄》，科學方才在中國文字裡正式受了『破產』的宣言。」〔註180〕這是他為亞東圖書館主人汪孟鄒編的《科學與人生觀》作序時的回顧之言。

1920 年梁啟超旅歐回國，發表《歐遊心影錄》，1921 年梁漱溟出版《東西文化及其哲學》，這兩部書集中代表了 20 世紀前 20 年中國知識精英的西方文化觀。

梁啟超在《歐遊心影錄》中指出，唯物派的哲學家崇尚科學，他們「託庇科學宇下建立一種純物質的純機械的人生觀」，否認人類意志自由，人便不必負善惡的責任，這便造成「現今思想界最大的危機」。宗教和哲學「被科學打得個旗靡幟亂」，科學便欲樹立新權威而不能，「全社會人心，都陷入懷疑沉悶畏懼之中」，導致「樂利主義和強權主義越發得勢」，弱肉強食，軍閥、財閥你爭我奪，「一戰」爆發，給人類帶來災難。科學雖然全面成功，然而，「我們人類不惟沒有得著幸福，倒反帶來許多災難」，曾經科學昌明的「歐洲人做了一場科學萬能的大夢，到如今卻叫起科學破產來」〔註181〕。總體看來，這個「科學的破產」，也是建立在科學基礎上的人生觀的破產，並進一步引發了思想界的危機。據胡適的觀察，「梁先生要說的是歐洲『科學破產』的喊聲，而他舉出的卻是科學家的人生觀的罪狀；梁先生摭拾了一些玄學家誣衊科學人生觀的話頭，卻便加上了『科學破產』的惡名。」〔註182〕而結合後來梁啟超加的自注，即「讀者切勿誤會，因此菲薄科學，我絕不承認科學破產，不過也不承認科學萬能罷了」，胡適以為梁氏該著起到了「替反科學的勢力助長不少威風」的作用。胡適說：「梁先生的聲望，梁先生那枝『筆鋒常帶情感』的健筆，都能使他的讀者容易感受他的言論的影響。何況國中還有張君勱先生一流人，打著柏格森、倭鏗、歐立克……的旗號，繼續起來替梁先生推波助

〔註180〕 胡適：《〈科學與人生觀〉序》，載胡適著、季羨林主編《胡適全集》第 2 卷，安徽教育出版社 2003 年版，第 196 頁。

〔註181〕 梁啟超：《歐遊心影錄》，載梁啟超著，湯志鈞、湯仁澤編：《梁啟超全集·第十集·論著十》，中國人民大學出版社 2018 年版，第 64 頁。

〔註182〕 胡適：《〈科學與人生觀〉序》，載胡適著、季羨林主編《胡適全集》第 2 卷，安徽教育出版社 2003 年版，第 198 頁。

瀾呢？」〔註183〕

在胡適看來，中國當時「正苦科學的提倡不夠，正苦科學的教育不發達，正苦科學的勢力還不能掃除那迷漫全國的烏煙瘴氣」，所以，中國既然還未到受科學影響乃至帶來的「災難」的程度，人生觀教育尚不發達，便不能跟隨歐洲的哲學家高唱「科學破產」論調。他說：「中國此時還不曾享著科學的賜福，更談不到科學帶來的『災難』。我們試睜開眼看看：這遍地的乩壇道院，這遍地的仙方鬼照相，這樣不發達的交通，這樣不發達的實業，——我們那裡配排斥科學？至於『人生觀』，我們只有做官發財的人生觀，只有靠天吃飯的人生觀，只有求神問卜的人生觀，只有《安士全書》的人生觀，只有《太上感應篇》的人生觀——中國人的人生觀還不曾和科學行見面禮呢！」〔註184〕所以，科學離「破產」尚遠，那種「把歐洲文化破產的罪名歸到科學身上，出來菲薄科學，歷數科學家的人生觀的罪狀，不要科學在人生觀上發生影響」的做法，實屬不宜；信仰科學的人，自然應該挺身而出，為科學辯護。

對於科學在世界的命運，用梁啟超自己的話講是他「絕對不承認科學破產，不過也不承認科學萬能」，他終其一生都在試圖擁抱這位「賽先生」。他希望能弘揚科學精神，用科學方法整理國故。他的朋友徐佛蘇說：「先生四十年之中，腦中固絕未忘一『國』字，且平昔眼中無書，手中無筆之日亦絕少，故生平之著述之總額人皆謂有『二千餘萬字』之多，占古今中外著作家之第一位。」〔註185〕

1923年2月，北京大學教授張君勱在清華作了題為《人生觀》的演講，後來刊於《清華週刊》第272期。在演講中，他指出科學不能解決人生觀的問題，就是因為以下五個方面：一、「科學為客觀的，人生觀為主觀的」；二、「科學為論理的方法所支配，而人生觀則起於直覺」；三、「科學可以以分析方法下手，而人生觀為綜合的」；四、「科學為因果律所支配，而人生觀為自由意志的」；五、「科學起於對象之相同現象，而人生觀起於人格的單一性」。他反對科學法則支配人生觀，認為人生觀「無客觀標準」，只能用玄學解釋人生觀，「人生觀問題

〔註183〕胡適：《〈科學與人生觀〉序》，載胡適著、季羨林主編《胡適全集》第2卷，安徽教育出版社2003年版，第199頁。

〔註184〕胡適：《〈科學與人生觀〉序》，載胡適著、季羨林主編《胡適全集》第2卷，安徽教育出版社2003年版，第199頁。

〔註185〕丁文江、趙豐田編：《梁啟超年譜長編》，上海人民出版社1983年版，第1204頁。

之解決，決非科學所能為力，惟賴諸人類之自身而已」。既然科學不能決定人生觀，那麼沒有客觀標準的人生觀必須「返求諸己」了。張君勱主張「意志自由」，卻否認了精神現象受客觀規律支配，也就未能處理好自由與必然的關係問題。

1923 年 4 月，丁文江在《努力週報》上第 48～49 期上發表《科學與玄學》，決意打去附在張君勱身上的「玄學鬼」，以為科學方法與人生觀問題是分不開的。他說：「凡是心理的內容，真的概念的推論，無一不是科學的材料」，而「了然於宇宙生物心理種種的關係，才能夠真知道生活的樂趣」。他以胡適之言作結說：「人類今日最大的責任與需要，是把科學應用到人生問題上去。」胡適看了丁文江的文章後，很高興，也希望《努力週刊》能朝向「為科學作戰」的「新方向」謀發展，這樣，「《努力》便有了新生命，我們也有了新興趣」。〔註 186〕隨後，梁啟超、吳稚暉、張東蓀、唐鉞等人也參與進來，在《努力週報》《時事新報》《學燈》副刊上發表文章，形成人生觀問題的論戰，也叫科學與玄學的論戰，被胡適稱為「空前的思想界大筆戰」。

當時的論戰，牽涉的論題眾多，理據不一。這場論戰所論及的問題，被梁啟超稱為「宇宙間最大問題」，「這種論戰，是我國未曾有過的論戰」。〔註 187〕從論戰雙方而言，大概可以分為科學派、玄學派兩大陣營，各派又都有自己的溫和和激進兩種傾向。

科學派堅持決定論和還原論，堅信科學的權威，反對玄學派的自由意志論和心物二元論。王星拱認為科學可以解決人生觀問題，高等動物的智慧活動與低等動物的本能活動並無本質區別，生物活動和無機界的活動也沒有根本區分，無須將前者歸功於「靈魂」和「生命力」，研究無機物質的物理化學也可以應用於生物問題，研究生物的生物學也可應用於人生問題。他還說：「科學是憑藉因果和齊一兩個原理而構造起來的；人生問題無論為生命之觀念或生活之態度，都逃不出這兩個原理的金剛圈，所以科學可以解決人生問題。」〔註 188〕科學的目的是要摒除個人主觀成見，追求真理，如果「依科學態度而整理

〔註 186〕胡適：《〈科學與人生觀〉序》，載胡適著、季羨林主編《胡適全集》第 2 卷，安徽教育出版社 2003 年版，第 195 頁。

〔註 187〕梁啟超：《關於玄學、科學論戰之「戰時國際公法」——暫時局外中立人梁啟超宣言》，載梁啟超著，湯志鈞、湯仁澤編：《梁啟超全集·第十二集》，中國人民大學出版社 2018 年版，第 92 頁。

〔註 188〕王星拱：《科學與人生觀》，載張君勱等《科學與人生觀》，遼寧教育出版社 1998 年版，第 261 頁。

思想，構造意見，以至於身體力行，可以叫做『科學的人生觀』」。〔註189〕

張君勱以為，科學與人生觀遵行的方式不同：科學關注的經驗界之知識遵循因果律，而人生的進化是自由的。當時社會已經處於「新玄學時代」，其特點恰在於「人生之自由自在，不受機械律之支配」。〔註190〕他以為自己所談者並非「科學本身問題」而是「科學的結果」。〔註191〕從張君勱的分析中可知，當人們面對作為「科學上最大的成績」的西歐物質文明帶來的問題，面對「物質有限，人慾無窮」的問題時，似乎只能回到人生觀問題的再思考。〔註192〕「當此人慾橫流之際，號為服國民之公職者，不復知有主義，不復知有廉恥，不復知有出處進退之準則」，在「國事鼎沸、綱紀凌夷之日」，當重提知禮、知榮辱的禮治思想。〔註193〕張君勱自言：「吾之所以提倡宋學者，其微意在此。」〔註194〕

陳、胡二人均認同人生觀的變動性。不過，胡適提出的是「自然主義的人生觀」，它建基於「科學常識之上的一個大假設」，並將「因知識經驗而變換」。陳獨秀則將人生觀的產生與不同時代及其客觀環境結合起來，他說：「只有客觀的物質的原因可以變動社會，可以解釋歷史，可以支配人生觀，這便是『唯物的歷史觀』。」

吳稚暉將人生比作用手用腦的動物在「宇宙大劇場」上的演戲。〔註195〕由此看人生即人生觀，他自己的人生觀包括三部分：「清風明月的吃飯人生觀」、「神工鬼斧的生小孩人生觀」及「覆天載地的招呼朋友人生觀」。〔註196〕其中，

〔註189〕王星拱：《科學與人生觀》，載張君勱等《科學與人生觀》，遼寧教育出版社1998年版，第254頁。

〔註190〕張君勱：《再論人生觀與科學並答丁在君》，載張君勱等《科學與人生觀》，遼寧教育出版社1998年版，第92頁。

〔註191〕張君勱：《科學之評價》，載張君勱等《科學與人生觀》，遼寧教育出版社1998年版，第207頁。

〔註192〕張君勱：《科學之評價》，載張君勱等《科學與人生觀》，遼寧教育出版社1998年版，第207～208頁。

〔註193〕張君勱：《再論人生觀與科學並答丁在君》，載張君勱等《科學與人生觀》，遼寧教育出版社1998年版，第108頁。

〔註194〕張君勱：《再論人生觀與科學並答丁在君》，載張君勱等《科學與人生觀》，遼寧教育出版社1998年版，第108頁。

〔註195〕吳稚暉：《一個新信仰的宇宙觀及人生觀》，載張君勱等《科學與人生觀》，遼寧教育出版社1998年版，第330頁。

〔註196〕吳稚暉：《一個新信仰的宇宙觀及人生觀》，載張君勱等《科學與人生觀》，遼寧教育出版社1998年版，第334頁。

前二者又可叫「人慾橫流的人生觀」,「不見得同道德有多少的衝突」。〔註197〕

1923 年 11、12 月,上海亞東圖書館編輯出版了其中 29 篇論戰文章,陳獨秀、胡適為討論集《科學與人生觀》作序。當年年底,瞿秋白在《新青年》季刊上發表了《自由世界與必然世界》,科玄論戰基本告結。瞿秋白在《自由世界與必然世界》一文中對科玄論戰的中心問題即自由與必然的關係問題進行了剖析。在他看來,人類社會與自然界的不同之處在於:自然界只有無意識的盲目的種種力量的相互影響,而活動於人類社會中的人卻有意識而抱有一定目的。人的一切動機(意志)都不是自由的,都要受到因果律的支配。人可以在認識並遵守必然性中實現並達到自由,「所謂『意志自由』當解釋作『確知事實而能處置自如之自由』」,「正因為他們在鬥爭過程裏不斷發見歷史的『必然因果』,所以能使人類運用『自然律』及『社會律』同登『自由之域』」。〔註198〕

科玄論戰中,雙方開始階段不能「對焦」。這一點,胡適、陳獨秀在為亞東圖書館匯印討論科學與人生觀的文章所作的序中都有明確點出。陳獨秀在序中說:「『科學何以不能支配人生觀』,敵人方面卻舉出一些似是而非的證據出來;『科學何以能支配人生觀』,這方面卻一個證據也沒舉出來,我以為不但不曾得著勝利,而且幾乎是卸甲丟盔的大敗戰,大家的文章寫得雖多,大半是『下筆千言離題萬里』,令人看了好像是『科學概論講義』,不容易看出他們和張君勱的爭點究竟是什麼,張君勱那邊離開爭點之枝葉更加倍之多,這乃是一場辯論的最大遺憾!」〔註199〕

胡適說:「自從四十八期(四月十五日)丁文江先生發表『玄學與科學』的文章以後,不但《努力》走上了一個新方向,國內的思想界也就從沉悶裏振作起精神來,大家加入這個『科學與人生』的討論。這一場大戰的戰線的延長,參戰武士人數之多,戰爭的曠日持久,可算是中國和西方文化接觸以後三十年中的第一場大戰。」〔註200〕胡適還說:「丁在君先生的發難,唐擘黃先生等的響應,六個月的時間,二十五萬字的煌煌大文,大吹大擂地把這

〔註197〕吳稚暉:《一個新信仰的宇宙觀及人生觀》,載張君勱等《科學與人生觀》,遼寧教育出版社 1998 年版,第 354 頁。

〔註198〕瞿秋白:《自由世界與必然世界——駁張君勱》,載《新青年》季刊第 2 期,1923 年 12 月 20 日。

〔註199〕胡適:《〈科學與人生觀〉序》附錄一《陳獨秀先生序》,載胡適著、季羨林主編《胡適全集》第 2 卷,安徽教育出版社 2003 年版,第 216 頁。

〔註200〕胡適:《一年半的回顧》,載胡適著、季羨林主編《胡適全集》第 2 卷,安徽教育出版社 2003 年版,第 509 頁。

個大問題捧了出來，叫烏煙瘴氣的中國知道這個大問題的重要，——這件功勞真不在小處！」〔註201〕不過，目前的「論戰」文章剛做了個「破題」，下面做「起講」時，要做好問題聚焦：「我們應該積極地提出什麼叫做『科學的人生觀』，應該提出我們所謂『科學的人生觀』，好教將來的討論有個具體的爭點」，而「到了那個具體討論的時期，我們才可以說是真正開戰」。〔註202〕

後來胡適回顧說：「民國十二年（1923），中國的思想界裏忽然起了一場很激烈的筆戰，當時叫做『科學與玄學的論戰』。國內許多學者都加入這個筆戰，大家筆端都不免帶點情感，一時筆飛墨舞，題外出題，節外生枝，打到後來，大家都有點莫名其妙了。現在事過境遷，我們回來憑弔古戰場，徘徊反省，用歷史的眼光來觀察這場戰事，方才明白原來這場爭論還只是擁護理學與排斥理學的歷史的一小段。」〔註203〕

胡適說：「當日替科學作戰的丁文江先生，也只到了英國式的『存疑主義』便停住了，不肯再向前進。只有吳老先生（按：指吳稚暉）奮勇衝向前去，大膽地建立他的新玄學。」〔註204〕吳稚暉的新玄學是「受過科學精神的洗禮」的，它建立在科學的基礎之上，是一種以嘻嘻哈哈的胡謅形式，輕巧地「開除了上帝的名額，放逐了精神元素的靈魂」，最後只剩下一個純粹自然的演變，並從這一新宇宙觀重建了一個「新人生觀」。

胡適深信，人生觀因知識經驗而變換，通過宣傳和教育可以在人生觀上獲得一個「最低限度的一致」。他說：「拿今日科學家平心靜氣地、破除成見地、公同承認的『科學的人生觀』來做人類人生觀的最低限度的一致。」〔註205〕在宣傳新人生觀信仰時，要用「光明磊落的態度」，「誠懇的言論」；論戰時，要「尊重對方的人格」，論戰雙方都能保持「寬容的態度」，用「研究的態度」考察對方的信仰。他說：「我們要認清：我們的真正敵人不是對方；我們

〔註201〕胡適：《〈科學與人生觀〉序》，載胡適著、季羨林主編《胡適全集》第2卷，安徽教育出版社2003年版，第206頁。

〔註202〕胡適：《〈科學與人生觀〉序》，載胡適著、季羨林主編《胡適全集》第2卷，安徽教育出版社2003年版，第206頁。

〔註203〕胡適：《幾個反理學的思想家》，載胡適著、季羨林主編《胡適全集》第3卷，安徽教育出版社2003年版，第106頁。

〔註204〕胡適：《幾個反理學的思想家》，載胡適著、季羨林主編《胡適全集》第3卷，安徽教育出版社2003年版，第116頁。

〔註205〕胡適：《〈科學與人生觀〉序》，載胡適著、季羨林主編《胡適全集》第2卷，安徽教育出版社2003年版，第211頁。

的真正敵人是『成見』，是『不思想』。我們向舊思想和舊信仰作戰，其實只是很誠懇地請求舊思想和舊信仰勢力之下的朋友們起來向『成見』和『不思想』作戰。凡是肯用思想來考察他的成見的人，都是我們的同盟！」〔註206〕在學術論戰中，寬容是爭鳴展開的重要前提。胡適的學生顧頡剛也是一個尊重學術的代表者。顧頡剛的《古史辨》就是爭鳴的產物。當他在《讀書雜志》上刊發致錢玄同的長信後，劉掞藜、胡堇人等寫了反駁他的信，他便將這些批駁他的信刊載出來。他還給胡適寫信說：「我最喜歡有人駁我，因為駁了我才可逼得我一層層地剝進，有更堅強的理由可得。」

胡適從空間、時間、萬物變化等十個方面刻畫了「新人生觀的輪廓」，他說：「這種新人生觀是建築在二三百年的科學常識之上的一個大假設，我們也許可以給他加上『科學的人生觀』的尊號。但為避免無謂的爭論起見，我主張叫他做『自然主義的人生觀』。」〔註207〕他還說：「總而言之，這個自然主義的人生觀裏，未嘗沒有美，未嘗沒有詩意，未嘗沒有道德的責任，未嘗沒有充分運用『創造的智慧』的機會。」〔註208〕他希望自己這個「粗枝大葉的敘述」能引發新一輪人生觀大討論。

總體而言，胡適對西方近代文明的成就是持肯定態度的。胡適於1926年的一篇文章中說：「今日最沒有根據而又最有毒害的妖言是譏貶西洋文明為唯物的（Materialistic），而尊崇東方文明為精神的（Spiritual）。這本是很老的見解，在今日卻有新興的氣象。從前東方民族受了西洋民族的壓迫，往往用這種見解來解嘲，來安慰自己。近幾年來，歐洲大戰的影響使一部分的西洋人對於近世科學的文化起一種厭倦的反感，所以我們時時聽見西洋學者有崇拜東方的精神文明的議論。這種議論，本來只是一時的病態的心理，卻正投合東方民族的誇大狂；東方的舊勢力就因此增加了不少的氣焰。」〔註209〕胡適因此撰文，勸不願「開倒車」的少年人，對於這一問題要有「徹底的見解」和「鮮明的表示」。胡適以為物質文明與精神文明密切相關，「精神的文明必須建築在物

〔註206〕胡適：《〈科學與人生觀〉序》，載胡適著、季羨林主編《胡適全集》第2卷，安徽教育出版社2003年版，第212頁。

〔註207〕胡適：《〈科學與人生觀〉序》，載胡適著、季羨林主編《胡適全集》第2卷，安徽教育出版社2003年版，第213頁。

〔註208〕胡適：《〈科學與人生觀〉序》，載胡適著、季羨林主編《胡適全集》第2卷，安徽教育出版社2003年版，第214頁。

〔註209〕胡適：《我們對於西洋近代文明的態度》，載胡適著、季羨林主編《胡適全集》第3卷，安徽教育出版社2003年版，第1頁。

質的基礎之上」。當下的議論中，「崇拜所謂東方精神文明的人說，西洋近代文明偏重物質上和肉體上的享受，而略視心靈上與精神上的要求，所以是唯物的文明」，這其實「含有靈肉衝突的成見」，是「錯誤的成見」。〔註210〕西洋近代文明建築在三個基本觀念之上，即（1）人生的目的是求幸福，（2）所以貧窮是一樁罪惡，（3）所以衰病是一樁罪惡。〔註211〕所以，西方近代文明絕不輕視人類精神上的需要，它與講求「利用厚生」的東方文明也是相通的。

胡適說：「我們還可以大膽地進一步說：西洋近代文明能夠滿足人類心靈上的要求的程度，遠非東洋舊文明所能夢見。在這方面看來，西洋近代文明絕非唯物的，乃是理想主義的（Idealistic），乃是精神的（Spiritual）。」〔註212〕胡適在結合遊歷所見談東西文明時，還視人力車所代表的文明為「用人作牛馬的文明」，把摩托車代表的文明看作「用人的心思才智製作出機械來代替人力的文明」。他接著說：「把人作牛馬看待，無論如何，夠不上叫做精神文明。用人的智慧造作出機械來，減少人類的苦痛，便利人類的交通，增加人類的幸福，——這種文明卻含有不少的理想主義，含有不少的精神文明的可能性。」〔註213〕發明蒸汽機、電力、製作汽船汽車的人，節省了人類的精力，減除了人類的苦痛，真可無愧於被稱為「大聖人」。胡適說：「你們嫌我用『聖人』一個字嗎？孔夫子不說過嗎，『製而用之謂之器。利用出入，民咸用之，謂之神』。孔老先生還嫌『聖』字不夠，他簡直要尊他們為『神』呢！」〔註214〕

從理智一方面說，「西洋近代文明的精神方面的第一特色是科學。科學的根本精神在於求真理。」〔註215〕從情感一方面說，西方的新宗教不斷理智化、人化，還產生了社會化的新道德。總體上，科學與情感並不衝突，因為「科學並不菲薄感情上的安慰；科學只要求一切信仰須要禁得起理智的評判，須要

〔註210〕 胡適：《我們對於西洋近代文明的態度》，載胡適著、季羨林主編《胡適全集》
第 3 卷，安徽教育出版社 2003 年版，第 3 頁。

〔註211〕 胡適：《我們對於西洋近代文明的態度》，載胡適著、季羨林主編《胡適全集》
第 3 卷，安徽教育出版社 2003 年版，第 4 頁。

〔註212〕 胡適：《我們對於西洋近代文明的態度》，載胡適著、季羨林主編《胡適全集》
第 3 卷，安徽教育出版社 2003 年版，第 5 頁。

〔註213〕 胡適：《漫遊的感想》，載胡適著、季羨林主編《胡適全集》第 3 卷，安徽教
育出版社 2003 年版，第 35 頁。

〔註214〕 胡適：《漫遊的感想》，載胡適著、季羨林主編《胡適全集》第 3 卷，安徽教
育出版社 2003 年版，第 35～36 頁。

〔註215〕 胡適：《我們對於西洋近代文明的態度》，載胡適著、季羨林主編《胡適全集》
第 3 卷，安徽教育出版社 2003 年版，第 5 頁。

有充分的證據。凡沒有充分證據的，只可存疑，不足信仰。」〔註216〕進而言之，「這種『拿證據來』的態度，可以稱為近世宗教的『理智化』。」〔註217〕而相信人是世界的主人翁，信任天不如信任人，靠上帝不如靠自己的，這是現代「人化的宗教」。最重要的，則在於近世道德的社會化。近代以來，隨著人們物質享受的增加，人類的同情心也在逐漸擴大，而「這種擴大的同情心便是新宗教新道德的基礎。」〔註218〕新道德的「社會化」趨勢，主要表現有：「自己要爭自由，同時便想到別人的自由，所以不但自由須以不侵犯他人的自由為界限，並且還進一步要要求絕大多數人的自由。自己要享受幸福，同時便想到人的幸福，所以樂利主義（Utilitarianism）的哲學家便提出『最大多數的最大幸福』的標準來做人類社會的目的。」〔註219〕「十八世紀的新宗教信條是自由、平等、博愛。十九世紀中葉以後的新宗教信條是社會主義。這是西洋近代的精神文明，這是東方民族不曾有過的精神文明。」〔註220〕

　　胡適對西洋近代文明的綜合評價是這樣的：「這一系的文明建築在『求人生幸福』的基礎之上，確然替人類增進了不少的物質上的享受；然而他也確然很能滿足人類的精神上的要求。他在理智的方面，用精密的方法，繼續不斷地尋求真理，探索自然界無窮的秘密。他在宗教道德的方面，推翻了迷信的宗教，建立合理的信仰；打倒了神權，建立人化的宗教；拋棄了那不可知的天堂淨土，努力建設『人的樂國』『人世的天堂』；丟開了那自稱的個人靈魂的超拔，儘量用人的新想像力和新智力去推行那充分社會化了的新宗教與新道德，努力謀人類最大多數的最大幸福。」〔註221〕

　　「文化」與「文明」兩詞，意義相關，有時甚至可視為同一。胡適說：「文化兩字蘊義甚廣，『文化』『文明』有時可解釋為兩個意思，也有時可看

〔註216〕胡適：《我們對於西洋近代文明的態度》，載胡適著、季羨林主編《胡適全集》第3卷，安徽教育出版社2003年版，第7頁。
〔註217〕胡適：《我們對於西洋近代文明的態度》，載胡適著、季羨林主編《胡適全集》第3卷，安徽教育出版社2003年版，第8頁。
〔註218〕胡適：《我們對於西洋近代文明的態度》，載胡適著、季羨林主編《胡適全集》第3卷，安徽教育出版社2003年版，第10頁。
〔註219〕胡適：《我們對於西洋近代文明的態度》，載胡適著、季羨林主編《胡適全集》第3卷，安徽教育出版社2003年版，第10頁。
〔註220〕胡適：《我們對於西洋近代文明的態度》，載胡適著、季羨林主編《胡適全集》第3卷，安徽教育出版社2003年版，第10頁。
〔註221〕胡適：《我們對於西洋近代文明的態度》，載胡適著、季羨林主編《胡適全集》第3卷，安徽教育出版社2003年版，第12頁。

作一件事。解釋為兩個意思時，『文明』比較具體，看得見的東西如文明發明，屬於物質的。『文化』比較抽象，看不見不易捉摸。」〔註222〕

從歷史的視野出發，通過文化的比較，評論世界歷史進程，這是胡適贊成西方科學精神的一個重要特點。胡適說：「現在全世界大通了，當初鞭策歐洲人的環境和問題現在又來鞭策我們了。將來中國和印度的科學化與民治化，是無可疑。他們的落後，也不過是因為缺乏那些逼迫和鞭策的環境與問題，並不是因為他們的生活方式上有什麼持中和向後的根本毛病，也不是因為他們的生活上有直覺和現量的根本區別。但在和緩的境地之下，智慧稍模糊一點，還不會出大岔子；久而久之，便養成疏懶的智慧習慣了。直到環境逼人而來，懶不下去了，方才感發興起，磨練智慧，以免淘汰。幼稚的民族，根行淺薄，往往當不起環境的逼迫，往往成為環境的犧牲。至於向來有偉大歷史的民族，只要有急起直追的決心，終還有生存自立的機會。」〔註223〕

在論戰時期，梁啟超指出，「人生問題，有大部分是可以，而且必要用科學方法來解決的。卻有一小部分，或者還是最重要的部分，是超科學的」〔註224〕；理智不能包括盡人類生活的全部，其中，作為「生活的原動力」的情感、愛、美的極重要的部分，是「絕對的超科學」的；總之，丁、張二人所說，只能各明一義，排斥別方面太過，「人生關涉理智方面的事項，絕對要用科學方法來解決；關涉情感方面的事項，絕對的超科學」〔註225〕。

（二）在「荊棘的地方開闢」

中國知識人在無所適從中，企圖從中華文化根系上尋找精神支柱，尋找新生的內生原發性根芽，尋找與西方文明對話的思想領域，開掘蘊蓄更新力量的文化土壤。

魯迅指出，學風與政治、社會是密切相關的，「學風如何，我以為和政治

〔註222〕胡適：《當前中國文化問題》，載胡適著、季羨林主編《胡適全集》第22卷，安徽教育出版社2003年版，第741頁。

〔註223〕胡適：《讀梁漱溟先生的〈東西文化及其哲學〉》，載胡適著、季羨林主編《胡適全集》第2卷，安徽教育出版社2003年版，第254頁。

〔註224〕梁啟超：《人生觀與科學——對於張、丁論戰的批評》，載梁啟超著，湯志鈞、湯仁澤編：《梁啟超全集·第十二集·論著十二》，中國人民大學出版社2018年版，第96頁。

〔註225〕梁啟超：《人生觀與科學——對於張、丁論戰的批評》，載梁啟超著，湯志鈞、湯仁澤編：《梁啟超全集·第十集·論著十》，中國人民大學出版社2018年版，第99頁。

狀態及社會情形相關的」〔註228〕。關於當時的社會空氣，魯迅說：「看看報章上的論壇，『反改革』的空氣濃厚透頂了，滿車的『祖傳』，『老例』，『國粹』等等，都想來堆在道路上，將所有的人家完全活埋下去。『強聒不捨』，也許是一個藥方罷，但據我所見，則有些人們——甚至於竟是青年——的論調，簡直和『戊戌政變』時候的反對改革者的論調一模一樣。你想，二十七年了，還是這樣，豈不可怕？」〔註229〕

清華開辦國學研究院時，主任吳宓以為此舉「在中國實屬創舉，他校如北京大學亦設國學研究所，然組織辦法，頗有不同」〔註230〕。在總結曹雲祥（1881～1937）校長新著之意時，吳宓說：「中國固有文化之各方面（如政治、經濟、哲理學）須有通徹之瞭解，然後今日國計民生，種種重要問題，方可迎刃而解，措置咸宜。」〔註231〕他在《清華開辦研究院之旨趣及經過》中指出，國學乃指「中國學術文化之全體」，而清華國學院在國學「研究之道」方面有其獨特性，即「尤注重正確精密之方法（即時人所謂科學方法），並取材於歐美學者研究東方語言及中國文化之成績」〔註232〕。清華國學院是專門研究高深學術的機關，注重個人指導，旨在為中國造就通才碩學。

梁啟超在《改造》發刊詞中說：「同人確信中國民族之不振由於思想不進與制度不良，而不良制度尤為不良之思想所維持，故以為非先思想革命不能顛覆制度。」〔註233〕魯迅說：「我想，現在的辦法，首先還得用那幾年以前《新青年》上已經說過的『思想革命』。還是這一句話，雖然未免可悲，但我以為除此沒有別的辦法。而且還是準備『思想革命』的戰士，和目下的社會無關。待到戰士養成了，於是再決勝負。」〔註234〕

〔註228〕 魯迅：《致許廣平》（1925年3月11日信），載王世家、止庵編《魯迅著譯編年全集》第6卷，第119頁。

〔註229〕 魯迅：《通訊（一）》，原載1925年3月20日《猛進》週刊第3期，現參王世家、止庵編《魯迅著譯編年全集》第6卷，第123頁。

〔註230〕 吳宓：《清華開辦研究院之旨趣及經過（開學日演說辭）》，《清華週刊》1925年第2期，第72頁。

〔註231〕 吳宓：《清華開辦研究院之旨趣及經過（開學日演說辭）》，《清華週刊》1925年第2期，第71頁。

〔註232〕 吳宓：《清華開辦研究院之旨趣及經過（開學日演說辭）》，《清華週刊》1925年第2期，第71頁。

〔註233〕 梁啟超：《〈改造〉發刊詞》，載梁啟超著，湯志鈞、湯仁澤編：《梁啟超全集·第十集》，中國人民大學出版社2018年版，第196頁。

〔註234〕 魯迅：《通訊（一）》，原載1925年3月20日《猛進》週刊第3期，現參王

從中國文學演變歷史來看，古文學存在了二千多年，已經逐漸不能適應當時的需要了。20 世紀初的知識人已經認識到進行文學革命的必要，既為了使文學「活」起來，也看到了文學與國民性的密切關聯，並有意將文學改造與政治革新結合起來。

中國文學有追求完滿的特點，這不同於西方易卜生式的寫實主義。在胡適看來，易卜生肯說老實話，他把家庭社會的實在情形寫了出來，令人動心，進而「覺得我們的家庭社會原來是如此黑暗腐敗」，「曉得家庭社會真正不得不維新革命」。〔註235〕梁啟超希望國人能熟讀成誦那些最有價值的文學作品，以及那些有益於身心的格言。他說：「好文學是涵養情趣的工具，做一個民族的分子，總須對於本民族的好文學十分領略，能熟讀成誦，才在我們的『下意識』裏頭，得著根柢，不知不覺會『發酵』。有益身心的聖哲格言，一部分久已在我們全社會上形成共同意識，我既做這社會的分子，總要徹底瞭解他，才不至和共同意識隔閡。」〔註236〕

要繼續「思想革命」，就須以新的眼光看待世界，思考問題。胡適說：「記得小時候看《封神榜》《西遊記》，見到講順風耳、千里眼十分奇怪，想不到這些理想現在都成事實，非但成事實，而且方便與普遍，遠勝書中的理想。」〔註237〕胡適大力提倡「悲劇的觀念」，認為「人生的大病根在於不肯睜開眼睛看世間的真實現狀」，應該像易卜生那樣去揭破社會的腐敗齷齪，「他並不是愛說社會的壞處，他只是不得不說」。〔註238〕在看似破壞的活動中進行著家庭與社會的建設。

魯迅指出，甘心做奴隸的人是無望的，如果心懷不平，「總可以逐漸做些有效的事」；在痛感苦悶之時，一定要堅持不懈，發揚一股韌勁，因為「在進取的國民中，性急是好的，但生在麻木如中國的地方，卻容易吃虧，縱使如何犧牲，也無非毀滅自己，於國度沒有影響」，而「要治這麻木狀態的國度，

世家、止菴編《魯迅著譯編年全集》第 6 卷，第 123 頁。

〔註235〕胡適：《易卜生主義》，載胡適著、季羨林主編《胡適全集》第 1 卷，安徽教育出版社 2003 年版，第 612 頁。

〔註236〕梁啟超：《治國學雜話》，載梁啟超著，湯志鈞、湯仁澤編：《梁啟超全集·第十六集·演說二》，中國人民大學出版社 2018 年版，第 77 頁。

〔註237〕胡適：《當前中國文化問題》，載胡適著、季羨林主編《胡適全集》第 22 卷，安徽教育出版社 2003 年版，第 743 頁。

〔註238〕胡適：《易卜生主義》，載胡適著、季羨林主編《胡適全集》第 1 卷，安徽教育出版社 2003 年版，第 600 頁。

只有一法，就是『韌』，也就是『鍥而不捨』。逐漸的做一點，總不肯休，不至於比『輕於一擲』無效的」。〔註 239〕

如果一味「保古」，那麼「古」者、「粹」者就會或者不在，或者難保，或者在而只能「食古不化」，結果只能是十分尷尬。魯迅說：「長城久成廢物，弱水也似乎不過是理想上的東西。老大的國民盡鑽在僵硬的傳統裏，不肯變革，衰朽毫無精力了，還要自相殘殺。於是外面的生力軍很容易地進來了，真是『匪今斯今，振古如茲』。」〔註 240〕魯迅指出，「現在有一班好講鬼話的人，最恨科學，因為科學能教道理明白，能教人思路清楚，不許鬼混，所以自然而然的成了講鬼話的人的對頭。於是講鬼話的人，便須想一個方法排除他」〔註 241〕。像靈學派搗鬼，大肆攻擊科學，像《靈學雜誌》中俞復答吳稚暉信中即有「鬼神之說不張，國家之命遂促」之言，此類活動，造成了思想的混亂。「其實中國自所謂維新以來，何嘗真有科學。現在儒道諸公，卻徑把歷史上一味搗鬼不治人事的惡果，都移到科學身上，也不問什麼叫道德，怎樣是科學，只是信口開河，造謠生事；使國人格外惑亂，社會上罩滿了妖氣」〔註 242〕。

魯迅指出，「中國之存亡，惟中國人自存之、自亡之」〔註 243〕。1904 年10 月，魯迅當時在日本，他在信中談到自己在日本的觀感，以為只要略加度量，便知道日本青年不過在社交活動上活躍一些，「其思想行為決不居我震旦青年上」，所以樂觀地看，「黃帝之靈或當不餒歟」。〔註 244〕魯迅《自題小像》云：「靈臺無計逃神矢，風雨如磐暗故園。寄意寒星荃不察，我以我血薦軒轅。」〔註 245〕即使「風雨如磐」，黑沉沉一片，同道稀遇，也要能自薦於神明，不愧

〔註 239〕　魯迅：《致許廣平》（1925 年 4 月 14 日信），載王世家、止菴編《魯迅著譯編年全集》第 6 卷，第 168 頁。

〔註 240〕　魯迅：《忽然想到（六）》，載王世家、止菴編《魯迅著譯編年全集》第 6 卷，第 170 頁。

〔註 241〕　魯迅：《隨感錄　三十三》，載王世家、止菴編《魯迅著譯編年全集》第 3 卷，人民出版社 2009 年版，第 76 頁。

〔註 242〕　魯迅：《隨感錄　三十三》，載王世家、止菴編《魯迅著譯編年全集》第 3 卷，人民出版社 2009 年版，第 79 頁。

〔註 243〕　梁啟超：《國家運命論》，載梁啟超著，湯志鈞、湯仁澤編：《梁啟超全集·第七集》，中國人民大學出版社 2018 年版，第 214 頁。

〔註 244〕　魯迅：《致蔣抑卮》，載王世家、止菴編《魯迅著譯編年全集》第 1 卷，人民出版社 2009 年版，第 123 頁。

〔註 245〕　魯迅：《自題小像》，載王世家、止菴編《魯迅著譯編年全集》第 1 卷，人民出版社 2009 年版，第 113 頁。

於天地。

魯迅說：「自然賦與人們的不調和還很多，人們自己萎縮墮落退步的也還很多，然而生命決不因此回頭。無論什麼黑暗來防範思潮，什麼悲慘來襲擊社會，什麼罪惡來褻瀆人道，人類的渴仰完全的潛力，總是踏了這些鐵蒺藜向前進。」〔註246〕即使社會出現了巨大的退步，若干的人們死亡，人心也不應死亡，因為「生命的路是進步的」，「以前早有路了，以後也該永遠有路」，「生命不怕死，在死的面前笑著跳著，跨過了滅亡的人們向前進」。〔註247〕那麼，什麼是路？路「就是從沒路的地方踐踏出來的，從只有荊棘的地方開闢出來的」〔註248〕。這種路，其實是面向未來的路。正如魯迅所說的，「地上本沒有路，走的人多了，也便成了路」〔註249〕，路正是人們在探索中踩踏出來的。生命是進步的，人類也應該「樂天」而向上。

為了培植國民元氣，增進國民自覺，必須「踏了這些鐵蒺藜向前進」，從教育入手，提倡國民教育。1912年，魯迅在信中談到國民教育問題，以為教育「甚關國民前途」。他說：「共和之事，重在自治，而治之良否，則以公民程度為差。故國民教育，實其本柢。上論學術，未可求全於凡眾。今之所急，惟在能造成人民，為國柱石，即小學及通俗之教育是也。」〔註250〕魯迅說：「世界日日改變，我們的作家取下假面，真誠地，深入地，大膽地看取人生並且寫出他的血和肉來的時候早到了；早就應該有一片嶄新的文場，早就應該有幾個兇猛的闖將！⋯⋯沒有衝破一切傳統思想和手法的闖將，中國是不會有真的新文藝的。」〔註251〕

從教育的本質上看，教育是教人學做人，學做現代人。現代人要在生活中扮演各種角色，其中一個便是做國民。從前的國民容易做，那是「因為國

〔註246〕 魯迅：《隨感錄 六十六 生命的路》，載王世家、止菴編《魯迅著譯編年全集》第3卷，人民出版社2009年版，第203頁。

〔註247〕 魯迅：《隨感錄 六十六 生命的路》，載王世家、止菴編《魯迅著譯編年全集》第3卷，人民出版社2009年版，第203頁。

〔註248〕 魯迅：《隨感錄 六十六 生命的路》，載王世家、止菴編《魯迅著譯編年全集》第3卷，人民出版社2009年版，第203頁。

〔註249〕 魯迅：《故鄉》，載王世家、止菴編《魯迅著譯編年全集》第4卷，人民出版社2009年版，第18頁。

〔註250〕 魯迅：《致張琴孫》，載王世家、止菴編《魯迅著譯編年全集》第2卷，人民出版社2009年版，第20頁。

〔註251〕 魯迅：《論睜了眼看》，載王世家、止菴編《魯迅著譯編年全集》第6卷，第317頁。

家表現出來的活動是政治，政治是聖君賢相包辦的，用不著國民管」；「如今可不行了，漫說沒有聖君賢相，便有，也包辦不了政治，政治的千斤擔子已經硬壓在國民肩膀上來了，任憑你怎麼的厭惡政治，你總不能找一個沒有政治的地方去生活，不生活於良政治之下，便生活於惡政治之下」〔註252〕。作為一名現代的國民，要自覺擔起擔子，除了學會為自己或家族經營單獨生活所必要的本領外，還要學會在國家內經營共同生活的所必須的本領，其中一部分便是學會過政治生活。

　　教育要做的，便是幫助青年養成政治意識、政治習慣、政治判斷能力。梁啟超說：「我們種種反德謨克拉西的習慣，都是從歷史上遺傳下來，直到現在還是深根固蒂。但是，若說中國人沒有德謨克拉西本能，我們總不能相信，因為人類本能，總不甚相遠，斷沒有某種人所做事別種人絕對的學不會，況且從前非德謨克拉西的國民現在已經漸漸脫胎換骨的，眼面前就有好幾國可為例證。我根本信中華民族是不會被淘汰的民族，所以我總以中華民族有德謨克拉西的可能性為前提，不過這種德謨克拉西本能被傳統的社會組織壓住，變成潛伏的狀態。近十年來，這種潛伏本能，正在天天想覓個石縫迸出，青年裏頭為尤甚。……我想只要教育界能有徹底覺悟，往這方面切實改良，則從學校裏發展這種潛伏本能是極易的事。從學校發展起來，自然便會普及全社會了。」〔註253〕學校首重人格教育，注重公民教育，正與社會要求的團體生活要求相應。

　　20 世紀 30 年代，中國社會內部引發了一場文化論戰。其中不乏偏見，比如有人就以「國醫」為「明明白白的是一種文化落後的民族的產物，絕對沒有資格和科學的醫術抗衡」，並且相信，「經過長時間的淘汰，『國醫』是一定要消滅的」。

　　1933 年底，中山大學教授陳序經演講《中國文化之出路》，將當時國內學術界關於中國文化的主張分為三派：（1）主張保存中國固有文化的「復古派」；（2）提倡調和辦法使中西合璧的「折衷派」；（3）主張全盤接受西方文化的「西洋派」。陳序經自己則「特別主張第三派的，就是要中國文化徹底的西化」，

〔註252〕梁啟超：《教育與政治》，載梁啟超著，湯志鈞、湯仁澤編：《梁啟超全集·第十五集》，中國人民大學出版社 2018 年版，第 378 頁。
〔註253〕梁啟超：《教育與政治》，載梁啟超著，湯志鈞、湯仁澤編：《梁啟超全集·第十五集》，中國人民大學出版社 2018 年版，第 383 頁。

並認為這是唯一可能的選擇：「現在世界的趨勢，既不容許我們復反古代的文化，也不容許我們應用折衷調和的辦法，那麼，今後中國文化的出路，唯有努力去跑徹底西化的途徑。」在他看來，一是因為「西洋文化，的確比我們進步得多」，二是因為「西洋現代文化，無論我們喜歡不喜歡去接受，它畢竟是現在世界的趨勢」。他說：「西洋文化無論在思想上、藝術上、科學上、政治上、教育上、宗教上、哲學上、文學上，都比中國好。就是在衣、食、住、行的生活上頭，我們也不及西洋人講究。」不僅中國文化不如西洋文化，中國需要的好處可以從西洋文化中找到，即：「在西洋文化裏面，也可以找到中國的好處；反之，在中國的文化裏未必能找出西洋的好處。」〔註254〕言下之意，西洋文化可取代中國文化，「全盤西化」是現代化的最佳選擇，也是唯一選擇。被陳序經列為「折衷派之一支流」的胡適，也聲明自己是主張全盤西化的，「完全贊成」陳序經的觀點。

與「全盤西化論」針鋒相對的，是「中國本位文化論」。1935年初，王新命、何炳松、武堉幹、孫寒冰、黃文山、陶希聖、章益、陳高傭、薩孟武、樊仲雲等10位教授聯名，在《文化建設》月刊上發表了《中國本位的文化建設宣言》，其中提到：「徒然讚美古代的中國制度思想是無用的；徒然詛咒古代的中國制度思想，也一樣無用。必須把過去的一切加以檢討，存其所當存，去其所當去。」對於外國文化，宜應有所別擇：「吸收歐美的文化是必要而且應該的，但須吸收其所當吸收，而不應以全盤承受的態度連渣滓都吸收過來。吸收的標準，當決定於現代中國的需要。」「宣言」強調了新時代的世界眼光與學術氣度，以為要而言之，「中國是既要有自我認識，也要有世界眼光，既要有不閉關自守的度量，也要有不盲目模仿的決心。」雖然簽名者的動機、目的、政治立場各異，胡適也批評該宣言「是中學為本西學為用的最新式的化裝出現，說話是全變了，精神還是那位《勸學篇》的作者的精神」，但其中闡明的中西文化觀念卻遙契了自康有為以來的主脈，對此部分內容應該加以肯定。

「中國本位文化論」強調「中國政治、社會和思想都具有中國的特徵」，強調「不守舊，不盲從，根據中國本位，採取批評態度，應用科學方法來檢討過去，把握現在，創造將來」。這些主張中都不乏可圈可點之處。但其激於論辯而發，也時有言過其實之處。《宣言》開頭道：「在文化的領域中，我們看不見現

〔註254〕參羅榮渠主編《從「西化」到現代化——五四以來有關中國的文化趨向和發展道路論爭文選》，北京大學出版社1990年版，第370～375頁。

在的中國了。」下文重申此意云:「從文化的領域去展望,現代世界裏面固然已經沒有了中國,中國的領土裏面,也幾乎已經沒有了中國人。」辭氣鋒露,意氣充盈,也不乏孤哀憤懣,危言聳聽。「中國本位」的說法,在理論上容易引起誤解,在實踐上引發誤判,極易走上孤絕地建設中國文化的死胡同。〔註255〕

　　當時的論辯,主要圍繞現代化與西方化、中國本位文化與西方文化的關係問題展開的。明確「西化」或「歐化」並不等於現代化者指出,「『科學化』與『近代化』,並不與『歐化』同義,所以我們雖科學化、近代化而不必歐化」,現代化的範圍更廣,「現代化可以包括西化,西化卻不能包括現代化」。具體到中國的現代化,必須對中國現有的與西方現有的進行合理轉化,既要「將中國所有、西洋所無的東西,本著現在的知識、經濟和需要,予以合理化或適用化」,又要「將西洋所有、但現在並未合理化適用的事情,予以合理化或適用化」。

　　在論辯中,學人們日益彰顯了民族文化的主體自覺意識。有人講,「一個民族失了自主性,絕不能採取他族的文明,而只有為他族所征服而已」,所以必須「恢復中國人的自主性,如此才能有吸收外族文化的主體資格」。有人將其明確為「本位意識」,以為「沒有本位意識,是絕對不可與外來文化接觸的」,主張堅持「不忘自己」、「為的自己」及「不獨化、不同化」的文化交往原則。所謂的「不獨化」,即是主張「我們應該瞭解世界生活和世界文化的相關性,不可閉關自守的企求復古」。所謂的「不同化」,即是主張「我們應該尊重我們獨立自尊的文化與民族,不可在與歐美文化接觸之時,便為歐美文化所同化」。在文化交流中,「自大心是不可有的,自尊心和自信心卻是絕對離了不可的。盲目的保守固然危險,隨便亂化也是笑話」。這種「不獨化」又不「不同化」的「雙不」原則,可以有效避免自大與自卑兩種文化心態。所以,如果將「本位文化」放在文化的主體性、自覺性的意義上進行理解,便可引向「國學」的現代性論域,即多元共生、和諧發展,從而增強國學建設的自覺性。〔註256〕

〔註255〕以上參羅榮渠主編《從「西化」到現代化──五四以來有關中國的文化趨向和發展道路論爭文選》,北京大學出版社1990年版,第399～403頁。

〔註256〕樓宇烈說:「所謂文化的主體意識就是對本國文化的認同,包括對它的尊重、保護、繼承、鑒別和發展等。在這個過程中,既不要盲目自尊自大,也不要妄自菲薄,只有堅持自己的主體性,才能有效地、有針對性地吸收外國文化的養料,來滋潤本國的文化、發展本國的文化。」參樓宇烈:《國學百年爭論的實質》,《光明日報》2007年1月11日。

1935 年，黃毅民出版《國學叢論》。在該書《自序》中，他（按：以蕭萍為名）指出，民族自立於大地之上的條件屬於「精神文明的收穫」，「唯有這種精神才能啟示民族的發展，鼓舞民族的奮進」。在長於「精神的改造」的中國，這種精神便是「國學」。「無論文學、哲學、藝術那一方面，統不愧為世界文明的先進者。這是多麼可以向人自誇的事！」但在「『西學』竄入中國以來，因迫的世勢潮流，『國學』遂被打入冷宮，甚至被看做一種『不值半文錢』的廢物，『拉（垃）圾堆』了。」戰亂引起的文物私運盜賣乃至外流，更加劇了「國學」的厄運。

本章小結

近代「史學革命」的提倡者，有明確的「國史」意識，他們希望這一意識能令更多的史論讀者能感發責任意識，重塑民魂、國魂，並且化知入行，在迴向「國故」、吸取精華的「國學革命」過程中實現文化復興。

從先秦以來，民族憂患意識便成為中華民族精神的核心價值觀之一。像孟子曾發願學孔子而正人心，如孟子曰：「世衰道微，邪說暴行有作，臣弒其君者有之，子弒其父者有之。孔子懼，作《春秋》」，「孔子成《春秋》，而亂臣賊子懼」。〔註 257〕史學經世觀念也不斷蘊成。明清之際大思想家王夫之說：「設身於古之時勢，為己之所躬逢；研慮於古之謀為，為己之所身任。取古人宗社之安危，代為之憂患，而己之去危以即安者在矣；取古昔民情之利病，代為之斟酌，而今之興利以除害者在矣。得可資，失亦可資也；同可資，異亦可資也。故治之所資，惟在一心，而史特其鑒也。」〔註 258〕還說：「所貴乎史者，述往以為來者師也。為史者，記載徒繁，而經世之大略不著，後人欲得其得失之樞機以效法之無由也，則惡用史為？」〔註 259〕引古籌今，這是史學經世的重要期句。

到了近代，中國知識人該如何面對古今中西問題？如何回應傳統文化與現代社會的重大的基本問題？傳統文化如何與現代社會「接榫」？著名哲學

〔註257〕《孟子·滕文公下》。
〔註258〕（明）王夫之撰：《讀通鑒論·緒論四》，載《船山全書》單行本之九《讀通鑒論》，嶽麓書社 2010 年版，第 1184 頁。
〔註259〕（明）王夫之撰：《讀通鑒論》卷六《一〇獎重厚之吏以撫難馭之眾》，載《船山全書》單行本之九《讀通鑒論》，嶽麓書社 2010 年版，第 225 頁。

史家蕭萐父先生主張超越中西殊途、體用割裂的思維模式，從文化的民族性差異與時代性差異的多重經緯關係中探究傳統文化與現代化之間的「歷史接合點」問題。歷史接合點問題的核心，涉及「中華傳統文化的悠久發展是否已在特定條件下孕育出可以向近代轉化的文化主體問題」，即李大釗、魯迅所曾呼喚的「青春中國」的民族魂，也「只有確立了文化主體，喚醒了『青春中國』的民族魂，才能真正具有對龐雜的傳統文化和外來文化進行選擇、涵攝、消化的能動機制」。〔註 260〕李澤厚先生以為，對待傳統就應該像對待五四一樣，要「繼承」而不能「重複」或「停留」在五四及傳統的水平上，而要作某種「轉換性的創造」。他說：「這就不是片面的批判和籠統的反對所能解決，而首先是要有具體歷史的分析。只有將集優劣於一身、合強弱為一體的傳統本身加以多方面的解剖和瞭解，取得一種『清醒的自我覺識』，以圖進行某種轉換性的創造，才真正是當務之急。」〔註 261〕

　　民族文化意識的「自我覺識」，要求文化的「主體意識」覺醒。在中華民族處於緊急關頭的 1937 年 2 月，竺可楨在為《科學的民族復興》所作的序的開頭說：「世所稱古國，希臘、羅馬、埃及之屬，悉亡滅不可復續。獨中國綿歷三四千年，巋然如碩果之僅存。蓋其聲教文物自足以悠久，故能獨出於等夷，不隨諸國而俱泯也。惟是近百年來，科學勃興，交通之便利遠過曩日，歐美各國均籍近世文明之利器以侵略我國，日本隨之，變本加厲。內憂外患侵凌擾攘之餘，乃儳焉如不可終日，有志之士莫不以復興民族為事，欲與東西疆邦相角逐。」〔註 262〕

　　樓宇烈說：「所謂文化的主體意識就是對本國文化的認同，包括對它的尊重、保護、繼承、鑒別和發展等。在這個過程中，既不要盲目自尊自大，也不要妄自菲薄，只有堅持自己的主體性，才能有效地、有針對性地吸收外國文化的養料，來滋潤本國的文化、發展本國的文化。」〔註 263〕

　　中華文化，慧命相續。創造轉化，生生不已！

〔註 260〕蕭萐父：《活水源頭何處尋——關於傳統文化與現代化之間歷史接合點問題的思考》，載氏著《吹沙集》，巴蜀書社 1999 年版（2007 年重印），第 101～102 頁。

〔註 261〕李澤厚：《啟蒙與救亡的雙重變奏》，載氏著《中國現代思想史論》，天津：天津社會科學院出版社 2003 年版，第 37 頁。

〔註 262〕竺可楨：《〈科學的民族復興〉序》，載《竺可楨全集》第 2 卷，上海科技教育出版社 2004 年版，第 394 頁。

〔註 263〕樓宇烈：《國學百年爭論的實質》，《光明日報》2007 年 1 月 11 日。

結　語

　　隨著 20 世紀初《國粹學報》的編印、章太炎《國故論衡》的出版、《國學概論》的講演等重要的「思想事件」，國學的名稱便逐漸流行起來。近代「國學」名詞的出場，與國學意識的覺醒密不可分。

　　近代以來日益勃興的國學意識，以民族文化復興為旗幟，以昌明國學為旨趣，取得了值得一再回味的思想成果。早在 20 世紀 30 年代，馬瀛在《國學概論》中就提出整理和研究國學，一要表現民族精神，二要整理先民遺產，三要破除新舊界限，四要溝通東西文化。近代以來，幾乎所有的國學討論，「歸根到底都是東西文化的交流，是在現代化的進程當中思考如何正確對待本國已有的文化傳統，如何建設具有本國、本民族特色的現代化國家」[註1]。張岱年說：「國學的名稱起於近代，近代以來，西學東漸，為了區別於西學，於是稱中國本有的學術為國學。」[註2] 他給「國學」下了一個簡明的定義，他說：「國學是中國學術的簡稱。……所謂國是本國之義，這已是一個約定俗成的名稱了。」[註3] 他還張先生還談到國學的民族性、生命力問題，他說：「國學是本國學術之義，這是我們所用的名詞，外國學者研究中國學術，就不能稱之為國學了。西方稱研究中國的學問為 Sinology，一般譯為漢學，現在亦譯為中國學。在某些西方人的心目中，所謂 Sinology 不過是對於中國歷史

〔註1〕樓宇烈：《國學百年爭論的實質》，《光明日報》2007 年 1 月 11 日。
〔註2〕張岱年：《「國學入門叢書」序》，參王力著：《漢語音韻》前附序文，中華書局 2003 年版。
〔註3〕張岱年：《〈國學今論〉序》，原載張岱年等著：《國學今論》，遼寧教育出版社1991 年版。

陳跡的研究，把中國學術看作歷史博物館中的陳列品。事實上，中國學術源遠流長，其中一部分固然已經過時了，但是仍有一部分具有充沛的生命力。中國學術是人類的精神財富的一個重要方面，其中具有歷久常新的精湛內容。」〔註4〕張岱年認為，國學自有其範圍與特色。他說：「總的來說，中國傳統學術包括哲學、經學、文學、史學、政治學、軍事學、自然科學以及宗教、藝術等。其中自然科學有天文、算學、地理、農學、水利、醫學等，其中最發達的是醫學。這些都是國學的內容。」〔註5〕五千多年的中華傳統文化，形成了與西方迥然不同的學術話語體系。

本書意在從文化變遷與社會轉型的視角，觀察中國近代化過程的重要精神文化現象。從精神演變史視角，探索中國近代以來「國學意識」的生成、擴展、轉進的精神觀念史。簡言之，通過重讀部分最基本的原著，本書力圖探討近代以來中國現代性話語生成的論域，重新聚焦「國學自覺」議題，明確了國學意識的幾個重要面向，分別從「文學革命」的引發、「國學普及」的展開、「國故整理」的推進、「國魂重塑」的探索，等幾個方面展示了近代國學的「出場」姿態，並對中國文化現代轉型過程中的某些事件關聯提出一些可能性的推斷。

通過梳理相關議題可知，在「西學東漸」的過程中，一部分有著強烈時代關懷的知識人，親歷中國近代數百年未有之變局，中西參比，反觀內省，披文歷典，試圖汲取中國固有學問的精華，激發文化傳統的幽光，以此照徹迷途，重塑輝煌。此中情形，正如魯迅所說：「世界的時代思潮早已六面襲來，而自己還拘禁在三千年陳的桎梏裏。於是覺醒，掙扎，反叛，要出而參與世界的事業——我要範圍說得小一點：文藝之業。」〔註6〕

學術研究無國界，然而，學術內容、研究方法、研究歷史等應該有其民族屬性。現代學者已經認識到，國學要發展，靠的是有所為的繼承創新，需要在比較視野下展風格、顯氣派、出特色，在大視野下展示中國風格、中國氣派、中國特色。在批判下繼承，在繼承中創新，在創造中不斷轉化，使文化

〔註4〕張岱年：《〈國學今論〉序》，原載張岱年等著：《國學今論》，遼寧教育出版社1991年版。

〔註5〕張岱年：《〈國學今論〉序》，原載張岱年等著：《國學今論》，遼寧教育出版社1991年版。

〔註6〕魯迅：《當陶元慶君的繪畫展覽時（我所要說的幾句話）》，載王世家、止菴編《魯迅著譯編年全集》第8卷，人民出版社2009年版，第523頁。

生命長存、魅力永駐。為了達到這一目的，「研究者首先要有一種民族感情，為我們祖先所創造的優秀文化成果而驕傲，並以此激發廣大民眾的愛國熱情。而年輕一代更應該在去粗取精、去偽存真的學習過程中接受璀璨的文化遺產，培養民族情感，增強對我們民族、我們國家的熱愛」〔註7〕。

　　20世紀前半期的科玄論戰表明，科學不僅可以說明自然現象和社會現象，還被要求說明人類精神現象，回應人生觀中的「意志自由」與客觀必然性的相關問題。梁啟超指出，人生問題中，大部分是「可以而且必須」用科學方法來解決，小部分「或者還是最重要的部分是超科學的」，丁、張二人的主張是「各有偏宕」。〔註8〕他自己的意見是：「人生關涉理智方面的事項，絕對要用科學方法來解決；關涉情感方面的事項，絕對的超科學。我以為君勱和在君所說，都能各明一義，可惜排斥別方面太過，都弄出語病來。」〔註9〕李澤厚說：「科玄論戰的真實內涵並不真正在對科學的認識、評價或科學方法的講求探討，而主要仍在爭辯建立何種意識形態的觀念或信仰。是用科學還是用形而上學來指導人生和社會？所以這次學術討論，思想意義大於學術意義，思想影響大於學術成果，它實質上仍然是某種意識形態之爭。」〔註10〕

　　科玄論戰將時代的問題引向重建意識形態信仰的大問題，為中華文化的現代轉型奠定了觀念和思想基礎。「中國現代思想的歷史邏輯似乎是，張君勱等『玄學派』在二十年代便提倡『新宋學』，強調『返求諸己』、內心修養等等，展現了『現代新儒家』的方向路線；而相信『科學派』的青年人則容易走向馬克思主義。……而用歷史唯物主義解釋人生觀，正是為了指導人們去參與、去進行改造社會的革命行動，去具體安排自己的人生道路。馬克思主義者把這場思想學術論戰與階級政治鬥爭的關聯越發拉近了。」〔註11〕論戰從

〔註7〕轉引自佘斯大主編：《國學典籍精讀》，華中師範大學出版社2002年版，第5頁。

〔註8〕梁啟超：《人生觀與科學——對於張、丁論戰的批評》，載梁啟超著，湯志鈞、湯仁澤編：《梁啟超全集·第十二集》，中國人民大學出版社2018年版，第96頁。

〔註9〕梁啟超：《人生觀與科學——對於張、丁論戰的批評》，載梁啟超著，湯志鈞、湯仁澤編：《梁啟超全集·第十二集》，中國人民大學出版社2018年版，第99頁。

〔註10〕李澤厚：《記中國現代三次學術論戰》，載氏著《中國現代思想史論》，天津：天津社會科學院出版社2003年版，第52頁。

〔註11〕李澤厚：《記中國現代三次學術論戰》，載氏著《中國現代思想史論》，天津：天津社會科學院出版社2003年版，第58頁。

思想文化論爭，走向社會改造的革命實踐嘗試。據李澤厚的觀察，在科玄論戰後，馬克思主義日益得到青年們的認可，逐漸取代了五四時期的「賽先生」而在新時期佔據了相當於科學的地位，它「作為科學為人們所理解、接受和信仰」。〔註12〕這樣一來，馬克思主義就成為「意識形態」（共產主義）與「科學」（唯物史觀）的融合體，遙契了中國知識人的實用理性的傳統心態和傳統精神。〔註13〕

現在談國學振興，離不開建立在國學自覺之上的真正的國學重建。當前的國學自覺，主要應該從中國古典學術研究角度來考察和推進。從名稱上看，現代「國學」，也可以叫做「新國學」，也可以納入「中國古典學」。中國現代國學研究的對象，主要應該是中國古典學。中國古典學研究的最大特色，便是它的交叉性、綜合性。現代中國各級各類課題、尤其是人文社科類項目，近幾年還設置了「冷門絕學」類項目，它們基本上都設置了綜合交叉研究，或者本身就是綜合交叉研究，這是國學研究的大好機遇。

總之，振興國學，絕不是復古式的表演，更不可能是簡單的裝扮。國學研究，不能僅侷限於古籍文獻的整理，還要能與現代學術體系、學術範疇進行深度融合，並逐步走向成熟的中國古典學。

〔註12〕李澤厚：《記中國現代三次學術論戰》，載氏著《中國現代思想史論》，天津：天津社會科學院出版社 2003 年版，第 58 頁。

〔註13〕李澤厚：《記中國現代三次學術論戰》，載氏著《中國現代思想史論》，天津：天津社會科學院出版社 2003 年版，第 59 頁。

主要參考文獻

1. 〔漢〕班固撰，〔唐〕顏師古注：《漢書》，中華書局 1962 年版。

2. 〔漢〕鄭玄注，〔唐〕賈公彥疏，彭林整理：《周禮注疏》，上海古籍出版社 2010 年版。

3. 〔漢〕鄭玄注，〔唐〕孔穎達正義，呂友仁整理：《禮記正義》，上海古籍出版社 2008 年版。

4. 〔南朝梁〕劉勰著；黃叔琳注；李詳補注；楊明照校注拾遺：《增訂文心雕龍校注》，中華書局 2012 年版。

5. 〔清〕曾國藩撰：《曾國藩全集》，嶽麓書社 2011 年版。

6. 〔清〕方東樹纂；漆永祥點校：《漢學商兌》，鳳凰出版社 2016 年版。

7. 〔清〕龔自珍著，劉麒子整理：《龔自珍全集》，浙江古籍出版社 2014 年版。

8. 〔清〕張廷玉等撰：《明史》，中華書局 1974 年版。

9. 〔宋〕范曄撰，〔唐〕李賢等注：《後漢書》，中華書局 1965 年版。

10. 〔唐〕房玄齡等撰：《晉書》，中華書局 1974 年版。

11. 〔唐〕劉知幾著；〔清〕浦起龍通釋；王煦華整理：《史通通釋》，上海古籍出版社 2009 年版。

12. 〔美〕張灝著，崔志海、葛夫平譯：《梁啟超與中國思想的過渡（1890～1907）》，江蘇人民出版社 2005 年版。

13. 曹伯韓：《國學常識》，上海：文光書店 1947 年 2 月版，三聯書店 2002 年 7 月修訂再版。

14. 陳獨秀：《獨秀文存》（民國叢書第一編 092），上海書店 1989 年版。

15. 陳寅恪：《陳寅恪合集・史集・金明館叢稿初編》，南京：譯林出版社 2020 年版。

16. 陳寅恪：《陳寅恪集・金明館叢稿二編》，生活・讀書・新知三聯書店 2015 年版。

17. 陳寅恪：《陳寅恪集・柳如是別傳（上、中、下）》，生活・讀書・新知三聯書店 2001 年版。

18. 陳錚編：《黃遵憲全集》，中華書局 2005 年版。

19. 范酉誨著：《二千五百年來之國學》，世界學會 1927 年版。

20. 馮天瑜：《新語探源：中西日文化互動與近代漢字術語形成》，中華書局 2004 年版。

21. 顧頡剛著：《顧頡剛全集》，中華書局 2010 年版。

22. 顧廷龍、戴逸主編：《李鴻章全集》，安徽教育出版社、安徽出版集團 2008 年版。

23. 胡道靜主編：《國學大師論國學》，東方出版中心 1998 年版。

24. 康有為撰；姜義華，張榮華編校：《康有為全集》，中國人民大學出版社 2007 年版。

25. 李澤厚著：《中國現代思想史論》，天津：天津社會科學院出版社 2003 年版。

26. 梁漱溟：《東西文化及其哲學》，商務印書館 2010 年版。

27. 劉夢溪：《大師與傳統：中國文化與傳統 40 小講》，北京：中國青年出版社 2007 年版。

28. 劉夢溪：《論國學之內涵及其施教——馬一浮國學論的立教義旨》，《文史哲》2017 年第 2 期。

29. 劉夢溪：《中國現代學術要略》，生活・讀書・新知三聯書店 2008 年版。

30. 劉毓慶：《國學概論》（第 2 版），北京師範大學出版社 2015 年版。

31. 劉兆祐、江弘毅等著：《國學導讀》，中國人民大學出版社 2011 年版。

32. 柳詒徵：《中國文化史》，上海古籍出版社 2001 年版。

33. 柳詒徵著：《國史要義》，商務印書館 2011 年版。

34. 樓宇烈：《國學百年爭論的實質》，《光明日報》2007 年 1 月 11 日。

35. 羅榮渠主編：《從「西化」到現代化——五四以來有關中國的文化趨向和發展道路論爭文選》，北京大學出版社 1990 年版。

36. 錢賓四先生全集編委會整理：《錢賓四先生全集》，臺北：聯經出版事業公司 1998 年版。

37. 錢基博：《國學必讀》，江西教育出版社 2018 年版。

38. 錢玄同著：《錢玄同文集》第一、四卷，中國人民大學出版社 1999 年版。

39. 清華大學國學研究院主編、馬強才選編：《羅根澤文存》（清華國學書系），江蘇人民出版社 2012 年版。

40. 屈萬里著：《屈萬里先生全集》第 12 卷《古籍導讀》，臺北：聯經 1985 年版。

41. 上海人民出版社編，馬勇整理：《章太炎全集·書信集》，上海人民出版社 2017 年版。

42. 上海人民出版社編，馬勇整理：《章太炎全集·太炎文錄補編》，上海人民出版社 2017 年版。

43. 上海人民出版社編，王培軍、馬勇整理：《章太炎全集·國故論衡先校本、校定本》，上海人民出版社 2017 年版。

44. 上海人民出版社編，章念馳編訂：《章太炎全集·演講集》，上海人民出版社 2015 年版。

45. 佘斯大主編：《國學典籍精讀》，華中師範大學出版社 2002 年版。

46. 孫楷第：《滄州後集》，中華書局 2009 年版。

47. 譚正璧編著：《國學常識》，大東書局 1937 年版。

48. 譚正璧編著：《國學常識問題》，上海北新書局 1949 年再版。

49. 譚正璧編著：《國學概論講話》，大東書局 1933 年版。

50. 譚正璧編著：《國學概論新編》，大東書局 1936 年版。

51. 陶斯詠：《多元文化時代的「國學」與「漢學」》，《中國文化報》2007 年 4 月 26 日。

52. 王明德等著：《近代中國的學術傳承》，巴蜀書社 2010 年版。

53. 王世家、止菴編：《魯迅著譯編年全集》（1～20 卷），人民出版社 2009 年版。

54. 王學典：《顧頡剛和他的弟子們》，山東畫報出版社 2000 年版。

55. 魏源全集編輯委員會編校：《魏源全集》，嶽麓書社 2004 年版。

56. 蕭萐父：《吹沙集》，巴蜀書社 2007 年重印版。

57. 謝維揚，房鑫亮主編；傅傑、鄔國義分卷主編：《王國維全集》第 1 卷，浙江教育出版社 2009 年版。

58. 謝維揚，房鑫亮主編；胡逢祥分卷主編：《王國維全集》第 14 卷，浙江教育出版社 2009 年版。

59. 謝維揚，房鑫亮主編；章義和，王東分卷主編：《王國維全集》第 11 卷，浙江教育出版社 2009 年版。

60. 徐敬修編著：《國學常識》（民國叢書），揚州：廣陵書社 2008 年 12 月版。

61. 許地山編：《國粹與國學》，上海古籍出版社 2013 年版。

62. 許嘯天編輯：《國故學討論集》，群學社 1927 年版，上海書店 1991 年影印版。

63. 楊昌濟著，王興國編注：《楊昌濟集》，湖南教育出版社 2008 年版。

64. 楊忠分史主編：《梁書》，上海：漢語大詞曲出版社 2004 年版。

65. 尤墨君編：《國學述要》，浙江杭州省立杭州師範學校發行、新新文記印刷公司印刷，1933 年版。

66. 余英時著、沈志佳編：《儒家倫理與商人精神》（《余英時文集》第三卷），廣西師範大學出版社 2014 年版。

67. 張岱年等著：《國學今論》，遼寧教育出版社 1991 年版。

68. 張文治編著：《國學治要》，上海文明書局、中華書局 1930 年 5 月版，中國書店 2012 年再版。

69. 章太炎著，楊佩昌整理：《章太炎：國學的精要》，北京：中國畫報出版社 2010 年版。

70. 鄭大華等：《20 世紀中國十大學問家》，青島出版社 1992 年版。

71. 鄭師渠：《晚清國粹派——文化思想研究》，北京師範大學出版社 1993 年版。

72. 中國李大釗研究會編注：《李大釗全集（1～5）》，人民出版社 2006 年版。

73. 中央電視臺《開心辭典》欄目組、國學網編：《開心學國學：不可不知的 1000 個國學知識點》，國家圖書館出版社 2009 年版。

後　記

　　從 2018 年初開始醞釀、2019 年夏天開始集中閱讀原著、2020 年夏開始落筆算起，到 2021 年 7 月本書稿成型，這一「典型」的寫作過程（從準備到成稿）前後經歷了 3 年多時間。與博士論文的 7 年、博士後報告的 6 年、注譯《孔子家語》《列子》的各 5 年、校釋《潛書》、選譯《子不語》的各 4 年相比，本書寫作似乎「快」多了，只是略比《經典化的追尋：中國古典學研究的語言哲學視域》的 2 年「迅捷」一些。

　　實際上，本書的寫作過程，多是集中（連續性）的時間「磨」出來的，是「純粹」無雜的產物，其他著譯多是叢雜推進中「擠」出來的。即使是 2 年最快的那本書，也只是在新的問題意識下「邏輯化」地整合了以前的舊稿而成的。

　　自 2009 年開始做教育部課題到 2019 年立項的本課題及同年獲批的國家社會科學基金一般項目，本人做了十多個項目，級別從校級、廳局級一直到省部級、國社科不等。2021 年又獲批一項以經典詮釋為視角的省級教研課題。課題立項了，會「催逼」著我們將原有的「狂想」計劃朝著預期方向去做落實的工作，會讓我們下決心讀一遍或幾遍年輕時就想讀然而並不知何時能讀的書。結項的成果，出版後，便成為我們思想前行的一個個小小的證明，一個個里程碑，也會成為將來的小小的紀念。

　　本人目前所主持的課題中，只有一個帶有「重大」字眼，本書便是其研究成果。教育廳發布的「中青年理論家」專項雖列屬省社科基金前期資助項目，但同時也是「湖北省高等學校哲學社會科學研究重大項目」，我也是申報時才知道。然而，申報成功後，我已經不再是「中青年」了，可謂「驚險的一躍」。以後，就成了從這條道來看的「老夫」了。

中國時下的課題研究，確是值得條記下來的獨特「文化生態系統」，於將來絕對有「歷史價值」。今天記下一個側面，以供後人「考古」。

本書稿的寫作，雖起於探尋近代國學觀念演生歷程，似有「先入之見」，但皆從所能尋到的原著（紙本或電子本）出發，一一披覽，細細考校，邊讀邊「抄」，引證疏釋，整合理路，彰顯章節。為了避免更多妄言之詞，為了保持「原汁原味」，不旁逸斜出，讓前人於設定「語境」中「自言」，故不避大段引抄之嫌；實在深有感應，故又甘冒掠美、偷懶之譏。

我希望能在閱讀中發現問題，期待觀影索月、尋象近意之效。那情形就是，「老夫聊發少年狂」（我已年近 50 歲了），相信自己一把，儘量少看一些「大家」的研究，一切從閱讀中找「感覺」，並盡可能地寫出自己這種「感覺」。至於研究價值的大小，學術水準的高低，似乎是「別人」的「感覺」了。因為已經超出了我的可控範圍，就只能「靜侯教正」了。

在這樣的閱讀感覺與「審美期待」牽引下，首先過了一遍《胡適文存》，並結合了季羨林主編的《胡適全集》；接著，讀王國維、陳寅恪，再就是梁啟超、魯迅。同時推進的，還有一些「國學」概論的早期著述。在讀紙本書時，我一般是第一遍細讀，第二遍揣摩後條論筆記。若需要核校，再來第三遍。表面看來，書稿寫作是第二遍的「資料類編」工夫，實際上，這一工夫的具體展開，仍在遵循原初設想下穿插了論域調適、議題提煉等環節，是一個有問題導向的立體過程。

在寫作過程中，原擬寫成一部 20 萬字的書稿，然而「立體」推進的「航船」便漸成了「一拖二」的「航母」，即需要分開而成兩稿了。本書以「變局與自覺」為主題，意在探問「國學意識」在近代為何不斷「自覺」，又呈現出何樣「勃興」之態。相關之另一部分，當關注中國近代以來的「文化轉型」，而這一轉型的基礎，正是本書所談的近代以來的「國學自覺」，俟成稿後再請高明出版。

書稿的寫作，是在一間潮而且暗的一樓辦公室進行的。冬天時，一樓陰冷，終日不見陽光。夏天時，太陽仍舊不來（當然也不歡迎），然而「仙女」卻頻頻造訪，會讓你覺得一樓的蚊子才最像蚊子。尤其是花腳的黑斑蚊子，它們衝破重重障礙，不聲不響地來到你身邊，將其所攜帶的虹吸之器的效用發揮到了極致。裸露的耳廓、脖頸、腳踝以及手腕，自然在常攻擊範圍；突出的肘、肩、膝，髮的頭皮，亦在被輕易攻取之列。它們甚至可以毫不費力地刺

穿一層鞋面，再加一層厚襪，於轉瞬間便飽吸了一餐。等你感覺到癢而且疼時，它們已經醉飽，高飛遠舉，逍遙於滿載而歸的旅途中了。

但我仍然很是感謝院裏的寬容與優待，並能給我這樣一個獨立的寫作空間，讓我能在少人打擾的狀態下優游書海。本書稿完成後，我很快就要轉向國家社會科學基金一般項目「語言哲學視域中宋明儒學文本經典化架構研究」的集中研究了。項目是 2019 年 6 月批准的，也是今年秋期我半年學術休假的主攻對象。這個獨立空間，將繼續見證我純粹的書生式閱讀與學者型寫作。

詞語無心，解者自得。時下流行「躺平」一詞，實際上這個詞頗堪玩味，彷彿可以化用為一種冷靜觀察的「視角」。知識人惟有獲得可以優雅「躺平」的選擇自由，才能在此視角下冷眼旁觀，編織夢想之「網」，逼近書生之「夢」。當年黃梨洲呼喚「詩書寬大之氣」，今天似可於想像的「躺平」空間及物理的獨立空間，稍探味之。

書生的「夢」，應該是純淨的。所以，沒請時賢的大序以增其色、壯其觀，還是讓這本書「素顏」面世吧。

特別要說明的是，花木蘭文化出版社是中國少有的集「公益心」與「精品心」於一身的「良心」出版社。2017 年，花木蘭文化出版社免費出版拙著《賈儒之間：明清之際小說中士商互動主題研究》，曾經三校往返，精評妙點，以「公心」真切關心學術「公器」，著實令人感慨良多。

「花木蘭」與「國學」，在聲氣上是內在相應的。這本談「國學」的書稿，本來可以再「磨」（甚至可以一直「磨」下去）的，不得不拿出來「獻醜」了，因為這個「重大」課題該「結題」了。

兩千多年前，當莊子遭遇「瓠落無所容」的難題時，是以「江湖」之心「容」之而解的。今擬書為「瓠」，將此「瓠」放之「江湖」；或可自擬為「瓠」；請世人擴其「江湖之心」而自「容」其人，兼「容」其書。不然，使「產」瓠者「自容」此「瓠」，以敝帚自珍；更自容一室，潔己旁觀。

於是，將原有虛擬的書齋「落瓠齋」、「淡生居」改稱為「容瓠齋」。

最後，本人加入了敝校商務文化與翻譯哲學 PI 團隊、中國傳統哲學與文化研究中心，別無所為，就拿這本書作為上交的年度「作業」吧。

是為記。

桐柏黃敦兵（原名黃道強）

2021 年 7 月於漢上容瓠齋